AF485580

El Mercado de la Salvación

Las estrategias de negocio que comparten empresas y religiones

Diseño de tapa:
JUAN PABLO OLIVIERI

EUGENIO ANDRÉS MARCHIORI

EL MERCADO DE LA SALVACIÓN

LAS ESTRATEGIAS DE NEGOCIO QUE COMPARTEN EMPRESAS Y RELIGIONES

GRANICA

© 2021 *by* Ediciones Granica S.A.

ARGENTINA
Ediciones Granica S.A.
Lavalle 1634 3º G / C1048AAN Buenos Aires, Argentina
granica.ar@granicaeditor.com
atencionaempresas@granicaeditor.com
Tel.: +54 (11) 4374-1456 (C)1158549690

MÉXICO
Ediciones Granica México S.A. de C.V.
Calle Industria N° 82 - Colonia Nextengo - Delegación Azcapotzalco
Ciudad de México - C.P. 02070 México
granica.mx@granicaeditor.com
Tel.: +52 (55) 5360-1010 (C) 5537315932

URUGUAY
granica.uy@granicaeditor.com
Tel: +59 (82) 413-6195 - Fax: +59 (82) 413-3042

CHILE
granica.cl@granicaeditor.com
Tel.: +56 2 8107455

ESPAÑA
granica.es@granicaeditor.com
Tel.: +34 (93) 635 4120

www.granicaeditor.com

Reservados todos los derechos, incluso el de reproducción
en todo o en parte, y en cualquier forma

GRANICA es una marca registrada

978-987-8358-84-0

Hecho el depósito que marca la ley 11.723

Impreso en Argentina. *Printed in Argentina*

Marchiori, Eugenio
El mercado de la salvación : las estrategias de negocio que comparten
    empresas y religiones / Eugenio Marchiori. - 1a. edición especial -
    Ciudad Autónoma de Buenos Aires : Granica, 2021.
288 p. ; 22 x 15 cm.

ISBN 978-987-8358-84-0

1. Ensayo Sociológico. I. Título.
CDD 306.3

Índice

Agradecimientos

Ante todo, al doctor Andrés Hatum, quien por su aliento y apoyo es el principal responsable de que este trabajo haya salido a la luz. Al magister César Peón, que confió en mí y me abrió las puertas del fascinante mundo de la Sociología. Al doctor Omar López Mato, que se tomó el trabajo de leer, comentar y aportar ideas en varios de los ensayos. Al doctor Héctor Constantinidis, al licenciado Néstor López Mato, al ingeniero Adrián Pagani y al doctor Alejandro Marchionna Faré, con quienes tuve infinidad de diálogos y debates que dispararon muchos de los temas que analizo. A la Universidad Torcuato Di Tella, que me brinda un espacio de libertad de pensamiento y opinión invalorables. A mis alumnos, fuente permanente de inspiración y crecimiento. A todos ellos, ¡muchísimas gracias!

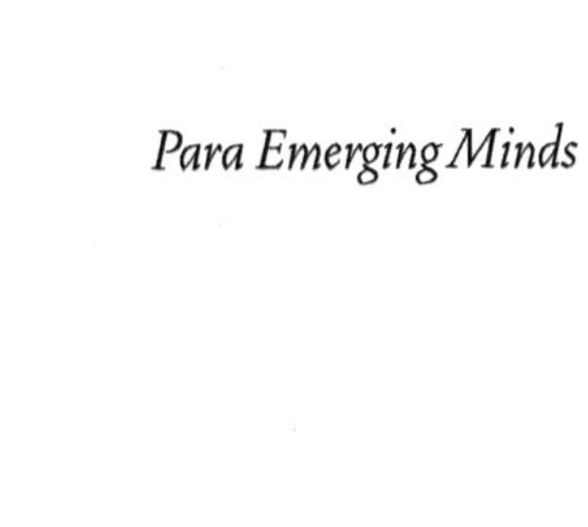

Para Emerging Minds

El mundo detrás del espejo

Qué película recuerdan? ¿Alguna que los haya impactado? En mi caso, *Los gritos del silencio* (*The Killing Fields*), una película británica de 1984 en la cual unos periodistas son testigos de la guerra y las tensiones que desgarran a Camboya. Recuerdo aún hoy la tensión y la atención que me provocó el film, así como las sensaciones y emociones que me generó.

Aprendí de esa película, siendo joven aún, la importancia que debe tener un texto o un film para captar la atención. Eso lo llevé también a mi vida profesional. No sé si soy un gran lector, pero soy uno bueno, que lee en forma constante, y me sucede algunas veces que comienzo a leer un texto y luego de algunas páginas no me dan ganas de seguirlo. Pero soy cabeza dura y trato de llegar al final, aunque me duelan los ojos.

El ensayo maravilloso que nos presenta Eugenio Marchiori atrapa desde la primera a la última página. Y esa es una de las tantas virtudes de este libro. Al ser atrapado por un texto como *El mercado de la salvación*, el lector se entusiasma y quiere saber más de todo lo que el autor ofrece en esta obra. La erudición de Eugenio nos lleva a la Antigua Grecia, nos pasea por sus mitos y nos aterriza a la realidad de las empresas y sus vínculos religiosos, como retrata Eugenio Marchiori a la cultura organizacional de muchas ellas.

El libro es un reflejo de lo que es Eugenio: alguien con conocimientos profundos, eclécticos, sarcástico y divertido. Eugenio es, como los griegos que describe al inicio del libro, un académico con una formación diversa y amplia: ingeniero con un master en logística y un doctorado en sociología. También es profesor de comportamiento humano y cambio organizacional. Esa simbiosis de conocimientos hace del autor alguien riguroso pero, al mismo tiempo, creativo y curioso para indagar más allá de lo superficial. Eugenio sazona el libro con una escritura simple, clara, profunda y, como un buen novelista, cautivante.

Comienza con la interacción entre la mitología griega −que Marchiori cuenta con la rapidez de un guión televisivo y la oratoria de un narrador espontáneo. El valor del consumo, la producción, la estrategia, el planeamiento, el trabajo absurdo, la política, todo se mezcla en este primer capítulo donde remontarse a la historia y a la mitología es un disparador utilizado para comprender el mundo actual de las organizaciones.

El primer capítulo es simplemente un tobogán que nos desliza en el submundo de las empresas. Cruzar el río Aqueronte en *La Divina Comedia* significaba trasladarse a otro mundo, el de los muertos. A partir del segundo capítulo de esta obra, estaríamos del otro lado, pero no en el mundo de los muertos: es al otro lado del espejo, un lugar donde no hay reflejo, pero se puede ver clara y transparentemente qué sucede en las entrañas de la concepción y los orígenes de las organizaciones. ¿Cuál es el entramado cultural detrás de las empresas más conocidas? ¿Qué las inspira a ser como son? ¿Qué influencia tuvo la religión en los cimientos de las empresas analizadas? Estas son solo algunas de las preguntas que guían al lector en el análisis de las profundidades organizacionales.

La analogía que Marchiori hace de las herramientas organizacionales y la religión es asombrosa: valores, misión, visión, esperanza, motivación, simbología, logos, ceremonias, rituales, inclusive la arquitectura. El análisis profundo de estas derivadas religiosas nos ayuda a entender más a las mismas empresas que Eugenio menciona en el recorrido de su obra. Pero claro, algunas tienen más arraigo religioso que otras.

Hasta aquí, los interesados en la sociología de las organizaciones se pueden hacer una fiesta. Pero no son los únicos beneficiados de la bacanal de conocimiento que ofrece este libro. Los estudiantes o expertos en marketing pueden aprender claramente las estrategias y tácticas utilizadas por muchas empresas para progresar. Nuevamente el paralelismo con el marketing religioso es increíble.

Pero las culturas religiosas de las organizaciones no están exentas de subculturas sectarias. Pensemos en la Iglesia católica y el Opus Dei, su rama más conservadora. ¿Qué sucedería si el Opus no estuviera dentro de la propia Santa Iglesia católica? Sería una secta hecha y derecha, y de las más nefastas. Allí es donde Marchiori distingue entre las fuerzas centrípetas y centrífugas de las organizaciones: algunas fuerzas tratan de centralizar decisiones (las casas matrices de las empresas, por ejemplo) y otras buscan tener más autonomía (las sucursales). Las culturas sectarias no son exclusivas de la Iglesia, que las tiene y en extremos (los Jesuitas, el Opus Dei), sino que también pueden encontrarse en las empresas. Si no pensemos en las subculturas en las organizaciones y los problemas que estos implican para los líderes.

Esta obra nos enseña que organizaciones milenarias, como las religiosas aquí presentadas, han influido, e influyen enormemente, en la historia de las empresas tal como las conocemos hoy: sacerdotes managers, visitas a domicilio de curas o de vendedoras de cosméticos, *lay outs* de iglesias y supermercados... Todo se entremezcla en una obra desbordante de paralelismos y similitudes.

Un libro que me asombró de chico es *A través del espejo y lo que Alicia encontró allí*, de Lewis Carroll. Mientras Alicia está meditando sobre cómo debe de ser el mundo al otro lado del espejo de su casa, se sorprende al comprobar que puede pasar a través de él y descubrir de primera mano lo que ahí ocurre.

Este libro nos ofrece una experiencia similar a lo que le sucedió a Alicia: uno entra a través de un espejo y se sorprende de que más allá hay un mundo donde todo se hace de forma inusitada. Este libro es el mundo detrás del espejo.

ANDRÉS HATUM
PhD Warwick Business School (UK)
Profesor Universidad Torcuato Di Tella

PREFACIO DEL AUTOR

> *En el fondo, pues, no hay religiones falsas.*
> *Todas son verdaderas a su manera...*
> EMILE DURKHEIM[1]

Este trabajo comenzó una mañana de mayo de 2003 mientras —de pronto y sin buscarlo— me encontré contemplando extasiado los cuadros de mitología griega de Rubens en el Museo del Prado de Madrid. Los dioses, las diosas y las situaciones representados por él me impactaron con tal intensidad que mi vida cambiaría para siempre. En ese momento tuve una intuición: esas imágenes eran mucho más que esa suerte de historietas que habían sido para mí los mitos hasta entonces. Algo se ocultaba detrás de esos lienzos. Al poco tiempo descubrí que eran —nada más y nada menos— la génesis de la cultura occidental. Ese auténtico acontecimiento artístico disparó un largo proceso que culminó por transformar a un "ingeniero que trabajaba" (según la lúcida definición de mi mujer) en un sociólogo. Ese sinuoso camino está implícito en estos ensayos.

Este libro está pensado para las personas que quieran conocer las estrategias y artefactos culturales que usan las organizaciones exitosas

---

1   Durkheim, Emile: *Las formas elementales de la vida religiosa*. Akal Editor, Madrid, 1982. Página 2.

para bajar a la tierra su visión y su misión. Aquellas cosas que no se ven a primera vista (a veces con toda intención) pero que las mantienen con vida. Está compuesto de seis ensayos independientes (pueden ser leídos en el orden que prefiera el lector) sobre sociología de las organizaciones vista desde la perspectiva de los negocios. Hay secciones dedicadas al marketing (desde una óptica práctica, diferente a la estrictamente académica), a la estrategia y a la cultura organizacional. Los capítulos finales en los que comparo empresas "religiosas" con "comerciales" (veremos como en algún punto ambas convergen) son casos de estudio y de debate en sí mismos, y pueden ser usados como tales en educación ejecutiva, tanto en universidades como en empresas. Empleo ejemplos de instituciones muy conocidas para la mayoría, lo que ayuda a bajar a la realidad de manera amena temas que podrían resultar bastante áridos. En el primer ensayo repaso varios mitos griegos cuyos símbolos tienen tanta vigencia en el inconsciente colectivo como para ser los estandartes de las más poderosas corporaciones multinacionales. Nike, Amazon, Hermès, Goodyear y varias más le deben mucho a las diosas y a los dioses que habitan el Olimpo, la montaña más alta de Grecia.

A continuación, analizaremos la relación entre el trabajo y la religión griega, cuyos personajes están encarnados en varios de la actualidad. Dédalo, un inventor y arquitecto muy *cool*, con un clásico perfil de *entrepreneur*. Prometeo, un *nerd* apasionado por la tecnología y su hermano Epimeteo, un *workaholic* de aquellos. Sísifo, un rey "piola" al que la viveza le salió mal, perdió su fortuna y terminó siendo un pobre proletario por toda la eternidad. Hefestos, feo, rengo y víctima de la infidelidad conyugal, por algo es el único dios del Olimpo que realmente trabaja. Hay mucho para aprender de cada uno de ellos.

En el tercer capítulo examino las *herramientas de influencia* que aplican las organizaciones, ya sean religiosas o comerciales, para conseguir que sus miembros incorporen su cultura y estrategia. Comprender esta dinámica es básico para todo líder que necesite implementar un programa de cambio cultural y estratégico en cualquier empresa. Rituales, mitos, valores, alianzas, credos, himnos y muchas otras, son formas religiosas empleadas por iglesias y empresas comerciales. Son los auténticos motores que impulsan a las organizaciones. Para evitar confusiones, al finalizar este ensayo definiremos como "empresas religiosas explícitas" (ERE) a las que hacen de la religión su identidad principal y como "empresas religiosas implícitas" (ERI) a las que, sin manifestarlo de manera explícita, emplean las mismas herramientas religiosas que sus primas.

El cuarto capítulo está íntegramente dedicado al marketing, tanto el religioso como el pagano. De la mano de Bruno Ballardini, comienzo analizando el caso de quien probablemente haya sido el genio más grande de la comercialización: Pablo de Tarso. Veremos qué consejos tiene para dar en sus epístolas, que son un manual de consulta imprescindible para todo aquel que deba liderar el lanzamiento global de un producto. Examinaremos cómo hacen los evangelistas, expertos en venta directa. Luego repasaremos los diez mandamientos del marketing, en la versión de una empresa consultora que asesora a sectores de la Iglesia católica. En lo que hace al marketing digital, veremos cómo la pandemia dejó ganadores y perdedores. Luego presento una serie de casos que incluyen a empresas *marketineras* por excelencia, como Unilever, P&G, BMW, Apple y otras, para descubrir el contenido religioso de sus mensajes. Para terminar, recorreremos la página web de los Museos Vaticanos, impecable modelo de cómo se debe diseñar una plataforma de *merchandising*.

En el quinto capítulo estudiaremos la *religión Coca-Cola*, el arquetipo de empresa religiosa implícita. Su nombre está dentro de las primeras palabras que aprende a decir un niño y su marca se encuentra entre los primeros símbolos que reconoce. En su origen se le atribuían poderes curativos asombrosos, una suerte de panacea con burbujas. Su fórmula misteriosa es uno de los secretos mejor guardados. Su botella de vidrio, con curvas de mujer, es un auténtico fetiche. Hasta Santa Claus cambió su traje original para adoptar sus colores... ¿Hay algo más parecido a una religión que el culto a Coca-Cola, la que refresca mejor?

El sexto y último capítulo está dividido en tres partes en las que se establecen paralelismos y semejanzas entre empresas que se definen como religiosas y aquellas que lo son, aunque no lo digan (y tal vez ni siquiera lo sepan). Elegí tres casos comparativos: el Vaticano y McDonald's; la firma de consultoría estratégica McKinsey y los jesuitas; y la Willow Creek Church —una Iglesia evangelista— junto a la compañía de cosméticos Mary Kay. Las semejanzas no dejan de asombrarme.

Pero ahora dejemos los preliminares. Los invito a entrar en el libro. Solo espero que lo disfruten como lo hice yo durante cada instante de los años que me llevó escribirlo.

INTRODUCCIÓN

Este libro es la punta del iceberg de quince años de investigación. Durante ese tiempo traté de analizar el fenómeno de las religiones desde el punto de vista sociológico y empresarial para compararlas con organizaciones de otra naturaleza que podríamos denominar secular o profana. La perspectiva religiosa presenta un problema: para los miembros del culto "lo religioso"[2] entra en el ámbito de "lo sagrado" y, por lo tanto, algo sobre lo que nadie "de afuera" debería siquiera pensar. Durante milenios muchos de los que osaron hacerlo terminaron mal. De hecho, aun hoy sigue ocurriendo en demasiadas partes del mundo. Para evitar malentendidos, creo necesario dedicar unas pocas páginas a explicar que significa esta división —a priori irreconciliable— entre lo sagrado y lo profano.

Según Mircea Eliade[3], lo sagrado "se nos muestra" como algo misterioso, diferente a lo profano, que se manifiesta en el mundo real por

---

2   "Religión" es un concepto ambiguo que se ha usado y definido de las más diversas maneras. Como marco general, a lo largo de este trabajo adoptaremos como definición de "religión" la que ofrece el antropólogo Clifford Geertz que dice que es: "Un sistema de símbolos que actúa para establecer en los hombres estados de ánimo y motivaciones poderosas, insistentes y duraderas formulando conceptos generales de orden de la existencia y cubriendo a estas concepciones con un aura de poder tal que el ánimo y motivaciones parecen especialmente reales". Geertz, Cliford: *La interpretación de las culturas*; Editorial Gedisa, Barcelona, 2003. Página 89.

3   Eliade, Mircea; *Das Reilige und das Profane, Rowoht Taschenbuch Verlag*, 1957. Edición Consultada: traducción al español de Luis Gil Fernández, *Lo Sagrado y lo Profano*; Editorial Paidós, Barcelona, 1998.

medio de símbolos. Para alguien religioso una piedra o un árbol pueden ser expresiones de lo sagrado y ser venerados, no por sí mismos, sino por lo que representan. Para el profano, la piedra no se distingue de las demás piedras, pero para el creyente "su realidad inmediata se trasmuta, por el contrario, en realidad sobrenatural". De allí que lo sagrado y lo profano sean dos maneras diferentes de percibir el mundo. Para la persona religiosa el espacio y el tiempo no son continuos ni homogéneos, sino que presentan "roturas" que separan sus dos dimensiones. Un ejemplo familiar sería una iglesia en el centro de una gran ciudad. Apenas la persona creyente atraviesa el umbral del pórtico y deja detrás las bocinas de los autos se traslada a otra dimensión, a un espacio completamente diferente al de la calle, a un espacio sagrado. Algo parecido ocurre con el tiempo. Al cruzar el mismo umbral el tiempo pierde su sentido lineal y se convierte en un espacio temporal diferente: el tiempo del rito que está más allá del tiempo humano porque se repite de la misma manera generación tras generación. De allí que a lo que está "más allá" de las paredes del espacio sagrado se le llama también "secular", que significa que está "en el siglo", esto es, el tiempo de los mortales. Dice Eliade que "el umbral tiene sus 'guardianes' que defienden la entrada" de la malevolencia de los hombres.

Para tranquilidad de los guardianes, este libro no toca los elementos sagrados de las religiones. No se tratan ni sus dogmas ni el valor histórico de su literatura ni los misterios de la fe. No es un libro de teología ni de nada que se le parezca. Solo se enfoca en lo organizacional, en sus estrategias de difusión, captación y socialización, todos aspectos que están "en el siglo" a la vista y alcance de cualquiera. No tengo intenciones malvadas, solo busco contribuir a comprender un poco mejor a las organizaciones más allá de su naturaleza.

El acontecimiento religioso es una experiencia subjetiva compartida por muchos. Su origen coincide con el de la humanidad. Hay organizaciones religiosas que han logrado perdurar milenios. Entonces, ¿cómo no analizar los mecanismos que las hicieron tan exitosas?

¿Cómo no compararlas con las organizaciones paganas y tratar de descubrir en qué se parecen y diferencian para ver qué pueden aprender unas de otras?

El mercado de la salvación

Las religiones nacieron para satisfacer una serie de necesidades existenciales humanas. Lo que en lenguaje profano serían "necesidades de mercado". Veamos algunas de las más importantes.

Imaginar el futuro es la capacidad que nos diferencia del resto de los animales. Sucede que el futuro es, esencialmente, desconocido. Ese desconocimiento produce un sentimiento de *incertidumbre* que, en casos extremos (en particular el de la muerte), puede tornarse insoportable. Necesitamos huir de la incertidumbre, no podemos permanecer en este estado angustiante mucho tiempo sin enfermar o enloquecer. Por eso, calmar y dar respuesta a la incertidumbre que produce la idea de la muerte es la el primer servicio que brinda la religión.

Una vez que está resuelto el tema de lo que ocurrirá luego de la muerte, está la necesidad de dar *sentido a la existencia*. ¿Para qué estamos acá? ¿Por qué hay algo en lugar de nada? ¿Cuál es mi función en la vida? ¿Qué había antes de todo? ¿Cuál es el origen del mundo? Las religiones tienen las respuestas para estas preguntas. Las personas creyentes las tienen resueltas y pueden dedicar su tiempo a otras cosas.

Luego las religiones tienen la capacidad de ofrecer *consuelo y contención* frente a las adversidades de la vida, como las enfermedades, las dificultades económicas o la pérdida de un ser querido. Ellas "están ahí" en los momentos difíciles.

A continuación, aparecen dos necesidades íntimamente relacionadas: las de *pertenencia e identidad*. Somos seres sociales por naturaleza. A diferencia de otros animales que "nacen hechos" y pueden desenvolverse solos apenas luego de haber nacido, nosotros no sobrevivíamos demasiado tiempo si fuésemos abandonados al nacer. Las personas nacemos incompletas y nos completamos en sociedad. De allí la necesidad de pertenecer, incluso desde antes del nacimiento. Esa sensación de pertenencia al grupo es el fundamento de nuestra identidad. Es la manera de entender "quiénes somos".

Por último —pero no de menor importancia— existe la necesidad de tener cierto *orden social*. Sin normas que orienten las acciones individuales de acuerdo con los *valores* del grupo, emergerían la anomia y el caos. La religión cumple la función de ser el receptáculo de las normas y los preceptos que "trazan los límites de la cancha" dentro de los cuales es aceptado jugar.

En síntesis, la religión viene a *salvarnos* de los problemas que supone la existencia. Al repasar la cantidad de servicios esenciales que ofrece la religión y debido a que esas necesidades existen por el mero hecho de ser humanos, se comprende que se trata —por así decirlo— de un mercado global gigantesco. Pero también es un mercado sumamente competitivo. Como cualquier empresa, la cantidad de seguidores (clientes, fieles, adeptos) que una religión consiga está directamente relacionada con su posibilidad de crecimiento, y con la influencia social y económica que estará en condiciones de ejercer. En otras palabras, es su fuente de poder.

Las religiones son exitosas porque *les hacen bien* a las personas que creen. Pero no todas las religiones son igual de exitosas. Si medimos el éxito por la capacidad de adaptarse y de sobrevivir, está claro que algunas son más exitosas que otras. El fin último de este trabajo es develar cómo hicieron las últimas para perdurar tanto tiempo.

Peter Drucker —el mayor pensador del *management*— decía que las organizaciones comerciales podían aprender mucho de las que no tenían fines de lucro, incluyendo a las religiosas[4]. Lo recíproco también es válido. Intentaremos hacer honor a ese consejo.

---

4   https://hbr.org/1989/07/what-business-can-learn-from-nonprofits (10/7/2021)

Nota sobre las fuentes

Para que esta investigación tuviera la mayor amplitud posible de puntos de vista, me preocupé por recurrir a infinidad de fuentes diversas tanto directas como indirectas. Desde universidades hasta personas, desde libros hasta artículos, desde entrevistas hasta páginas web oficiales y desde testimonios hasta un texto de 1771 encuadernado en piel de potro con las instrucciones que la Compañía de Jesús les daba a sus misioneros para la "buena administración de indios"[5]. Cada una de estas fuentes está citada en los pies de página y en la bibliografía que se encuentra al final del libro. Como las páginas web son dinámicas, al lado del enlace figura la fecha en que fue consultada. Para un acceso más sencillo, en muchos casos encontrarán los códigos QR.

---

5   *Itinerario para Párrocos de Indios. En los que se tratan las materias más particulares tocantes a ellos para su buena Administración.* "En la oficina de Pedro Marín"; editado por la Real Compañía de Impresores y Libreros del Reyno, Madrid, 1771. Aprovecho para agradecer a Daniel Alfredsson por la gentileza de haberme facilitado este invalorable documento.

CAPÍTULO 1

La religión griega
y los logos[6] empresarios

La influencia de la religión griega con sus mitos y sus dioses se advierte de manera inmediata por el uso que se les da para nombrar los objetos y las situaciones más familiares.

Cuando medimos el tiempo empleamos el cronómetro[7]; cuando estudiamos el espacio, nos referimos a la topografía[8] o a la geografía[9]; cuando nos enojamos, liberamos nuestra furia[10]; nuestras debilidades son nuestro talón de Aquiles[11]; una amenaza velada se esconde en un

---

6   Los logos que se muestran en este capítulo son propiedad exclusiva de las empresas mencionadas. En este trabajo se muestran solo a efectos didácticos.

7   Cronos (Saturno para los romanos) es el dios del tiempo. Hijo de Gea (la Tierra) y Urano (el Cielo), cortó los genitales de su padre para quedarse con su trono. Tenía la costumbre de devorar a sus hijos hasta que algunos de ellos (Zeus, Hades y Poseidón) lo derrocaron. Las pinturas de Rubens y de Goya sobre Cronos devorando a sus hijos son inolvidables. Somos hijos del tiempo, ya que sin él nuestra existencia sería imposible, pero es él mismo quien nos devora.

8   La palabra se compone del griego "topos" (τόπος), que significa lugar o territorio, y "grafos" (γράφω), que significa pintar o dibujar.

9   Gea era la diosa de la tierra en la antigua Grecia. Era considerada la madre universal.

10   Las Furias son las tres diosas de la venganza de la mitología romana copiadas de la Erinias griegas.

11   Aquiles es el gran héroe griego de la *Ilíada*. Su madre, Tetis, lo sumergió en el río Estigia para que se volviera invulnerable. Como lo tomó del talón esa fue la única parte de su cuerpo que no se mojó y permaneció vulnerable.

caballo de Troya[12]; nuestros héroes tienen fuerza hercúlea[13] o titánica[14]; una belleza apolínea[15] despierta pensamientos eróticos[16]; se usan afrodisíacos[17] para tener más suerte en el amor; desayunamos cereales[18]; en las oficinas públicas solemos sufrir estériles odiseas[19]; deseamos toparnos con alguna musa[20] inspiradora que nos guíe y nos proteja de las Parcas[21]; resguardamos nuestras contraseñas herméticamente[22] e ideamos originales reglas mnemotécnicas[23] para recordarlas, casi siempre sin éxito; crecemos con la espada de Damocles[24] sobre nuestras cabezas; nos psicoanalizamos para superar el complejo de Edipo[25] o de Electra[26]...

Así como el lenguaje muchas veces se inspira en la religión griega, muchas marcas y logos[27] (el lenguaje de las empresas) también tienen

12   El caballo de Troya fue el invento del pícaro Odiseo con el cual los aqueos lograron ingresar a esa ciudad y ganar la guerra. Presentado como una ofrenda de amistad, dentro de él se escondían los soldados griegos que atacaron durante la noche mientras los troyanos dormían.

13   Hércules es la figura romana de Heracles. Hijo de Zeus y una mortal, poseía una fuerza asombrosa.

14   Los Titanes eran los dioses que reinaron durante la Edad de Oro antes de triunfo de los dioses del Olimpo.

15   Apolo era el dios olímpico —entre otras atribuciones— de la belleza, de la adivinación y de la perfección.

16   Eros es el dios del amor y del sexo.

17   Afrodita es la diosa de la belleza y del amor.

18   Ceres es el nombre griego de Deméter, diosa de la agricultura y de la fecundidad.

19   Odiseo o Ulises es el héroe principal de la *Odisea*, en la que Homero relata su accidentado viaje de veinte años.

20   Las musas son las nueve hijas de Zeus inspiradoras de las artes.

21   Parcas es la denominación romana de las tres Moiras (nacimiento, vida y muerte o pasado, presente y futuro), tejedoras del destino de los hombres.

22   Hermes (Mercurio para los romanos) es el dios del comercio y de los ladrones, de ahí su preferencia por el secreto y por la reserva.

23   *Mnemo* en griego significa "memoria" y en la antigüedad su dominio era considerado un arte.

24   La espada de Damocles corresponde a una leyenda según la cual los dioses habían colgado de un fino hilo (que podía cortarse en cualquier momento) una espada sobre la cabeza de Damocles. Se emplea como metáfora para referirse a un peligro inminente e inmanejable.

25   Edipo era un rey de Tebas hijo de Layo y Yocasta. Abandonado al nacer, fue recogido por unos campesinos, que lo criaron. De adulto se enamoró de su madre y mató a su padre (desconociendo que eran sus padres biológicos) durante una discusión. Sigmund Freud hizo célebre el mito al asociarlo con la tendencia a enamorarse de la madre (primera fuente de alimento) y a la necesidad de "matar al padre" para convertirse en adulto.

26   Electra era la hija de Agamenón, rey de Micenas, y de Clitemnestra. El mito cuenta que urdió un plan con su hermano para matar a su madre y al amante de ella, con el objeto de vengar la muerte de su padre. El psicólogo Carl Jung habla del complejo de Electra para referirse al conflicto entre madres e hijas.

27   La misma palabra "logos" (λογος) tiene origen griego. Puede traducirse como razón, palabra o dis-

inspiración religiosa. Una vez que el símbolo se arraiga en la cultura, con solo verlo o mencionarlo es fácil entender lo que la empresa desea transmitir al utilizarlo. Veamos algunos ejemplos.

Olympus: un monte fotogénico

El Olimpo es el monte en el que viven los doce dioses griegos principales. En la mitología japonesa hay ocho millones de dioses y de diosas que viven en Takamagahara, el pico del monte Takachiho. Cuando la compañía japonesa Takachiho Seisakusho introdujo sus productos en Occidente decidió cambiar su nombre por el de Olympus, dada la similitud de ambas historias.

Olympus

La marca simboliza también la aspiración de iluminar al mundo con sus instrumentos ópticos, tal como lo hacen los dioses desde sus moradas. La línea amarilla inferior se denomina "patrón óptico digital" y representa la luz y las posibilidades sin límites de la tecnología digital.

Goodyear: la ventaja de tener a Vulcano (Hefestos) en la fragua

A pesar de ser hijo de Zeus y de Hera, Hefestos es feo. Tal es su fealdad que su madre lo arrojó al mar por un acantilado apenas lo vio nacer. El golpe fue tal que el pobre bebé quedó rengo. Nada mejor que un dios feo

---

curso. Para Heráclito era el principio del orden y del conocimiento. Se refiere también a persuadir por medio de la razón.

y rengo para representar el duro trabajo manual de la fragua de metales, la tecnología de punta de aquella época.

A pesar de todo, gracias a sus habilidades e ingenio, Hefestos se supo ganar el respeto de los demás dioses. Lo consiguió basándose en su habilidad para resolver problemas prácticos de manera efectiva. Veamos algunos ejemplos de su capacidad y talento.

Una vez Zeus estaba sufriendo un tremendo dolor de cabeza debido a la indigestión que le produjo tragarse a Metis[28]. Para aliviarlo, Hefestos le dio un hachazo que le partió el cráneo. De allí surgió Atenea –la diosa de la sabiduría–, ya formada. El padre de los dioses estaba tan contento con el artesano que le permitió casarse con Afrodita, la más hermosa de las diosas. La diosa accedió al casamiento gustosa, de lo que se podría inferir que Hefestos sería feo, pero algo tenía. El problema era que la diosa del amor tenía la carne débil y se entreveró también con Ares, el dios de la guerra (se sospecha que también con Hermes, aunque pueden ser las malas lenguas). Cuando Apolo se enteró, ni lerdo ni perezoso fue hasta la fragua y se lo contó al pobre herrero, que muy bien no lo debe haber tomado. Como represalia les tendió una trampa: construyó una red invisible y, cuando los amantes estaban por alcanzar el clímax, la dejó caer sobre ellos y los dejó expuestos frente a los demás dioses. Todos rieron por la situación, aunque lo más probable es que haya sido a causa de los cuernos del dios artesano.

Más cercano a nuestro tiempo, Charles Goodyear estaba trabajando con goma de la India o caucho para que fuera más fuerte y resistente al frío. Un día olvidó encendido el crisol donde había caucho, sulfuro y plomo blanco. El calor y el tiempo de cocción convirtieron la mezcla en la base de los neumáticos que hoy conocemos. Bautizó al proceso "vulcanizado" en honor al dios de la fragua. El hallazgo

---

28 Metis era una Oceánida, hija de Océano y de Tetis. Fue la primera esposa famosa de Zeus y su prima. Era conocida por su prudencia y su sabiduría.

ocurrió demasiado temprano, ya que en 1860 no había demasiada demanda del producto, y el bueno de Charles terminó endeudado y en la cárcel.

Unos cuarenta años después, los hermanos Seiberling desarrollaron el invento y consiguieron fabricar cubiertas de goma para herraduras, ruedas de bicicleta y neumáticos para la incipiente industria automotriz. Como eran admiradores del inventor, le pusieron su nombre a la compañía.

Goodyear

Su admiración por la mitología griega no terminó ahí, ya que el logo de la compañía evoca a la estatua de Hermes (Mercurio para los romanos) que los hermanos tenían en su casa. El zapato alado que se intercala en su nombre fue facilitado por el mismo dios al que volveremos a continuación.

Hermes: dios del comercio y de los ladrones

Hermes nació de noche, cuando todo el mundo dormía. Agotada luego del parto, su madre, Maya, lo dejó envuelto como una momia en una caverna de Arcadia. Pero al pequeño no le gustaba estar quieto. Apenas se pudo liberar de sus vendas comenzó a vagabundear, vocación que nunca abandonaría. Sin perder tiempo, concretó su primera travesura: le robó una manada de vacas a Apolo.

Para no ser descubierto tuvo que emplear todo su ingenio y picardía, otro de sus atributos. Escondió los animales en una cueva, pero, para que Apolo no pudiera encontrarlos, los hizo entrar caminando de espaldas, lo que sugería que habían salido del escondite en lugar de entrar. Para descubrir el truco, Apolo tuvo que emplear su capacidad adivinatoria. Cuando consiguió atrapar a Hermes lo llevó frente a Zeus para que lo castigara. El padre de los dioses esperaba que su nuevo hijo negara la acusación, pero, frente a las evidencias, Hermes tuvo que confesar.

El pequeño dios prometió devolver el ganado robado, menos las dos vacas que dijo haber sacrificado para los doce dioses del Olimpo: "¿Doce dioses?", preguntó Zeus, "¡Pero si acá somos solo once! ¿Quién es el número doce?". A lo que Hermes respondió sin más: "¡Pues el que está aquí para serviros!". Para terminar de congraciarse explicó: "A las dos vacas las dividí en doce pedazos, ofrecí once a quienes correspondía y me comí la última porque tenía mucha hambre". Hasta Apolo tuvo que reírse de la desfachatez de su hermano menor.

Imágenes de Hermes

No contento con eso, el travieso dios fabricó una lira usando tripas de vaca y un caparazón de tortuga y se la regaló a Apolo, que quedó embelesado. Mientras tanto, Zeus, que observaba la escena, notó la habilidad de su hijo menor para salir airoso de situaciones complicadas y lo nombró su mensajero.

Hermes es un dios omnisciente que disfruta andar por los caminos. Por eso su nombre significa "el montón de piedras", que era la modalidad con la que se marcaban los cruces de carreteras. Su costumbre andariega hizo que fuera elegido como patrono por viajantes y comerciantes, de allí la pequeña bolsa que lleva colgando. Debido a sus hábitos nocturnos, también se lo asocia con la estafa y con el engaño, por lo que es el preferido de los ladrones[29].

Todo lo que "se encuentre por el camino" (incluyendo las ganancias "no previstas") debe agradecerse a Hermes. Pero es un dios caprichoso, y quien esté buscando ganancias deberá aceptar las pérdidas. Sus habilidades hacen que también se lo asocie con la magia. Se sabe que era poseedor del manto de Hades, con el que podía hacerse invisible cuando lo deseaba. Además, portaba el caduceo, una vara de olivo originalmente rodeada de guirnaldas que luego fueron reemplazadas por dos serpientes enroscadas[30]. Su vínculo con lo oculto y lo secreto es el origen de la palabra "hermético".

Hoy diríamos que Hermes es un dios extrovertido, simpático, rápido, entrador, trasgresor y carismático, las cualidades ideales de un buen vendedor. Por eso lo eligieron muchas empresas como su marca. Veamos algunas:

Hermès[31], es una empresa francesa que produce carteras, ropa, relojes, perfumes y otros accesorios de moda.

Hermès

Al menos dos compañías de logística eligieron su nombre: la alemana Hermes Logistik Gruppe y la norteamericana Hermes Lo-

---

29 Durante mucho tiempo el comercio fue considerado un robo, ya que la percepción era que no "agregaba valor" a las cosas. Algunos políticos siguen usando ese prejuicio para acusar a los comerciantes por el aumento de los precios.

30 Es distinta a la vara de Asclepios (Esculapio para los romanos), el dios de la curación, símbolo de la medicina y de la astrología. Esta tiene una sola serpiente enroscada ya que su cambio de piel simboliza el rejuvenecimiento.

31 www.hermes.com

gistics Technologies. Las dos tienen en el logo las tres alas de Hermes Trismigesto (tres veces majestuoso), figura adoptada como símbolo por los alquimistas por las virtudes que representa: rectitud, voluntad y firmeza.

Hermes Logistik Group

Hermes Group

Hermes Logistic

Algunas marcas toman su nombre en la versión romana para asociarlo a la velocidad. Tal el caso de Mercury, que es tanto un modelo de auto producido por Ford Motor como una marca de motores para lanchas. Dos productos veloces y "andariegos".

Además de estos usos, la figura de Hermes es tan popular que hay infinidad de compañías que adoptaron al dios para simbolizar su identidad. Tal vez sea porque todas tienen la necesidad de contar con "Mercurios" dentro de sus filas. Hermes se encarna en vendedores, consultores, viajantes, conductores y todo otro oficio o profesión en los que se requieran sus virtudes. Es el mensajero de la dirección, el nexo entre la empresa y su entorno. No en vano Hermes se ganó un puesto en la mesa de directorio del Olimpo.

Atenea: la diosa preferida de la sabiduría

Como relatamos antes, Atenea nació del hachazo que Hefestos le pro-pinó en la cabeza a Zeus. Luego de tan bizarro parto, la diosa emergió madura, de unos veinticinco años, virgen, hermosa, perfecta... Portaba su casco, su coraza, su lanza y su escudo (la Égida) que tiene estampado el rostro de la Medusa.

Por ser hija de Metis (la mente) y haber nacido de la cabeza de Zeus, Atenea es la diosa del ingenio y de la sabiduría. La representa una lechuza —seria, misteriosa y de visión aguda— que, tal como la sabidu-ría, levanta vuelo al anochecer[32].

Templo de Atenea en Nashville (EE.UU.).
Google Street View

Atenea es valiente, inteligente, pura, equilibrada, reflexiva, pru-dente y digna. Representa valores humanos esenciales. Sus hazañas son legendarias en todo el sentido de la palabra. Inspiradora de Ulises (aun-que lo reprendió por sus mentiras), ayudó a Aquiles (en una interna que mantenía con Ares[33]), se encarnó en Mentor (el amigo de Ulises) para cuidar a su familia y su hacienda durante los años en que el héroe estuvo ausente haciendo de las suyas. Asimismo, acompañó a Heracles en sus hazañas y a Jasón en el viaje de los Argonautas.

---

32   La frase, atribuida a Georg Hegel, significa que solo podemos entender el devenir luego de su culmi-nación. El anochecer también es el ocaso de la vida cuando, junto con la madurez, se debería estar más cerca de alcanzar la sabiduría.

33   Ares (Marte para los romanos) es el dios de la guerra descarnada y brutal. Aunque Atenea también es guerrera, a diferencia de su contrincante sus estrategias son sutiles y elaboradas.

No solo se ocupó de acompañar a guerreros, también las artesanías y las labores manuales caen dentro de sus preferencias. Le enseñó varios oficios a Hefestos, lo que la convirtió en protectora de herreros y carpinteros. Fue gracias a su intervención que se consiguieron los grandes avances en la fragua del hierro, de la plata y del oro, que aún están vigentes. Los alfareros la consultan, lo mismo que las costureras. Aunque no tolera que ningún mortal la enfrente: se dice que fue ella quien convirtió en araña a Aracné cuando esta la desafió —y la venció— en una competencia de tejido. Es probable (aunque esto es pura especulación del autor) que hoy esté metida de lleno en el tema de la Inteligencia Artificial.

Sería tedioso por lo extenso enumerar la lista de empresas y productos que eligieron el nombre de la diosa. Desde compañías de seguros hasta computadoras y desde universidades hasta restaurantes, todos quieren ser identificados por las virtudes de Atenea, la diosa que los griegos eligieron para darle nombre a su ciudad capital.

Nike y Versace adoptaron símbolos vinculados a Atenea.

Nike: diosa de la victoria

Atenea Partenos no está sola. Sobre su mano reposa Nike, la diosa de la victoria, lista para volar hasta el carro triunfal de su portadora. En 1971, cuando Philip Knight adoptó en nombre de Nike para su compañía de calzado deportivo, le faltaba diseñar un logo. Knight le encargó la tarea a Carolyn Davidson, que por entonces estudiaba en la Universidad de Portland[34]. El resultado sería el famoso *swoosh* (silbido), uno de los logos más inconfundibles del mundo.

Todo comenzó cuando Davison estaba en el hall de la universidad contándole a un compañero que no tenía dinero para pagar las clases de

---

34 http://www.dailymail.co.uk/news/article-2004273/Woman-designed-Nike-swoosh-explains-story-inception-40-years-ago.html (25/6/2021)

pintura al óleo. Knight –que en 1971 era profesor asociado de contabilidad en Portland– pasaba por ahí y, por casualidad, escuchó el comentario. De inmediato le ofreció pagarle dos dólares la hora para que diseñara el logo. En un reportaje, Knight bromeaba diciendo que nunca se imaginó que iba a tardar diecisiete horas y media. Cuando le pagaron los 35 dólares le pidieron que no depositara el cheque de inmediato. La diseñadora trabajó algunos años en la compañía hasta que se retiró para dedicar más tiempo a su familia y hacer trabajos *freelance*. Como reconocimiento tardío, en 1983 le dieron acciones de la compañía equivalentes a unos 75.000 dólares de entonces, que en 2011 valían más de 600.000.

Aunque a veces se comete el error de suponer que el logo está inspirado en las alas de la Victoria de Samotracia[35], para diseñarlo Davison se inspiró en un bajorrelieve de la diosa Nike ubicado en la isla de Éfeso, que hoy pertenece a Turquía.

Bajorrelieve Nike Éfeso + logo

Versace: la horrible Medusa

Medusa era una de las tres hermanas Gorgonas. Era tan hermosa que Poseidón se enamoró de ella. El dios del mar la sedujo (o violó, para los dioses da igual) en un templo dedicado a Atenea. Por entonces, ambos dioses competían por el patronazgo de Atenas. Para ganar el favor de los ciudadanos, el dios ofrecía caballos y la diosa, olivos. Al final de la con-

---

35   https://historia.nationalgeographic.com.es/a/victoria-samotracia-icono-grecia-clasica__9389 (21/7/2021).

tienda, el estómago pudo más que lo ecuestre y la ciudad fue nombrada en honor a la diosa de la sabiduría.

Cuando Atenea descubrió la profanación de su templo cometida por Poseidón, convirtió a la hermosa Medusa en un monstruo. Reemplazó su cabellera por serpientes y a sus ojos les dio el poder (y la maldición) de petrificar a todo aquel que la mirara. Ya nadie podría admirarla sin quedar convertido en piedra. Mientras Medusa aún gestaba el vástago de Poseidón, fue decapitada por Perseo[36], para lo cual contó con la ayuda de Atenea y de Hermes, que le advirtieron que no debía mirarla directo a los ojos. La derrotó empleando un espejo, y logró cortarle la cabeza, órgano que llevó consigo y que usó para rescatar a Andrómeda[37] y petrificar a Atlas[38].

Por fin, Perseo entregó la cabeza del monstruo a Atenea; con ella adorna la égida, su escudo fabricado con el impenetrable cuero de la cabra Amaltea, la nodriza de Zeus.

Gianni Versace –el fundador de la compañía que lleva su apellido– era amante de los temas clásicos. Consideraba a la Medusa como el arquetipo de la mujer fatal que deja petrificados a los que la miran. Representa el poder de seducción de aquellas que usan las prendas de la marca italiana.

Versace

---

36 Perseo era hijo de Zeus y de la bella mortal Dánae (que significa "sedienta"), hija de Acristo, rey de Argos, a quien el oráculo le había advertido que sería asesinado por su nieto. Como Dánae era su única hija, para que no tuviera contacto con ningún hombre la encerró en una cueva. Eso no pudo impedir que el padre de los dioses la embarazara con una lluvia dorada caída del cielo. Tizano fue uno de los grandes artistas que pintaron la escena: https://barbararosillo.com/2016/08/04/danae-y-la-lluvia-de-oro/ (25/6/2021).

37 Mujer de Perseo y madre de sus siete hijos. Una galaxia fue bautizada en su honor.

38 Atlas ("el portador") era un Titán al que Zeus condenó a soportar a Urano (el cielo).

Las sirenas y Starbucks

Circe era una diosa hechicera que vivía en la isla de Eea, en el Mediterráneo. Era capaz de convertir a los hombres en animales y de mantenerlos prisioneros en su mansión de la isla. Cuando en su viaje de retorno a Ítaca Ulises llegó a Eea, envió a la mitad de su tripulación a inspeccionar el lugar y se quedó embarcado con el resto. Al verlos, Circe los convirtió en cerdos.

Cuando descubrió lo que había sucedido con su tripulación, Ulises se dispuso a rescatar a sus marinos. Hermes —que había estado mirando la escena desde el Olimpo— le advirtió del poder de la hechicera y le mostró una planta que serviría para protegerlo. Cuando Circe se convenció de que no podría transformarlo, Odiseo le exigió la libertad de sus hombres. En el proceso —no podía ser de otra manera— la diosa se enamoró de él y lo sedujo. ¿Cómo resistirse a los deseos de una deidad de bellas trenzas? Después de todo, Odiseo era un simple mortal y la carne es débil...

Antes de continuar su viaje, Odiseo y sus hombres permanecieron en la isla durante un año. Al partir, Circe (que ya se había enamorado del héroe de Troya) le advirtió sobre el peligro de las sirenas, unos seres acuáticos con torso de mujer y extremidades inferiores de pez. Las sirenas emitían un canto irresistible que seducía a los hombres hasta la perdición. Circe le indicó a Odiseo que él debía ser el único en escucharlas. Para evitar caer bajo el hechizo, hizo que sus hombres se untaran los oídos con cera y él se ató al mástil de la nave. Fue así como los navegantes lograron resistir el canto de las sirenas.

En 1979, Howard Schultz era el CEO de una compañía sueca fabricante de máquinas de café. En 1981 visitó una firma en Seattle productora de café en granos, sorprendido por la cantidad de filtros de plástico que empleaban. La empresa se llamaba Starbucks[39]. Durante el

---

39 Starbucks debe su nombre al primer oficial de la novela *Moby Dick*, de Herman Melville.

siguiente año mantuvo el contacto y les trasmitió su voluntad de trabajar con ellos. Por fin, ingresó como director de Marketing.

Durante un viaje de trabajo a Milán, Schultz observó que había una gran cantidad de cafeterías que vendían un excelente café "espresso", al tiempo que servían de lugar de reunión. Convencido de que podía reproducir el modelo en Estados Unidos, les presentó la idea a los socios, a quienes no les interesó convertir su negocio en una cadena de restaurantes. Decidió abrirse camino por su cuenta hasta que consiguió el capital necesario. Entonces fundó "Il Giornale", bautizado como el diario italiano. Dos años después, los dueños de Starbucks se enfocaron en otros negocios y vendieron la compañía a Schultz, quien adoptó ese nombre para su cadena. El resto es historia (y presente).

Evolución del logo de Starbucks

Los logos de las compañías fueron evolucionando, pero siempre contuvieron personajes tomados de la religión griega. Il Giornale tenía la imagen de Hermes (Mercurio) y Starbucks mantuvo la de una sirena. La curiosidad es que la sirena original mostraba sus senos, ya que pretendía ser tan seductora como el café que representaba. En 1987, los senos desaparecieron cubiertos por la cabellera para darle un toque de castidad a la atrevida figura, desde ese momento despechada. La imagen mantuvo a la vista el ombligo de la sirena, pero también esto resultaba demasiado atrevido para los conservadores, así que lo censuraron. En la actualidad, el logo muestra a una casta criatura cristianizada que nada tiene que ver con las seductoras sirenas homéricas.

Cuando cumplió 35 años, la compañía hizo una campaña en la que recordaba su logo original. Un maestro de escuela primaria exigió a sus colegas cubrir los pechos de la sirena si traían café al colegio. Para entender qué era lo que estaba oculto, los niñitos de la escuela solo tuvieron que recurrir a cualquiera de los infinitos sitios de Internet o a alguna madre que tuviera el descaro de sacar un pecho en público para amamantar a su bebé. Oportunidades no les iban a van a faltar y el tinte de lo prohibido excitaba más aun su curiosidad.

Amazon, una isla regida por mujeres

Las amazonas eran mujeres guerreras que vivían en Terma, una zona cercana al Mar Negro, en la actual Turquía. Su nombre deriva del privativo "a" y de "mazos", pecho, es decir que significa "sin pecho". La leyenda dice que ellas se cortaban o quemaban el pecho derecho para poder manejar el arco y la lanza con más libertad[40].

Según el mito, ningún varón tenía derecho a mantener relaciones sexuales ni a vivir con las amazonas. Para evitar la extinción de su estirpe, una vez por año visitaban una tribu vecina. Los niños varones que resultaban de las visitas eran enviados con sus padres, abandonados a su suerte o asesinados. Asimismo, castraban o quitaban los ojos de algunos para conservarlos como esclavos. Está claro que habían superado esa nimiedad del instinto maternal. Según parecería, los autores del mito quisieron señalar que cuando una sociedad es dominada por mujeres, estas pueden ser tan crueles como los hombres. De ser así, cuando se trata de género (o de cualquier otra categoría) todo se reduce a la cuestión de quién tiene el poder.

Heracles y Aquiles, los héroes más famosos de la mitología griega, debieron enfrentarlas y siempre las vencieron (no podía faltar algún macho

---

40 Hace algunos años hubo casos de tenistas como Simona Halep que redujeron su busto por la misma razón, aunque el arma que usan es una raqueta. https://www.dailymail.co.uk/news/article-2665341/Win-bust-Tennis-star-breast-reduction-surgery-help-game-number-three-seed-Wimbledon.html (25/6/2021).

alfa como para salvar el honor masculino). Uno de los trabajos impuestos a Heracles fue conseguir el cinturón de Hipólita, la reina de las amazonas.

Logo Amazon

Además de asemejarse a una sonrisa, la flecha amarilla del logo actual señala que Amazon.com lo tiene todo, desde la A hasta la Z.

Cuando el explorador Francisco de Orellana recorrió el cauce del río más largo del mundo[41] debió enfrentarse con una tribu local en la cual hombres y mujeres combatían por igual, de allí que el nombre del río haga referencia a las Amazonas del mito.

Jeff Bezos, el fundador de Amazon, llegó a las guerreras mitológicas de manera indirecta. Amazon no siempre se llamó Amazon. Originalmente, Bezos nombró la compañía nacida en su garaje (¿qué compañía del Silicon Valley que se respete no nació en un garaje?) como Cadabra.com, como en "abracadabra". La marca murió poco después de que su abogado escuchara "cadáver", un nombre no muy promisorio. Otro nombre que consideró fue Implacable.com, pero tampoco lo convenció y siguió buscando.

Bezos quería una marca que se alineara con su visión: ser la librería más grande de la Tierra. Entonces tomó el diccionario y lo comenzó a escanear. Cuando en 1995 encontró la palabra "Amazon", le pareció que el nombre del río más largo y caudaloso del mundo sería apropia-

---

41   Luego de alguna polémica entre el Nilo y el Amazonas este último fue declarado el más largo del mundo. https://www.clarin.com/viajes/cuales-son-los-cinco-rios-mas-largos-del-mundo__o__ZW-qzprRX.html?adcmp=C1__DSA__-__30&gclid=CjoKCQjw__dWGBhDAARIsAMcYuJwrDeyL-VUlBM-yUxavWAw96MoqTvVMols3FRObydfw2etv3sEdzopMaAmVSEALw__wcB (25/6/2021).

do por dos razones. La primera era que los sitios web se ordenaban de manera alfabética, por lo que estaría en la parte superior de la página y eso le daría más visibilidad. La segunda, que por ser el río más largo representaba el alcance de la compañía y, por ser el más caudaloso, la inmensa cantidad de libros disponibles.

Tal vez Bezos no había tenido en cuenta el empoderamiento social que iban a recibir las mujeres pocos años después. La imagen de las amazonas, sintetizada en el personaje de la Mujer Maravilla (en este caso, el busto resulta imprescindible por el valor agregado y ni el más conservador de los norteamericanos se atrevería a extirparlo), es, sin dudas, un refuerzo inconsciente de la marca elegida por el zar de la venta minorista en Internet.

Trojans[42], una barrera inexpugnable

Los troyanos eran los habitantes de la ciudad de Troya, que resistieron el sitio de los aqueos (uno de los nombres genéricos que se les da a los diferentes pueblos griegos) durante nueve años. La historia del asedio se relata en la *Ilíada* y se completa en la *Odisea*. Sus paredes solo pudieron ser atravesadas gracias al ingenio de Ulises, quien ideó el célebre caballo de Troya que, como dijimos antes, fue ofrecido como una prenda de amistad. En el interior de enorme caballo de madera se escondían los mejores soldados del ejército griego. Los troyanos cayeron en la trampa y así dejaron que el enemigo ingresara la ciudad —hasta entonces inexpugnable—, sin saberlo. Por la noche, los soldados griegos salieron de su escondite, sorprendieron a sus enemigos mientras dormían y destruyeron Troya.

Trojans

---

42   "Troyanos" en español.

Es curioso que una famosa marca de preservativos haya adoptado el nombre de aquellos que no fueron capaces de resistir la entrada de los indeseables. Tal vez sea una ironía para destacar lo impenetrable que es la tenue película de látex que mantiene fuera a los cientos de millones de pequeños caballitos de Troya. Es probable que muchos de los habitantes del mundo sean fruto de algún espermatozoide de Troya.

Algunas reflexiones antes de seguir adelante con los siguientes ensayos

La religión griega[43] marcó el inicio de la cultura occidental. Sus mitos, sus leyendas, sus dioses y sus héroes representan arquetipos humanos que mantienen su vigencia desde hace más de 2.700 años. La *Ilíada* y la *Odisea* son lecturas que, como la buena música, regalan nuevos aprendizajes cada vez que se las relee. Los dioses griegos proyectan las virtudes y las miserias humanas (salvo la enfermedad y la muerte) a extremos inconcebibles. Su humanidad ayuda a los mortales a generar empatía y a comprender sus propias acciones. Son dioses imperfectos, por eso pueden encarnarse en hombres y mujeres reales.

Los antiguos griegos fueron capaces de plasmar lo espiritual, lo moral y lo eterno sin perder los colores del mundo y la espontaneidad.

---

43   Para el estudio de la mitología griega fue consultada una larga lista de fuentes. He aquí algunas de ellas. Fuentes originales: Homero: *Ilíada*; Editorial Gredos, Madrid, 1991. Homero: *Odisea*; Editorial Gredos, Madrid, 1993. Hesíodo: *Obras y fragmentos*; Editorial Gredos, Madrid, 1990. Otras fuentes: Otto, Walter: *Los dioses de Grecia*; Editorial Siruela, Madrid, 2003. Graves, Robert: *Los mitos griegos*; Volúmenes I y II. Alianza Editorial, Madrid, 1985. Grimal, Pierre: *Diccionario de Mitología Griega y Romana*; Ediciones Paidós, Barcelona, 6ta edición 1979. Martín, René (dirección): *Diccionario Espasa. Mitología griega y romana*; Editorial Espasa Calpe, Madrid, 2005. Eliade, Mircea: *Mito y realidad*; Editorial Labor, Barcelona, 1991. Campbell, Joseph: *El héroe de las mil caras*; Fondo de Cultura Económica, México, 1959. Campbell, Joseph: *El poder del mito*; Emecé Editores, Barcelona, 1991. Campbell, Joseph: *Los mitos. Su impacto en el mundo actual*; Editorial Kairós, edición digital, 2021. Impelluso, Lucía: *Héroes y dioses de la antigüedad*; Editorial Electra, Barcelona, 2006. Ferry, Luc; *La sabiduría de los mitos*; Santillana, Madrid, 2008. Hard, Robin: *El gran libro de la mitología griega. Basado en el Manual de mitología griega de H. J. Rose*; editorial La esfera de los Libros, Madrid, 2000.

Gracias a su creatividad, la religión griega ofrece símbolos universales. Su presencia se nota en las artes plásticas y dramáticas. También en el lenguaje, lo que hace que sus imágenes resulten familiares aun sin haberlas estudiado. Por todos estos motivos, algunas empresas aprovechan esa omnipresencia y adoptan símbolos que ya están arraigados en el inconsciente colectivo. Gran parte del marketing lo tienen hecho.

En el próximo capítulo veremos cómo la influencia de la religión griega perfora la superficialidad de la imagen y se adentra en lo más profundo de la naturaleza del trabajo humano. Es fácil reconocernos en sus arquetipos universales.

CAPÍTULO 2

El trabajo y la religión griega

Los dioses bendijeron a los griegos con un país ubicado en uno de los lugares más bellos del mundo. La costa griega cuenta con un paisaje asombroso: acantilados con vistas increíbles, playas de arena blanca y un mar azul transparente. El clima es ideal, cálido en verano, templado en invierno y regado de sol la mayor parte del año. La comida es abundante y fácil de obtener. Basta con lanzar las redes para pescar los más deliciosos frutos de mar. Los cereales, las vides y los olivos crecen sin dificultad, y criar cabras para obtener su leche es solo cuestión de proponérselo. Entonces, ¿quién querría trabajar en un lugar así? Para las clases altas el trabajo físico era algo denigrante, por eso quedaba reservado a la mayor parte de la población, constituida por las clases bajas y los esclavos. Como era de esperar, sus leyendas reflejan a la perfección esa cultura. Analicemos algunos casos.

Dédalo: el *entrepreneur* del Egeo

El filósofo italiano Giorgio Colli sitúa el legendario mundo de Creta cinco siglos antes de que Apolo fuera introducido en Delfos, lo que da una idea de la antigüedad del mito.[44] La leyenda gira alrededor de Minos, un desagradable rey, célebre por su autoritarismo y su petulancia; y Dédalo, el inventor, artesano y arquitecto más conocido de la mitología griega, que en gran medida es la imagen arquetípica del emprendedor.

Respaldado por su supuesta alcurnia, cuando murió el rey de Creta, Minos reclamó el trono vacante. Como prueba de su vínculo divino, ofreció al pueblo conseguir que los dioses hicieran salir del mar un toro magnífico. Pidió el milagro a Poseidón —rey del mar— con la promesa de sacrificar al animal apenas saliera del agua. Los dioses tienen una debilidad especial por los sacrificios, cultos y otros honores que los hombres realizan en su nombre. Poseidón —que no es la excepción— accedió y el toro emergió de las aguas frente a todo el pueblo. Ante semejante prueba, Minos fue nombrado rey.

Pero Minos no era un tipo de palabra. A pesar de la promesa realizada a Poseidón, decidió conservar el magnífico toro en su rebaño y sacrificar a otro animal, con la seguridad de engañar al rey del océano. La "viveza" de Minos le iba a costar cara, porque Poseidón descubrió el engaño fácilmente y enfureció. Como venganza hizo que Pasifae —la esposa de Minos— se enamorase perdidamente del toro milagroso, y ella, para poder concretar su loco amor, pidió ayuda a Dédalo.

Luego de ser desterrado de Atenas por el crimen de su sobrino Pérdix[45], Dédalo fue invitado a Creta. Todos conocían las habilidades del inventor, por eso Pasifae le pidió que encontrara la manera poder consumar su amor. El inventor diseñó una vaca de madera para que la reina se metiera en el interior. Mientras la falsa vaca pastaba en el prado con Pasifae dispuesta adentro, el toro blanco —confundido por la perfección de la obra— la montó como si fuera una más de la vacada. De ese de acto de ternura divina nació Asterión, el Minotauro, un ser monstruoso con cuerpo de hombre y cabeza de toro.

---

44   Colli, Giorgio: *El nacimiento de la filosofía*; Tusquets Editores, Barcelona, 6ra edición, 1996 (1ra edición 1977). Título original: *La nascita della filosofia*, 1975, Adelphi Edizioni, Milano. Traducción: Carlos Manzano. Página 21.

45   Dédalo había matado a Pérdix, ya que temía que el joven superara sus habilidades.

¡Imaginen la furia de Minos cuando se enteró de la traición! Ser víctima de la infidelidad conyugal por un humano, vaya y pase, ¡pero por un toro!

Entonces, Dédalo fue convocado una vez más por Minos. Ahora su mecenas (que al parecer no había escarmentado) le pidió que construyera una prisión de la que Asterión no pudiera escapar. De la inventiva del arquitecto ateniense surgió el famoso laberinto, donde encerraron al bestial Minotauro.

Atenas (la patria original de Dédalo) estaba bajo el yugo de Creta. Para evitar el asedio, debía enviar como ofrenda a siete jóvenes mancebos y a siete doncellas destinados a servir de alimento del Minotauro todos los años. Un año resultó seleccionado Teseo, quien —según se cuenta— se habría ofrecido como voluntario para acabar con el monstruo.

Desde la costa cretense, Ariadna —la bellísima hija de Minos— divisó a Teseo y se enamoró perdidamente de él. Al enterarse —ni lerdo ni perezoso— Teseo correspondió a su amor. Como no podía ser de otra manera, Ariadna pidió ayuda a Dédalo, quien siempre estaba dispuesto a dar una mano cuando se trataba de engañar a sus patronos. El inventor le entregó un hilo que ayudó a Teseo a marcar el camino dentro del laberinto, y gracias a ello pudo escapar de allí, luego de acabar con el Minotauro. Como si eso fuera poco, le quedó tiempo para rescatar a los demás jóvenes y se llevó a Ariadna con él.

A pesar de todo lo que había hecho para huir con su amada, el sacrificado Teseo no pudo consumar su amor ya que la doncella estaba en la mira nada más y nada menos que de Dionisios, el dios del vino y de la pasión amorosa descontrolada; pero esa es otra historia.

Volvamos a Dédalo, nuestro astuto héroe del trabajo. Para variar, Minos estaba furioso nuevamente. Con la intención de saciar su sed de venganza decidió castigar al arquitecto ateniense empleando su propia invención y lo hizo encerrar en el laberinto junto a Ícaro.

Fue entonces cuando el ingenioso artesano diseñó las célebres alas de cera y plumas para escapar volando junto a su hijo. Una vez más las enseñanzas de los mitos perduran. El laberinto es la vida y sus pasillos los problemas que esta trae aparejados. Vivimos encerrados en nuestros propios laberintos chocándonos una y otra vez con las mismas paredes y volviendo a los mismos lugares sin poder salir. Como si fuera la sugerencia de algún moderno gurú de la autoayuda, Dédalo "pensó fuera de la caja". Rompiendo el paradigma establecido según el cual para escapar de un laberinto hay que recorrer sus pasadizos hasta encontrar la salida, el inventor "rompió el molde" y encontró un escape impensado: salir volando. Pero retomemos el relato.

Conocedor de cómo tratar con poderosos y salir airoso, Dédalo instruyó a Ícaro para que no volara demasiado alto ya que la cera podría ser derretida por el sol, ni demasiado bajo, ya que la humedad del mar dañaría la cera y las plumas se despegarían.

Pero la *hybris*[46] se apoderó de Ícaro que, envalentonado con su nueva habilidad y encandilado por la luz, se elevó demasiado, sus alas se derritieron y murió ahogado en el Egeo. Ese era el destino que le habían tejido las Moiras para vengar el crimen de Pérdix, el hijo de la hermana de Dédalo. Sin poder hacer nada para rescatar a su hijo, Dédalo continuó su vuelo hasta Sicilia, donde se refugió en casa de un señor llamado Cócalo, que pronto se convirtió en su nuevo benefactor.

Minos descubrió que Dédalo había escapado y montó en cólera una vez más. Decidió perseguirlo por todas partes para vengarse de sus múltiples traiciones. Para encontrarlo ideó un ardid digno del arquitecto. Llevaba siempre con él un pequeño caracol (que no deja de ser una especie de laberinto en miniatura) y ofrecía un premio al que lograra pasar un hilo a través de él. Sabía que solo Dédalo sería capaz de resolver el desafío.

Un día Minos pasó por lo de Cócalo y le explicó el reto. Cócalo se comprometió a resolverlo e invitó a Minos a pasar por su casa al día

---

46 *Hybris* es el nombre que los griegos le dan a la actitud soberbia de desafiar a los dioses, algo imperdonable. Podríamos decir que es "creérsela". En español se suele traducir como "desmesura". Es el único pecado que los dioses no perdonan.

siguiente. Luego le entregó el caracol a Dédalo, quién, para resolver el problema, ató un hilo a la pata de una hormiga que recorrió sin inconveniente el interior del caparazón. Cuando Cócalo le mostró la solución, Minos supo que Dédalo se encontraba en su casa y le exigió que se lo entregara para vengarse. Cócalo fingió acceder, pero antes lo invitó a tomar un baño preparado por sus hijas. El agua (que llegaba a la bañera por unos conductos especiales diseñados, ¿por quién? Sí, acertaron, por Dédalo) estaba lo suficientemente caliente como para hervir a cualquier mortal. Encandilado por la belleza de las jóvenes, Minos se metió sin notarlo. Una muerte no muy honrosa para un personaje antipático que fue engañado por las mañas de otro más astuto que él. Zeus los cría y ellos se matan.

Dédalo es la mano de los dioses en la Tierra. Un instrumento imprescindible para ejecutar los deseos divinos. Es quien logra la síntesis entre la crueldad intelectual de Apolo y la naturaleza vehemente de Dionisios, y la pone al servicio de las pasiones más locas. La habilidad de Dédalo es materializar el destino tejido por las Moiras. Dicho en otros términos, Dédalo hace el "trabajo sucio" para los dioses.

Dédalo no se rebela abiertamente a sus patronos sino que se resiste a la autoridad terrenal cambiando de mecenas. Con "picardía" selecciona al nuevo patrono entre quienes confrontan con el anterior. Trabajó para los intereses de ciudades como Atenas, Creta y Sicilia, y para contrincantes como Minos, Pasifae, Ariadna y Cócalo. Dédalo no le cede su lealtad a ningún mortal. En cada nueva realización traiciona a su empleador anterior y se sale con la suya. No es "dominado" por nadie, sino que responde a sí mismo y a los dioses. Solo se cuida de no sucumbir a la tentación de la *hybris*, porque sabe bien que la desmesura es una ofensa que los dioses no están dispuestos a tolerar. Es ambicioso, trabajador y creativo. Gracias a su astucia y talento (dones que humildemente reconoce le han sido prestados por los dioses) consigue siempre salir airoso de los desafíos más difíciles. En pocas palabras, Dédalo es el arquetipo del *entrepreneur* exitoso. Una suerte de cruza entre Jeff Bezos y Elon Musk, pero con menos plata.

No hay registros sobre las circunstancias de la muerte de Dédalo, pero, conociendo su habilidad para salir airoso de las más difíciles situaciones, es probable que haya muerto de viejo en algún lugar paradisíaco de Sicilia, mientras contemplaba a las gaviotas pescar en el Mediterráneo.

Prometeo, gracias por el fuego: el dios que nos regaló la tecnología

Hay varias versiones del mito de Prometeo, pero todas coinciden en que intentó engañar a los dioses del Olimpo para salvar a los hombres entregándoles el conocimiento técnico y el fuego, o variantes de estos dones, como el lenguaje[47].

El relato se remonta a un tiempo en que ya existían los dioses pero aún no habían creado a los seres vivos. Para darle vida a las diferentes especies decidieron modelarlas con una mezcla de tierra y fuego. Para distribuir las cualidades entre los mortales eligieron a los hermanos Epimeteo y Prometeo. El primero le imploró a su hermano que le permitiera realizar esa tarea y le prometió que solo tendría que juzgar su trabajo al final. Prometeo accedió.

Epimeteo les dio velocidad a algunas criaturas y a otras les dio fuerza. Fue así como dotó a las diferentes especies con características propias que les ayudaran a sobrevivir. En la distribución balanceó el poder de unas contra otras de forma de evitar la mutua destrucción. Luego de las cualidades para defensa y ataque les otorgó protección contra las inclemencias del clima. A algunas les dio piel gruesa para escudarlas del calor y del frío, a otras pieles, a otras plumas, y así a todas las demás. Una vez que les había otorgado habilidades para

---

47　La versión que aquí usamos es la que Platón pone en boca de Protágoras, en el análisis de Balaban, Oded: *The Myth of Protagoras and Plato's Theory of Measurment*. Incluido en *History of Philosofy Quarterly*, volumen 4, número 4, 1987.

defenderse de otros y del clima les hizo consumir distintos alimentos. Algunas se alimentarían con hierbas, otras con frutas, otras con raíces, otras con carne. Hizo que los depredadores fueran escasos en número y que sus víctimas se reprodujeran en abundancia para mantener su especie.

Pero Epimeteo, haciendo honor a su nombre (que significa cosas como "el que comprende después", el que "actúa sin reflexionar" y el que "va siempre un paso atrás"), no era muy sabio y despilfarró los recursos antes de dar alguna cualidad a los hombres. Al final del reparto los humanos quedaron desnudos, con limitada fuerza y sin armas naturales. Quedaron a merced del clima y de las otras especies. Cuando se dio cuenta del error, era tarde para arreglarlo.

Prometeo (que en oposición a Epimeteo significa "el que comprende antes", "el que reacciona rápido, sagaz, pícaro") fue a controlar el trabajo hecho por su hermano. En seguida se dio cuenta de que estaba frente a una situación crítica sobre la que debía actuar rápidamente. Como no había más habilidades disponibles, decidió robar la capacidad técnica a Atenea. Pero nadie engaña a los dioses y sale indemne. Cuando se enteró Zeus, se vengó privando a los hombres de las habilidades políticas que permiten la convivencia. La maestría sobre la política es propiedad de Zeus y ni Prometeo podía quitársela.

Con las herramientas que les dio Prometeo, los hombres solo podían sobrevivir en pequeños grupos, ya que no tenían capacidad política para sostener asociaciones mayores. Para evitar que los hombres se exterminaran entre sí, Zeus encargó a Hermes que les entregara dos características adicionales: la vergüenza y el sentimiento de justicia.

Explica Balaban que Epimeteo, Prometeo y Zeus cumplen diferentes funciones en el mito.

En primer término, Epimeteo le ruega a Prometeo que le permita hacer el trabajo. Lo hace por la tarea misma, por pura diversión. Epimeteo no está orientado a resultados, sino que lo mueve el placer de realizar una distribución ingeniosa y creativa, pero "es incapaz de sacrificar placer en función de resultados futuros"[48]. Esta forma de actuar no se limita a evitar el dolor sino que busca el placer[49]. El placer de Epimeteo no es físico, se trata de un placer que podríamos llamar "intelectual". Para él la repartición de dones no era un trabajo sino un auténtico gusto, por eso no realizaba la distribución pensando en metas o en las consecuencias de sus decisiones.

Epimeteo disfrutaba distribuyendo las cualidades y ayudando a las especies, pero no lo hacía por altruismo ni egoísmo, él estaba más allá de esas valoraciones. Lo hacía porque le gustaba emplear su tiempo en el trabajo. Es el principio del consumo, así como Prometeo es el principio de la producción y Zeus el de la moral. Un acto placentero es un acto de consumo. El placer no implica la inacción, por el contrario, Epimeteo se lanza a una actividad altamente creativa. Pero no es una actividad con fines productivos como la de Prometeo, sino una actividad por la actividad misma, ya que en ella reside el placer. Epimeteo fue el primer *workaholic* del que se tenga registro.

La falta de planeamiento de Epimeteo se ve en el hecho de que le da al león garras y dientes afilados, y solo luego de darse cuenta de ello provee al ciervo de piernas rápidas y fertilidad para que la especie no sea exterminada por los leones. Desde el punto de vista de Prometeo —interesado por la productividad y la eficiencia— su hermano es un auténtico desastre. Para Epimeteo el "éxito" o el "fracaso" no se miden por los resultados: "éxito" es pasarla bien. El placer del momento no se cambia por nada. Su naturaleza no responde a ningún "plan", ni a la búsqueda de una "armonía preestablecida" entre las especies. Esa visión es externa y ad hoc. Sucede que al ver la obra terminada se crea la sensación de armonía.

Epimeteo es el dios del consumo mientras que Prometeo es el dios

---

48   Balaban, Oded; *Plato and Protágoras. Truth and Relativism in Ancient Greek Philisophy*. Lexintong Books, Boston, 1999. Página161.

49   Explica Balaban: "Freud piensa que el aumento del placer provoca displacer y placer significa una disminución de la excitación. Sin embargo, el placer freudiano es casi igual a la evitación del dolor, mientras que en el principio de Epimeteo ambos son incluidos, placer y disfrute, y evitación del placer o displacer". Balaban, 1999, pp. 162-163.

de la producción. El placer de consumir y la productividad son dos de los tres valores básicos que conforman la motivación humana. El tercero es la virtud política, comprendida en la figura de Zeus y que consiste en la habilidad de disciplinar los instintos prometeicos y epimeteicos.

A diferencia de su hermano, a Prometeo lo motiva la posibilidad de alcanzar una meta. Por ende, evalúa las tareas por sus resultados. Los objetivos están fijados antes de comenzar la acción, son los que sirven para evaluar el "éxito" o el "fracaso" de la actividad. "Los valores relevantes de Prometeo son eficiencia, beneficio y utilidad, valores que lo guían en su actividad"[50]. El trabajo es un peso y un compromiso. Como "peso" que es, debe ser realizado mediante el menor consumo de recursos posible, incluyendo el tiempo que demande. Por eso Prometeo acepta gustoso que otro realice la tarea de repartir habilidades, ya que solo le interesa el resultado final; por eso se reserva la autoridad para controlar lo hecho por su hermano.

Prometeo es el dios de la prospectiva, de la estrategia, del planeamiento, de la ingeniería industrial. El trabajo productivo es el ejemplo por excelencia de la actividad orientada a resultados. El conocimiento técnico y el fuego son las herramientas que dotaron de eficiencia a la actividad humana. Él representa la ética de la eficiencia, que está dispuesta a sacrificar el placer en el presente en función de los resultados futuros. Adora cualquier tecnología que sirva para conseguir sus fines. Prometeo es el más *nerd* de los dioses.

Prometeo es el arquetipo del pensamiento productivo, mientras que Epimeteo encarna el pensamiento creativo. Cada uno de ellos da diferente sentido a la expresión del "valor". Por un lado, el "valor de uso" (Epimeteo) y por otro el "valor de cambio" (Prometeo)[51], anclado

---

50 Balaban, 1999, p. 165

51 Esta sutileza es uno de los principios en los que se sustenta la Economía del Comportamiento. Las personas tendemos a valorar (y por ende a pretender más dinero a cambio) más un bien cuando lo consideramos "de uso" que cuando lo consideramos "de intercambio". Es lo que justifica, entre otras cosas, el éxito de los remates.

en el paradigma de la racionalidad productiva, de la división del trabajo, de la especialización, de la eficiencia, de las metas, de la utilidad y de la cuantificación.

Una primera lectura de los valores prometeicos nos haría asimilar su ética a la protestante, propia del espíritu capitalista, tal como la describiera Max Weber[52]. Una ética del trabajo diferente a la de aquellos pueblos mediterráneos íntimamente ligados a los de la Magna Grecia. Por eso no es casual que su figura dorada adorne el Rockefeller Center, la meca del capitalismo[53] en la década de 1920, ubicado en Nueva York. Tal vez deberían haber realizado otra estatua para Epimeteo, el dios del consumo, la otra pata del capitalismo.

Para la ética protestante el trabajo es un fin en sí mismo. El mero hecho de trabajar hace a la gente virtuosa y la acerca a Dios. Vimos que Prometeo no se muestra en absoluto adepto al trabajo: apenas su hermano le ofrece hacer la tarea de repartir las habilidades, acepta gustoso. Declina realizar el trabajo en persona justamente porque está orientado a metas: si el "tonto" de su hermano quiere trabajar, pues que lo haga, en la medida que se consigan los resultados esperados.

Otro detalle importante es que ningún monoteísta en su sano juicio se atrevería a desafiar al Creador, mientras que Prometeo no solo intenta engañar a Zeus sino que hasta les roba a los dioses del Olimpo con tal de cumplir sus metas.

A Prometeo le atrae la técnica porque es el camino de la eficiencia. La eficiencia es medible por medio de una ecuación sencilla: menos recursos usados para conseguir un fin, mayor eficiencia.

Luego de declarar a Prometeo como el primero de los conquistadores modernos, dice Albert Camus que toda revolución se realiza

---

52   Weber, Max: *La ética protestante y el espíritu del capitalismo*; Editorial Prometeo, Buenos Aires, 2003 (original de 1905).

53   El Rockefeller Center fue pensado hacia fines de los años '20, punto culminante de la visión tecnocrática de la producción. Momento en el que las ideas taylorianas y fordianas tuvieron su mayor influencia.

siempre contra los dioses[54]. La revolución es una reivindicación del hombre contra su destino. Mientras Dédalo reivindica a los dioses, enfocando su picardía contra los hombres, Prometeo emplea la suya para rescatar a los últimos. Pero, según hemos visto en esta interpretación del mito, Prometeo no se parece en nada a un revolucionario. Prometeo es un dios que "quiere pasarse de listo" con los dioses del Olimpo, vencedores en la guerra contra sus padres, solo para cumplir sus metas. Es un rebelde que se resiste a respetar el poder establecido, y Zeus no lo va a tolerar.

Como castigo a su impertinencia Zeus lo hizo encadenar a una roca y envió a un águila a comer su hígado. Como Prometeo era inmortal, el órgano volvía a crecer y de nuevo el águila lo devoraba. Su castigo debía durar por toda la eternidad, pero Heracles lo liberó con permiso de Zeus.

Al final del día Prometeo ganó. Su fin era que se cumpliera la tarea de repartir las habilidades a todas las especies de manera equitativa y, en ese sentido, la "picardía" de robar el fuego y la técnica lo condujo al éxito. En los mitos griegos, cuando los más débiles se enfrentan a los poderosos tienen carta blanca para emplear métodos "no convencionales", y siempre se salen con la suya. Como dijo Bill Gates, cuídate de los nerds que algún día serán tus jefes...

La estatua de Prometeo en el Rockefeller Center de Nueva York es el homenaje al dios que le regaló el fuego a los hombres, ubicado en la meca del capitalismo. Google Street View.

---

54 Camus, Albert: *Le mythe de Sisyphe*; Éditions Gallimard, Francia, 1942. Edición consultada: *El mito de Sísifo*, traducción de Luis Echávarri, Editorial Losada, Buenos Aires, 2010. Página 102.

Sísifo: el rey proletario

Tan astuto era Sísifo que algunos chismes sugieren que era el padre biológico de Odiseo. Cuentan las malas lenguas que en el día del casamiento de Laertes y Anticlea, Sísifo (que era un reconocido bromista) logró filtrarse en el lecho nupcial antes que el novio. El producto de esa picardía sería el astuto Odiseo, rey de Ítaca.

Aunque la imposibilidad de realizar un ADN a los involucrados nos prive de la oportunidad de comprobar la supuesta paternidad, la anécdota pinta de lleno a Sísifo. Se trata de un personaje capaz de engañar a cualquiera con tal de pasarla bien. Porque, a diferencia de Prometeo, que engañaba para cumplir sus metas "por el bien del hombre", Sísifo lo hace todo para su propia diversión.

Sísifo fue fundador y rey de Corinto, una de las ciudades griegas más prestigiosas por su estratégica ubicación sobre el estrecho que liga a la península del Peloponeso con el continente[55]. Como rey y alcalde tenía ciertas responsabilidades, entre las cuales se incluía conseguir agua para la ciudad. En esa época, Zeus había raptado a Egina, una bella muchacha hija del río Asopo, un dios menor. El dios Asopo estaba furioso por la desaparición de su hija, pero ignoraba que era Zeus quien se la había llevado. Sísifo lo sabía y le propuso un trato a Asopo: "Si haces brotar una fuente de agua fresca en mi ciudad, te diré quién raptó a tu hija", le dijo. Tras lo cual Sísifo, en un arranque soberbia inaudito, se atrevió a traicionar al padre de los dioses. La venganza de Zeus no se haría esperar.

Mientras Sísifo contemplaba el agua del río correr desde su palacio, vio que a lo lejos se acercaba Tánatos[56], enviado por Zeus para conducirlo al inframundo. Sísifo se apresuró a tenderle una trampa y el dios quedó

---

55   Basado en el relato de Luc Ferry que toma a Apolodoro, a Ferácides de Atenas y a un mitógrafo del siglo V a.C. Ferry, 2008, pp. 228 y ss.

56   Tánatos es el dios de la muerte pacífica. Es hermano gemelo de Hipnos, dios del sueño. La muerte violenta y sangrienta es terreno de las Keres, sus hermanas.

atrapado en ella. Con Tánatos prisionero, los mortales dejaron de morir. Las consecuencias de inmortalizar la raza humana eran tremendas, en especial para Hades[57], el más rico de los dioses, que dejó de recibir los tributos de los difuntos. Otro de los dioses perjudicados era Ares, dios de la guerra, nicho de mercado que desapareció ya que nadie moría. Fue este último dios el que tomó cartas en el asunto: liberó a Tánatos y le entregó al pícaro Sísifo, quien fue obligado a descender a los infiernos.

Pero Sísifo todavía tenía más conejos en la galera. Antes de morir le pidió a su esposa que no le rindiera las honras mortuorias, cosa extraña para la época pero que la leal mujer respetó. Cuando Sísifo llegó al inframundo corrió a contarle a Hades la traición que le había realizado su esposa y le pidió que lo deje volver al mundo para castigarla, con la promesa de volver apenas lo hubiera hecho. Hades le concedió el deseo.

Ya de regreso en Corinto, a Sísifo ni se le ocurrió cumplir con su palabra y volver al Hades. Le dio las gracias a su mujer por su complicidad y se quedó con ella fabricando hijos por muchos años hasta que finalmente murió de viejo. Fue recién entonces cuando los dioses le impusieron el famoso castigo de empujar la roca hasta la cima de la montaña, desde donde caería por su propio peso, tras lo cual debería volver a subirla eternamente.

Si nos pusiéramos por un momento en los zapatos de los personajes estafados por Sísifo, es posible que aprobáramos el castigo que le impusieron los dioses. Después de todo, nuestro personaje se la pasó engañando y trampeando a todo aquel que se interpuso en su camino. Aun flexibilizando los argumentos, es difícil negar que su ética dejaba bastante que desear.

Sin embargo, parecería que la posteridad juzga a Sísifo con llamativa liviandad y hasta diríamos que con simpatía. El mensaje implícito en el mito está claro: engañar, traicionar, trampear, estafar, mentir, mientras sea "a los poderosos", está bueno. Una vez más, para la reli-

---

57 Hades (que significa "invisible") es el dios del inframundo, el lugar donde van los muertos.

gión griega "la picardía paga". Aunque tenga que pasarse una eternidad subiendo una piedra, a Sísifo ¿quién le quita lo bailado?

Tal es la admiración que despierta Sísifo en algunos que hasta Albert Camus la deja reflejada en el famoso ensayo que lleva su nombre. Para Camus, Sísifo es la apoteosis del trabajo absurdo, es "un trabajador inútil en los infiernos", que solo cometió "alguna ligereza con los dioses"[58].

Camus admira el desprecio por los dioses que demuestra Sísifo, así como su odio a la muerte y su amor a la vida. Admira la imagen de su cuerpo tenso empujando la roca, su rostro crispado, la tensión en sus brazos, la "seguridad eternamente humana de sus dos manos llenas de tierra"[59]. A través de Sísifo, Camus expresa su admiración por el trabajo manual, rutinario, inacabable, alienante; en pocas palabras, el trabajo del obrero.

Dice Camus que el de Sísifo es un mito trágico porque su protagonista tiene conciencia de su castigo. A diferencia de Prometeo, él sabe que su tarea no terminará nunca, que día tras día deberá repetirla. Sísifo es un ser sin esperanza. El obrero actual también realiza un trabajo absurdo, pero su trabajo es solo trágico en los "raros momentos en que se hace consciente"[60].

Camus encuentra en el regreso, en la pausa del trabajo mientras Sísifo desciende, su fortaleza. Mientras baja de la cima Sísifo es superior al destino impuesto por los dioses. Durante ese lapso piensa en su destino trágico y, paradójicamente, "la clarividencia que debía constituir su tormento consuma al mismo tiempo su victoria. No hay destino que no se venza con el desprecio"[61]. Entonces, aunque a veces se desciende con dolor, también se puede hacer con alegría. Ni siquiera los dioses pueden evitar el desprecio que Sísifo les tiene. "Toda la alegría silenciosa de Sísifo consiste en eso. Su roca es su cosa. Del mismo

---

58 Camus, 1942, p. 133.
59 Camus, 1942, p. 134.
60 Camus, 1942, p. 135.
61 Camus, 1942, p. 135.

modo, el hombre absurdo, cuando contempla su tormento, hace callar a todos sus ídolos"[62]. A pesar de todo, Camus imagina a Sísifo dichoso.

La maravillosa interpretación que Albert Camus hace del mito de Sísifo es tal vez el argumento más potente para mostrar la admiración que despiertan los "héroes astutos" en algunos círculos occidentales (en general de la región del Mediterráneo). Se repite el mensaje que señalamos antes: más allá de las connotaciones morales, todo aquel que desprecia y desafía a los poderosos termina siendo un "triunfador", por más que esté condenado al tormento eterno. Sísifo, el "héroe proletario", prisionero de una roca, logra ser dichoso a pesar de lo terrible y absurdo del castigo que se le impuso. ¿La fórmula? Traicionar, engañar, trampear y, cuando nada de eso es posible, simplemente despreciar a los dioses.

Hefestos: un dios feo, rengo, víctima de la infidelidad conyugal y artesano

Habíamos contado en el primer capítulo que Hefestos es el dios del fuego y de la fragua, la tecnología de punta en los tiempos homéricos. Ahora lo recordaremos para analizar su relación con el trabajo.

Habitualmente señalado como hijo de Zeus y Hera, algunos sostienen que Hera lo engendró sola, por despecho del nacimiento de Atenea, a quien Zeus trajo al mundo sin ayuda[63]. Otra tradición dice que fue hijo de Talos[64], el hábil sobrino de Dédalo, muerto por este. Estas versiones, posiblemente infundadas, pretenden desligar a Zeus de la paternidad de un dios célebre por lo aberrante.

62　Camus, 1942, p. 137.

63　Salvo la del propio Hefestos, quien, por medio de un hachazo, la habría extraído de la cabeza de Zeus. Ante la inconsistencia temporal de los mitos, otros atribuyen la operación a Prometeo.

64　Como ya comentamos, algunos dicen que el sobrino de Dédalo era Pérdix. Los nombres de sobrino se usan de manera alternada pero el detalle que no afecta la moraleja del mito.

Sobre lo que nadie duda es que Hefestos era físicamente deforme, pecado imperdonable en el Olimpo. Tan feo era que al verlo su madre lo arrojó desde el cielo quedando entonces también rengo[65]. De esta forma terminante el pequeño dios fue abandonado a su suerte. Tuvo la fortuna de ser recogido por Tetis, la madre de Aquiles, que se apiadó de él y lo crio en una gruta volcánica donde Hefestos aprendió su oficio.

Otras fuentes sostienen que la cojera se le produjo cuando Zeus lo arrojó del Olimpo, luego de salir en defensa de su madre. Siendo que Homero lo suele mencionar como el "cojo de ambas piernas", no sería extraño que lo hubieran tirado más de una vez.

A pesar de su fealdad, el dios no debió carecer de encantos, ya que se le atribuyen varios amoríos; el más célebre, nada más y nada menos que con la mismísima Afrodita. Aunque Zeus los había unido, la diosa del amor no tardó en seducir a Ares y llevárselo a la cama. Fue Apolo el encargado de darle la noticia al pobre Hefestos mientras fabricaba algún artefacto en su taller.

Para hacer justicia o simplemente vengarse por la traición, Hefestos fabricó una red especial ideada para atrapar a la pareja *in fraganti*. Lo consiguió frente a la mirada de los otros dioses olímpicos que reían divertidos. Supuestamente las risas estaban dirigidas a los amantes, pero nos figuramos que no faltarían las dedicadas al engañado por su mujer.

Hefestos es un dios atípico para el modelo olímpico: sospechado de bastardo, abandonado de niño por su madre, quien lo arrojó violentamente al vacío; feo, un tanto deforme, cojo y cornudo. A un dios así solo un destino le cabía: el duro trabajo físico que supone el oficio de operario metalúrgico. En pocas palabras, según el estándar de la mitología griega, Hefestos reúne todas las cualidades como para ser el único dios que realmente trabaja.

---

65   Recordemos que ciertas ciudades griegas practicaban la eutanasia arrojando a los bebés deformes de un acantilado o dejándolos abandonados a merced de las fieras.

CAPÍTULO 3

Las religiones y sus herramientas de influencia

"**C**reemos que nuestra primera responsabilidad es con los médicos, enfermeras y pacientes, con las madres, padres y con todos aquellos que usan nuestros productos y servicios". Con estas afirmaciones comienza el *Credo* de Johnson & Johnson, una de las empresas de salud más grandes del mundo. En 1878, luego de experimentar por años con distintas fórmulas, James Gamble anunció triunfante que había encontrado un jabón extraordinario ya que, además de limpiar, flotaba. Esa propiedad "milagrosa"[66] lo hacía ideal para una época en la que muchos aún lavaban la ropa a la vera de los ríos. Lo llamaron "jabón blanco", pero Harley Procter —socio de James— no estaba conforme con el nombre. Relatan Davis Dyer y sus colegas que fue él "quien dio la solución en una inspiración divina que tuvo mientras leía en voz alta en su congregación en la iglesia"[67].

---

66   El jabón Marfil flota porque durante el proceso de fabricación se aseguran que se formen pequeñas burbujas que quedan atrapadas en el cuerpo del pan de jabón.

67   Dyer, Davis; Dalzell, Frederick; Olegario, Rowena: *Rising Tide. Lessons from 165 Yaers of Brand Building at Procter & Gamble*. Harvard Business School, Boston, 2004. Edición consultada: tr. del español de Adriana de Hassan, *Procter & Gamble (Rising Tide)*, Editorial Norma, Bogotá, Colombia, 2005. Página 23.

La lectura era el Salmo 45:8, que dice: "Mirra, áloe y casia exhalan todos tus vestidos, desde palacios de *marfil* te recrean". En ese instante dio con la respuesta: ¿qué mejor nombre para bautizar a un producto de limpieza de ropa que *Jabón de Marfil*?

Ambos ejemplos tienen una clara raíz religiosa. Para Alecia Swasy, la cultura de Procter & Gamble "es un cruce entre los Marines y la Iglesia Mormona; cuanto más asciendes, más sabes. Un entorno paternalista que desnuda a los empleados de su privacidad y de su pensamiento independiente"[68]. Una religión que une y da sentido de identidad al tiempo que anula la individualidad. No es la única que tiene ese poder.

El conocimiento de una religión o de una empresa va más allá de lo técnico y de lo funcional. Cualquiera podría entrar a una catedral y copiar los movimientos y rituales que realizan los fieles. De la misma manera, alguien externo a la compañía puede apreciar las rutinas, aunque sin tener plena comprensión de sus funciones. La imitación no hace al *sentido religioso* que los cultores (aquellos que son miembros del culto y, por ende, conocen la cultura) experimentan durante esos momentos.

Tomemos el caso de un turista agnóstico o ateo que ingresa a la Basílica de San Pedro, en el Vaticano. La impresión que tendrá al contemplar los *vitreaux* o al sentir la pequeñez que producen las dimensiones de sus paredes y la altura de su bóveda podrían ser similares a la que siente un creyente. A pesar de esas analogías, la construcción tendrá diferente significado para cada uno de ellos: mientras para el fiel es una muestra del poder divino y de sumisión frente a la inmensidad, para el agnóstico y para el ateo es una maravillosa obra de arquitectura y arte. Cada uno construirá su realidad de acuerdo con creencias que responden a aquello que "todos

---

68 Swasy, Alecia: *Soap Opera. The inside story of Procter & Gamble*. Editorial Simon & Schuster, New York, 1993. Página 5.

saben"[69]. Ese conocimiento se adquiere luego de mucho tiempo de convivir con miembros del culto.

De manera similar, un local de Zara no tiene el mismo significado para un empleado de la compañía que para un cliente que entra a buscar un producto. También el empleado de la tienda construye su percepción sobre la base de lo que "todos saben", conocimiento que está vedado al cliente. Desde luego, el proceso de inducción a cada institución tiene diferente profundidad y el arraigo religioso es –en la mayoría de los casos– más profundo. Aun así, el trauma que vive un empleado de muchos años que debe dejar la empresa (ya sea porque lo despiden o por insatisfacción) puede ser tanto o más fuerte que el experimentado por alguien que abandona su religión.

Las compañías emplean una gran variedad de instrumentos similares a los de las religiones para difundir y para arraigar la cultura entre sus miembros. Dentro de sus muros, es habitual escuchar términos como *visión, misión, valores, máximas, gurús* y muchos otros típicamente religiosos. Estos modos de influencia parecen inherentes a las organizaciones, más allá de que sean un medio para la salvación eterna o para la terrenal. Analicemos algunos ejemplos.

Esperanza y motivación

La esperanza es el gran motivador humano. Es el sentimiento por el cual las personas religiosas están dispuestas a seguir al pie de la letra lo que mandan los sacerdotes y las tradiciones. La esperanza de la salvación ac-

---

69   Según Berger y Luckmann, "El conocimiento primario con respecto al orden institucional se sitúa en el plano pre-teórico: es la suma total de lo que 'todos saben' sobre un mundo social, un conjunto de máximas, moralejas, granitos de sabiduría proverbial, valores y creencias, mitos, etc… toda institución posee un cuerpo de conocimiento de recetas transmitido, o sea, un conocimiento que provee las reglas de comportamiento institucionalmente apropiadas". Berger, Peter L. y Luckmann, Thomas: *The Social Construction of Reality*; Penguin Books, Londres, UK. Primera edición, 1966; edición consultada, 1991. Página 83. Traducción propia.

túa en tándem con el temor a la condena eterna. Recordemos que la tradicional es una de las tres modalidades de dominación enunciadas por Max Weber[70]. La esperanza sirve como combustible de la motivación también en las empresas. Sin el dramatismo de lo eterno, las organizaciones terrenales ofrecen "salvar" a sus empleados mediante recursos como un buen sueldo, el crecimiento profesional y la oportunidad de hacer un trabajo con sentido. Esa esperanza es lo que los mantiene motivados.

Cuando se refiere a la esperanza, Friedrich Nietzsche[71] recuerda el mito de la caja de Pandora. Según la religión griega, cuando Zeus ordenó a Pandora regalar a los hombres el seductor "vaso de la dicha", al abrir su tapa escaparon todos los males humanos, excepto la esperanza, que quedó atrapada. Desde entonces los hombres –en la mayoría de los casos sin saberlo– tienen en su propia casa y dentro de ellos el vaso que contiene la esperanza, el peor de los males porque prolonga todos sus suplicios.

Según el profesor español Juan Antonio Pérez López[72], existen tres clases de motivación: la extrínseca, la intrínseca y la trascendente. La primera se basa en elementos concretos externos a la relación empleado-empleador. La segunda responde a necesidades interiores de la persona. La última se vincula con acciones que impactan por fuera de la relación laboral en sí misma. Es "trascendente" ya que va más allá de la relación laboral y se enfoca en algo superior a esta. Un ejemplo podría ser la ecología, que tiene en cuenta el bien de personas que aún no han nacido, y por eso se trata de un concepto metafísico.

En la práctica las motivaciones se implementan con distintos métodos:

1. La *extrínseca* usa remuneraciones metálicas como el sueldo, el *bonus* anual o la cuota de la obra social. La magnitud de estas

---

70 Weber, Max: *Economía y sociedad: esbozo de sociología comprensiva*. Editorial Fondo de Cultura Económica, México, edición 2004 (original de 1922).

71 Nietzsche, Friedrich: *Humano, demasiado humano*. Editores Mejicanos Unidos, México, 1986. Reflexión 71.

72 Pérez López, Juan Antonio: *Liderazgo*. Ediciones Folio, Barcelona, 1997.

retribuciones es el resultado de un balance dinámico entre las necesidades del empleado, los valores salariales del mercado y la imagen que la compañía necesita mostrar al resto del plantel y al talento potencial.

2. La *intrínseca* se efectiviza por medio de reconocimientos como cursos de capacitación o "morales", como "el empleado del mes", un ascenso (que también puede caer en la categoría de motivación extrínseca), el estatus que da pertenecer a una empresa prestigiosa o la medalla entregada como recuerdo de las bodas de plata.

3. La *trascendente* deberá estar implícita en un propósito empresarial con mayor impacto de los que figuran en el recibo de sueldo y en el cuadro de resultados. La trascendencia está implícita en la *visión*, en la *misión* y en los *valores* de una compañía. Por su parte, los compromisos asumidos en la Responsabilidad Social Empresaria (RSE) deberían ser trascendentes por definición.

En la práctica, se observan combinaciones de los tres tipos de motivación. El mayor peligro al que está expuesto este esquema es que surja alguna inconsistencia entre lo promocionado por la compañía y la realidad percibida por los miembros de la organización. Es lo que el psicólogo Simón Festinger bautizó como *disonancia cognitiva*. Se trata de una incongruencia notable ("disonancia") entre lo que se observa en la realidad y las creencias arraigadas. La situación genera una incomodidad tal que la persona busca (de manera instintiva y automática) nuevas creencias destinadas a reducir la tensión intelectual hasta conseguir que el conjunto de sus ideas y actitudes encajen entre sí para alcanzar coherencia interna[73]. Cuando la "disonancia" involucra valores que la

---

73 Para profundizar el tema se puede consultar Eddie Harmon-Jones y Cindy Harmon-Jones: *Cognitive Dissonance Theory After 50 Years of Development*; disponible en: http://www.communicationcache.com/uploads/1/0/8/8/10887248/cognitive__dissonance__theory__after__50__years__of__development.pdf (26/6/2021).

organización enuncia, pero no respeta, se trata —simplemente— de hipocresía. En este caso, las racionalizaciones no suelen ser efectivas y emergen así el escepticismo y el sarcasmo, auténticos cánceres en cualquier organización.

Si se imaginara en forma de ecuación, se podría decir que la satisfacción es directamente proporcional a la realidad e inversamente proporcional a las expectativas. En este contexto, la esperanza y las expectativas son sinónimos. Si las expectativas son altas y la realidad no llega a cubrirlas, disminuye la satisfacción que puede convertirse en incomodidad y rechazo. Por ejemplo, si las promesas realizadas el día de reclutamiento no se concretan, el malestar no se hará esperar. Cuando la insatisfacción supere cierto umbral, el empleado abandonará la compañía.

Asimismo, cuando la empresa deposita grandes expectativas en un empleado (por ejemplo, en el caso de los etiquetados como de "alto potencial") y su rendimiento es inferior al esperado, pierde la motivación para recompensarlo y el vínculo se deteriora con rapidez. El problema adicional es que la relación tensa suele prolongarse por diferentes causas: la misma inercia diaria, la natural reticencia a afrontar temas difíciles, los costos del despido y la búsqueda de un reemplazante. La situación perjudica, además de a los involucrados de manera directa, el clima organizacional y a las personas que quedaron fuera de la lista de "elegidos", que ven cómo sus oportunidades de carrera se desvanecen.

Sin personas motivadas es imposible que una organización sea sustentable. Se motiva ofreciendo la esperanza de un futuro mejor. El escepticismo implícito en el mito de Pandora recuerda lo difícil que es satisfacer las promesas realizadas. Gestionar el balance entre una propuesta de valor atractiva y las posibilidades reales es un arte en el que los líderes empresariales deben descollar. Es la manera de conseguir que la esperanza deje de ser el mal atrapado en la caja.

Valores

Como señalamos en el Prefacio, lo que motiva a las personas a la práctica religiosa suelen ser la necesidad de trascender lo temporal, la de identidad grupal y la de conseguir tranquilidad espiritual. Ya sea presionadas por la sociedad o por la convicción de sus líderes, las empresas se mueven cada vez más en esa dirección de diferentes maneras. El lanzamiento de programas de Responsabilidad Social Empresaria (RSE), el interés creciente por mostrar compromiso con la ecología y con el cuidado del medio ambiente, y la búsqueda de equidad mediante la nivelación de grupos históricamente relegados, son solo un puñado de ejemplos de prácticas basadas en valores que trascienden el fin económico inmediato. Hoy las compañías deben demostrar que profesan esta clase de valores para ser consideradas por sus consumidores y para atraer talento a su rebaño. Un marketing realmente exitoso será el que consiga que los clientes crean que al comprar el producto o el servicio en realidad están "comprando los valores" de la corporación.

El valor no se limita a lo ético o moral institucional, sino que se amplía al valor que reciben sus miembros. Como dijimos, las personas religiosas lo son con la esperanza de recibir una recompensa en "otra vida" y, al mismo tiempo, evitar castigos que se prolongarían por la eternidad. Por eso es una "salvación trascendente". Una realidad construida en base a la creencia de la vida eterna en el Paraíso implica que el valor que recibe el fiel es mucho mayor que el que tiene que dar. Por su parte, las empresas ofrecen "salvación" (realización personal, tranquilidad laboral y económica, y balance de vida) *inmanente*, ya que la esperanza es conseguirla "en esta vida".

A medida que se acrecienta la lucha empresaria por captar los mejores talentos, las compañías deben ofrecer algo más que el sueldo para atraerlos (se llega a hablar de "seducirlos" o de "evangelizarlos"). Este plus es el que está contendido en la Propuesta de Valor al Empleado (PVE). Diseñar una PVE es tan importante como trabajar con una estrategia acertada para los clientes.

Toda vez que se le pregunta a un grupo de estudiantes universitarios dónde les gustaría trabajar luego de recibirse, la respuesta casi unánime suele ser "Google". Si se aplica la metáfora del burro y la zanahoria, se podría decir que el célebre buscador ofrece la huerta completa. Hay otras empresas que componen la selecta lista de preferidas, como Amazon, Mercado Libre, Unilever, P&G, Toyota, Apple, L'Oréal, McKinsey y un puñado más.

Todas estas compañías ponen mucho esfuerzo en desarrollar una fuerte marca de empleador. Todas compiten por quedarse con la crema del talento disponible en el mercado de trabajo, y esa competencia es feroz. Hoy los jóvenes que consiguen posicionarse como de "alto potencial" tienen el poder.

Asimismo, las compañías no pueden agregar beneficios de forma indiscriminada. Cuanto más maduros son los mercados en que se desenvuelven, más cuidadosas deben ser con los recursos utilizados, aun a riesgo de dejar escapar talento. Conseguir el balance adecuado es una tarea clave del área de gestión de personas.

Desde luego, tener un trabajo digno que —además de los elementos económicos— incluya el crecimiento, la consideración y el saber que se es parte de algo mayor, no es comparable con la vida eterna en el Paraíso. El punto es que para alcanzar lo último se debe transitar lo primero, que es lo que la realidad exige.

Visión y misión del padre fundador

En el escalón más alto de la estrategia de una empresa se ubican su visión y su misión, que es también la aspiración de las religiones. Cada padre fundador tiene una visión que contiene su propósito personal y el de su cruzada. Las grandes empresas (sin duda, cualquier religión se ubica en esta categoría) tiene una madre o un padre. Más allá de que los fines sean religiosos o de otra clase, el perfil emprendedor de los fundadores coincide en muchos aspectos. Para bajar a la Tierra una visión es necesario –por lo menos– tener pasión, perseverancia, capacidad de liderazgo, carisma y pragmatismo. Pero, sobre todo, el emprendedor debe sentir que plasmar su visión es la misión de su vida.

Por ejemplo, Ray Kroc (por entonces un maduro vendedor de máquinas de helados) tuvo la visión del negocio de comida rápida luego de contemplar extasiado el éxito de los hermanos McDonald, dueños de un restaurante ubicado cerca de San Bernardino, California. Kroc pasó muchos días observando la producción en serie de hamburguesas y de papas fritas en el local e intuyó un negocio que se podría reproducir a una escala indefinida. Su visión se hizo realidad pocos años más tarde.

La misión es la razón de ser de las religiones y también de las empresas. Es lo que le da sentido al trabajo diario de sus miembros. Misioneros, gurús, empleados, líderes y otras figuras son las células que componen los órganos por los cuales circulan los valores, los rituales y los demás preceptos que las mantienen unidas. No existe empresa de cierta magnitud que carezca de una misión inspiradora para sus miembros y para la comunidad en la que está inserta. Ganar plata ya no es suficiente para inspirar a los empleados ni para conquistar a los clientes. Hay que dales algo más (o, al menos, que parezca que es así).

La misión, tanto a nivel de la comunidad como personal, da un sentido trascendente a las acciones de las personas. Implica algo diferente a una simple tarea o rol, está incluso más allá de lo material. La misión se vincula con la vocación y, por ende, con el carisma. Tiene que ver con cierto don otorgado al que nos debemos. Marca la tarea principal del grupo social y, por consiguiente, "esta misión –en tanto que intenta justificarse a sí misma por el valor de su contenido– solamente puede ser realizada como misión 'cultural' específica"[74].

Como dice Weber, la misión de una religión se justifica a sí misma ya que su contenido moral es de alcance universal[75]. La misión debe ser

---

74 Weber, 1922, p. 682.

75 Lo que coincide con la etimología de la palabra "católico". https://dle.rae.es/cat%C3%B3lico (17/7/2021).

aceptada con igual empeño en todas las comunidades en las que la corporación tiene presencia. También debe guiar, movilizar y *re-ligar* a todos sus miembros detrás objetivos y axiomas morales comunes. Cuando no hay alineación entre la misión del trabajador y la de la empresa, la relación laboral no resulta sustentable en el largo plazo. Para que la organización tenga éxito, cada miembro debe sentirse un misionero.

Veamos algunos ejemplos de misiones de corporaciones multinacionales:

- Unilever: *"Agregar vitalidad a la vida"*[76].
- Procter & Gamble: *"Proveeremos productos de marca y servicios de calidad y valor superior que mejorarán la vida de los consumidores del mundo"*[77].
- Coca-Cola: *"Refrescar al mundo… en cuerpo, mente y espíritu"; "Inspirar momentos de optimismo… por medio de nuestras marcas y de nuestras acciones"; "Crear valor y hacer una diferencia… en todo lo que nos involucremos"*[78].
- Casa de caridades de McDonald's: *"…aliviar en los niños y en las familias el peso de las enfermedades infantiles".*
- Microsoft: *"Trabajamos para ayudar a las personas y a los negocios a lo largo del mundo a descubrir su pleno potencial"*[79].
- Google: *"Organizar toda la información del mundo y hacerla universalmente accesible y útil".*
- Philip Morris: *"Entregar un futuro libre de humo enfocando nuestros*

---

76 https://www.unilever-southlatam.com/about/innovation/research-and-development/where-science-brings-vitality-to-life.html (26/6/2021).

77 "We will provide branded products and services of superior quality and value that improve the lives of the world's consumers". http://manonamission.blogspot.com/2005/06/proctor-gambles-pg-mission-statement.html (26/6/2021).

78 https://www.cocacoladeargentina.com.ar/nuestra-compania/mision-vision-valores (26/6/2021).

79 "At Microsoft, we work to help people and businesses throughout the world realize their full potential. This is our mission. Everything we do reflects this mission and the values that make it possible". http://www.microsoft.com/mscorp/mission/ (26/6/2021).

recursos en desarrollar productos libres de humo de manera científicamente sustentable y responsablemente comercializados..."[80].

Sí, leyeron bien: la nueva misión de Philip Morris es "entregar un futuro libre de humo". Has recorrido un largo camino ya, muchacha...[81]

Virginia Slim: Has recorrido, muchacha

A lo largo de la historia, hasta las religiones más reaccionarias se tuvieron que adaptar a los tiempos. Los ejemplos abundan. Quien fuera el mayor productor de cigarrillos no podía quedar indemne ante los nuevos valores que imperan en la sociedad globalizada[82]. La transparencia que ofrece Internet pone en evidencia prácticas corruptas que, hasta hace poco, pasaban inadvertidas al escrutinio social. ¿Sucederá alguna vez lo mismo con el alcohol, la droga social más popular, que causa tanto o más daño que el provocado por el vicio de fumar?[83] En principio, AB-inbev (uno de los más grandes fabricantes de bebidas alcohólicas del mundo) no se juega y enuncia una visión solo signada por el pragmatismo: "Somos una compañía de hacedores"[84]. Al menos esa visión no la van a tener que cambiar. Seguramente siempre van a estar

---

80   "To deliver a smoke-free future by focusing its resources on developing, scientifically substantiating and responsibly commercializing smoke-free products...". https://www.pmi.com/statement-of-purpose

81   La publicidad de Virginia Slim fue un clásico de la década de 1970. https://www.youtube.com/watch?-v=gs4r7X258ew (5/7/2021).

82   El giro de Phillip Morris es tan profundo que equivaldría a que las iglesias reconocieran que no existe el paraíso.

83   Sobre el tema de las adicciones sugerimos consultar *Un libro sobre las drogas*, editado por El Gato y la Caja, y escrito por una serie de científicos de primer nivel. Hay una versión libre disponible online en: https://elgatoylacaja.com/sobredrogas/indice (26/6/2021).

84   https://www.ab-inbev.com/who-we-are/our-vision/ (26/6/2021).

haciendo algo, más allá de que sea bueno o malo para las personas y la sociedad.

En síntesis, la misión y la visión[85] son el mandamiento corporativo supremo. Establece la estrategia de la que se valdrá la organización para cumplir la función trascendente de servir a la sociedad. De alguna manera, en su contenido debe estar implícito algún imperativo moral, sea aquello de "amarás a tu prójimo como a ti mismo"; "no hagas a los demás lo que no te agrada que te hagan"; o el imperativo categórico kantiano: "procede de manera que tus acciones puedan ser consideradas ley universal".

Símbolos, marcas y logos

Lo abstracto de los conceptos anteriores debe ser bajado a la Tierra con elementos que los hagan tangibles. Para el psiquiatra suizo Carl Jung, los símbolos son palabras o imágenes que, de manera inconsciente, representan algo más que su significado corriente y obvio. No son individuales sino colectivos, ya que ayudan a reconocer y a re-ligar a los que profesan un cierto culto para reafirmar su pertenencia y su espíritu de cuerpo.

Marcas y logos son formas paganas de símbolos religiosos. Vimos en el primer capítulo que Nike es la diosa de la victoria en la religión griega. La inconfundible tilde del logo de la compañía que lleva su nombre es una reinterpretación de un bajorrelieve dedicado a la famosa diosa. La sirena del logo de Starbucks se inspira en la misma antigua religión[86].

Tal como los símbolos religiosos, los logos reducen la incertidum-

---

85   Cada autor y cada compañía le da significado propio a estos dos conceptos que muchas veces resultan intercambiables. Personalmente, entiendo que la visión es una aspiración a la que se tiende pero que no se alcanza, mientras que la misión es lo que hay que hacer para cumplir la visión.

86   Para un análisis más detallado de los logos de Nike y de Starbucks, sugerimos ver el Capítulo 1: *La religión y los logos empresarios.*

bre, ya que permiten un rápido reconocimiento de la organización, y remiten a las personas a experiencias propias o ajenas que les inspiran confianza. De acuerdo con el prestigio alcanzado, también pueden indicar pertenencia y estatus.

Tomemos el caso de Apple y su famoso logo de la manzana mordida. La manzana es el fruto bíblico que representa el conocimiento. Al morderla, Adán y Eva accedieron al conocimiento y cometieron la mayor transgresión contra la fe, lo que dio origen al pecado original[87]. Apple aprovecha ese mito (arraigado en lo profundo del inconsciente social) y con la mordida simboliza su propia identidad. Transgredir es uno de los principios básicos que llevó a Apple a ser lo que es. Sus "cultores" reafirman la "identidad pecadora" toda vez que eligen uno de los productos de la compañía. Apple *quiere* ser reconocida como una compañía transgresora. Una de sus más famosas campañas fue "Think different" ("Piensa diferente"), la cual invitaba a escapar del statu quo identificado con Microsoft, su némesis de entonces. La publicidad del *Super Bowl* de 1984 que mostraba a una amazona destruyendo la imagen del Gran Hermano (que por el predominio del azul se suele identificar con IBM) para liberar a un ejército de autómatas, es un clásico memorable del que hasta el mismísimo George Orwell habría estado orgulloso[88].

Apple: publicidad Super Bowl 1984

---

87 La manzana aparece vinculada al conocimiento y a la transgresión. Además del pecado original (el "fruto prohibido" era el conocimiento), la caída de una manzana fue lo que le "reveló" a Newton la ley de gravitación universal.

88 https://www.youtube.com/watch?v=mMYsGdDssvk (21/7/2021).

Arquitectura

Según Nietzsche, la arquitectura es la forma visible del orgullo del ser humano por su triunfo sobre la ley de gravedad y una muestra de su afán de poder. Para el filósofo alemán, la arquitectura es un oratorio del poder. Los monumentos y edificios son una manera física de mostrar ese poder. Tanto los sistemas totalitarios como los democráticos emplean construcciones colosales para dar muestras de su poderío. Los ejemplos van desde los monumentos fascistas, nazis y comunistas, hasta los edificios gubernamentales, las residencias presidenciales o las esculturas de héroes patrióticos, más allá de la ideología gobernante. No es casual que los ataques del 11 de septiembre de 2001 hayan sido dirigidos a los edificios más representativos de las instituciones norteamericanas: el WTC, símbolo del sistema capitalista; el Pentágono, símbolo de poderío militar que debe defenderlo, y el frustrado ataque al edificio del Capitolio (congreso), símbolo del sistema de deliberación democrático.

Por su parte, el historiador Daniel Boorstin sostiene que para griegos y romanos en el templo habitaban los dioses que realizaban curaciones y predicciones sobre el destino.[89]

Los edificios religiosos son el legado cultural más tangible de toda civilización. Desde Stonehenge en las Islas Británicas hasta las pirámides de Egipto, desde la Acrópolis ateniense hasta las pirámides aztecas, desde los templos de Dilwara en la India hasta la Basílica de San Pedro en el Vaticano, toda religión homenajea a sus dioses usando edificaciones tan majestuosas como la capacidad técnica y económica de cada civilización lo permite. Es una manera de mostrar

---

89 "Tanto en el culto griego como en el culto romano, a los cuales sustituiría el cristianismo, el templo era la morada de Dios. La estatua de Atenea se hallaba en la cella, la cámara interior del Partenón a la que solo tenían acceso los sacerdotes... En el cristianismo el templo se convirtió en una iglesia, un lugar de reunión interior. Adoptó su nombre del término griego que significa reunión, *ekklesia* (de donde deriva la palabra 'eclesiástico'), que indicaba tanto el edificio como la comunidad que se reunía en su interior...". Boorstin, Daniel: *Los Creadores*. Editorial Crítica, Barcelona, 2ª ed. 2005. Página 101.

el poder de los dioses en la Tierra y de la delegación de ese poder en los cultores de la religión.

Vimos que, para Mircea Eliade, los templos son lugares que separan el espacio de lo "sagrado" y de lo "profano". Se podría decir que el espacio dedicado a la oración y al rito tiene distinta "densidad espiritual" que el de la vida "normal", lo que indica una falta de homogeneidad espacial y temporal[90].

El ser humano muestra voluntad de crear lugares sagrados para refugiarse y escapar del mundo temporal y físico, por lo que desarrolló técnicas específicas para la construcción de ese espacio[91]. Este comportamiento se repite en las más variadas culturas en la que la instalación en un territorio equivale a la fundación de un mundo trascendente[92].

El templo[93] es el lugar de reunión por excelencia. Allí se congregan los fieles para orar a sus divinidades, para agradecer o pedir consejo, para festejar o calmar el dolor. Abadías, monasterios, mezquitas, iglesias, panteones, sinagogas y basílicas son esfuerzos arquitectónicos que se construyen para muchas generaciones. Los que conciben esas estructuras tienen puesto el pensamiento en un futuro que los trasciende. Su estética prevalece sobre la simple funcionalidad:

- *Deben inducir a los fieles a sentir su pequeñez frente a lo divino.*
- *Son una manera palpable de mostrar la grandeza de la religión.*
- *Representan la permanencia de una cultura o de una religión en el mundo.*
- *Sirven de puerta de ingreso al estado místico que prepara al fiel para participar de la ceremonia ritual.*

---

90   Eliade, 1957, p. 23. El tema es tratado con más detalle en el prefacio.

91   Eliade, 1957, p. 26.

92   Eliade, 1957, p. 40, resaltado en el original.

93   Parece existir un origen etimológico común para los términos *templum* (templo) y *tempus* (tempo). Este parentesco puede ser interpretado en el sentido de que ambos involucran la noción de intersección —en un caso del espacio y en otro del tiempo— entre lo mítico y lo terrenal. Eliade, 1957, p. 57.

Todas estas funciones pueden ampliarse a las corporaciones que saben bien lo que la arquitectura representa para la sociedad y el individuo. Gracias a sus recursos abundantes, las compañías de tecnología son las que actualmente invierten más en sus *headquarters* (sedes centrales) o, simplemente, HQ. Como un breve ejemplo, tomemos dos de los casos más célebres:

- *El campus de Apple, The Spaceship (La Nave Espacial)*[94], *fue el último legado de Steve Jobs, su padre fundador, objeto de culto tanto para miembros (los iniciados) como para clientes (fieles) y simples admiradores (paganos).*
- *El Googleplex, la sede corporativa de Google en Mountain View, famosa por los* amenities *(entretenimientos) que ofrece a sus empleados, que van desde restaurantes gourmet hasta cafeterías y máquinas de vending (expendedoras), desde salas de juegos hasta espacios para dormir la siesta, desde gimnasios hasta masajistas, y todo aquello que induce a sus empleados a sentirse cómodos y motivados a rendir el máximo. De mayor o menor dimensión, el modelo se repite en todas las oficinas del mundo.*

Apple Campus

Googleplex

Algo similar se puede decir de Microsoft, Amazon y Facebook. Sus edificios buscan transmitir los valores centrales de cada compañía. Por ejemplo, el de Apple está diseñado para que la gente "choque" e interactúe, algo que Jobs consideraba esencial para estimular la creatividad. También es uno de los edificios más eficientes en consumo de energía. El

---

94 https://www.wired.com/2017/05/apple-park-new-silicon-valley-campus/

Googleplex transmite una sensación de relax, de libertad y de juego (actitudes clásicas de la compañía), siempre para estimular el bienestar, la creatividad y la motivación entre los *googlers*, la denominación que usan sus miembros para identificarse del resto.

El esfuerzo por edificar oficinas centrales majestuosas no está restringido a las compañías tecnológicas, todas las corporaciones las construyen tan grandes y majestuosas como sus posibilidades económicas les permiten. Los *headquarters* son el "Vaticano" o la "Meca" de las empresas comerciales. Las sedes son una muestra al resto del mundo del poder y de la influencia de cada corporación.

El escenario físico dice mucho sobre la organización contenida en él, habla de su orgullo, de su éxito económico, de su influencia política y económica, de sus valores, de su voluntad de trascendencia y de su poder. Por orden del clero, los arquitectos que diseñaron las grandes catedrales como San Pedro, Notre Dame, el Duomo de Milán y tantas otras lo hicieron para que fieles y paganos vivieran un recogimiento similar al que sentirían al entrar al cielo. Las paredes altísimas, las perspectivas vertiginosas, los cielorrasos inalcanzables, los juegos de luces que se producen a través de sus vitrales, las imágenes sufrientes, la acústica envolvente... todo está planeado en detalle para producir una sensación hipnótica y conmovedora y que el individuo sienta su pequeñez y finitud. De una manera sutil, deja al individuo empequeñecido, vulnerable frente al poder institucional. Estas son razones suficientes para llevar a las empresas religiosas implícitas a construir sus propios templos.

La pandemia fue un golpe fuerte para todas las organizaciones que tenían en sus edificios su lugar de reunión y de negocios. Empresas como Apple o Google tienen gran parte de su patrimonio invertido en bienes raíces. Por eso, algunas muestran resistencia a una modalidad de trabajo remoto completa, que haría obsoletas sus construcciones y destruiría una porción importante de su capital. Los cultos religiosos fueron los primeros en reclamar la presencialidad, el retorno de los fieles a las iglesias. No solo porque al perder contacto físico se pierde poder de influencia, sino porque todas dependen de recolectar las ofrendas que dejan los que asisten a sus ceremonias o consumen productos alegóricos.

Ceremonias y rituales

Los rituales son eventos que se realizan de manera periódica. Tienen el objeto de transmitir información y de reafirmar las tradiciones del grupo. Renuevan el compromiso asumido con la institución. Los ritos de iniciación (o programas de inducción o de *onboarding* para las empresas), la reunión semanal del equipo, los retiros de directivos, la convención anual de la compañía, el escenario para una presentación o la estructura para redactar un informe, el orden de tomar la palabra como muestra de jerarquía, las maneras de ejecutar los castigos y las de celebrar los premios son algunos de los ritos y ceremonias que se emplean para mantener vivo el espíritu de la comunidad, más allá de su carácter.

Algunos rituales deben ser estrictos y se encuentran registrados en los libros canónicos. Tal el caso de lo que se realiza en una misa o en un *bar mitzvah*. Cada participante tiene roles asignados que debe respetar. Lo mismo ocurre en ciertas ceremonias empresariales, tales como las asambleas de accionistas o las reuniones de directorio.

Las prácticas rituales figuran en el núcleo de toda religión, incluso de aquellas profanas. Durante la celebración de rituales se reviven mitos relacionados con acontecimientos o figuras "sagradas", por eso tienen un fuerte significado simbólico. El rito es una vivencia que se repite fuera del tiempo lineal histórico. Un rito re-liga no solo a los que participan actualmente, sino a todos los hombres que lo realizaron en el pasado, que lo realizan en el presente y que lo realizarán en el futuro. Vimos antes que el rito extrae al mito del tiempo lineal, le otorga atemporalidad y lo hace transversal a la historia. Mientras se realiza el ritual varía la intensidad de la *vivencia*. A pesar de que se vive de manera personal, los rituales son experiencias colectivas. Incluso cuando los realizan en privado, los practicantes repiten los gestos y las palabras según fórmulas establecidas que les hacen sentir la "unión espiritual" con el resto de la comunidad. El individuo *iniciado* se encuentra ligado por medio del "cuerpo místico" y en ese sentido "sabe" que se funde con otros "hermanos" por medio de la experiencia ritual.

Para Mircea Eliade, la práctica ritual se convierte en una manera de dominar el tiempo. Orienta al individuo hacia la *fundación*, que "se concibe como una posibilidad de renovar y de regenerar la existencia de lo que hace... el 'retorno al origen' se puede efectuar para toda clase de fines y es susceptible de tener variados significados"[95].

Las corporaciones empresariales hacen hincapié en destacar sus orígenes. Las historias fundacionales y ejemplares constituyen una suerte de "cosmología", en las que se resaltan las dificultades que tuvieron que superar los padres fundadores y el resto de los héroes originales durante la etapa de nacimiento de la empresa. Las empresas comerciales realizan diversos rituales:

- *Rutinarios: como la forma de realizar una presentación, las prioridades para tomar la palabra o las reuniones de personal de toda jerarquía.*
- *Cíclicos: como las convenciones anuales o las conmemoraciones de fechas importantes para la organización.*
- *Extraordinarios: como el lanzamiento de un nuevo producto o el retiro de algún empleado ejemplar.*

Los rituales se ubican dentro de las acciones realizadas por las corporaciones para mantener y reafirmar su cultura y valores. Establecen las recompensas y castigos. A veces dan lugar a ceremonias esperadas, como el nombramiento del "supervendedor" del mes[96].

---

95   Eliade, Mircea: *Aspects du Mythe*. Harper & Row Publishers, New York, 1963. Edición consultada: *Mito y realidad*; traducción al español de Luis Gil; Editorial Labor, Barcelona, 2ª edición 1992, página 85.

96   Lucas Marín, Antonio y García Ruiz, Pablo: *Sociología de las organizaciones*. Editorial McGraw-Hill, Madrid, 2002. Página 284.

Rituales y ceremonias son inherentes a toda organización; su finalidad y sus formas no difieren sustancialmente de lo que se halla en las empresas religiosas explícitas. Tal como en el caso de estas últimas, en las empresas religiosas implícitas el peso relativo del sentido y de la motivación se asienta en lo trascendente y —en menor medida— en lo intrínseco y lo extrínseco.

Alma/espíritu

Pocas son las analogías que se emplean tanto como "alma" y "espíritu"[97] cuando se trata de hacer referencia a lo más profundo de una organización. Las expresiones "alma de la empresa" o "espíritu de cuerpo" son conceptos que no pueden faltar en una cultura fuerte y arraigada. Su uso trasciende lo metafórico y —aun en organizaciones con fines de lucro— tiene cierto carácter metafísico.

La idea de alma y de espíritu son componentes esenciales de cualquier religión. Son los mismos dioses los que otorgan alma a los humanos. Los egipcios fueron de los primeros pueblos (de los que se tiene registro escrito) en creer en la doble naturaleza humana (o "dualismo"), formada por un cuerpo físico y un alma metafísica. Para ellos las pirámides eran como naves preparadas para que el alma del faraón emprendiera el viaje a la inmortalidad. En el caso de la religión griega,

---

97 Alma y espíritu suelen usarse de manera indiferente, aunque lo espiritual puede tener un sentido metafísico, no necesariamente religioso. En ciertos casos el "espíritu" representa un ente ambiguo, que "no es ni alma, ni demonio, ni siquiera dios, sino algo indefinido, ese algo material pero invisible, impersonal pero a la vez que se atribuye una especie de voluntad, que presta al ser concreto su fuerza de acción específica, que penetra en él y de la misma manera lo abandona...". (Weber, 1922:329). Por otra parte, para Durkheim: "Pero el alma no es un espíritu. Está unida a un cuerpo de donde no sale más que excepcionalmente; y, en tanto no es otra cosa, no es objeto de ningún culto. El espíritu, al contrario, aunque teniendo generalmente como residencia una cosa determinada, puede alejarse de ella a voluntad y el hombre sólo puede entrar en relaciones con él observando precauciones rituales." (Durkheim; 1982:52).

el alma[98] escapaba del cuerpo cuando la persona daba el último suspiro. En ciertos casos era considerada la fuente de calor vital y –al igual que la muerte– se la asociaba al sueño. Luego, al morir la persona su alma era conducida al inframundo (Hades) a través del río Estigia por el barquero Caronte[99]. Fuera de lo estrictamente religioso, Aristóteles hablaba de "tres almas": vegetal, animal y humana, siendo esta última la que nos pondría por encima del resto de las especies.

Toda empresa necesita tener su alma y su espíritu para mantenerse cohesionada. Son los componentes más profundos de la cultura organizacional. Una muestra de su relevancia es que si se *googlea* "organizational soul" ("alma organizacional" en inglés) se obtienen más de catorce millones de resultados. Algo similar se da con "team spirit" ("espíritu de equipo"), con más de mil millones de referencias[100].

En el alma y en el espíritu empresario se encuentran arraigados sus valores esenciales y sus principios básicos. El sociólogo norteamericano Edgar Schein[101] (que representa la cultura empleando la metáfora de una cebolla) los ubica en el nivel cultural más profundo, tan asumidos que ni siquiera los propios miembros son conscientes de su existencia. Emile Durkheim la llama "conciencia colectiva" y dice que se encuentra difusa en la sociedad y que afecta a la conciencia individual[102]. Es esta conciencia colectiva la que contiene los valores y las creencias morales de un grupo, gracias a los que se mantiene unido. Es una fuerza unificadora que evita que el grupo se desintegre y que le da una identidad propia.

---

98 *Psyché* era la diosa del alma, esposa de Eros, dios del amor.

99 En la religión griega se encuentra la idea de alma como la parte espiritual de la persona que persistía luego de la muerte del cuerpo. Las almas eran conducidas por Hermes al Hades, el oscuro submundo donde permanecía eternamente. Sin embargo, para los griegos, la creencia animista no implicaba un modo de existencia deseado ni mucho menos; "es preferible la vida más miserable en este mundo a ser rey en el Hades" (Weber, 1922, p. 380) era la opinión normal en la Grecia arcaica.

100 Los resultados corresponden a junio de 2021.

101 Schein, E.: *Organizational Psychology*. Prentice Hall, 1982. Edición consultada: *Psicología de la organización*; traducción de Víctor E. Cruz Cardona; Prentice Hall, México, 1982.

102 Durkheim, Emile: *Las formas elementales de la vida religiosa*. Akal Editor, Madrid, 1982. Página 209.

El concepto coincide con el de "espíritu de cuerpo", que tiene su origen en las organizaciones militares. El espíritu de cuerpo es una síntesis de los valores que re-ligan a una agrupación. Incluyen la lealtad (a la marca), la cohesión, la confianza, el orgullo de pertenencia, el liderazgo y otros similares. Aunque en el caso de una batalla la idea puede ser útil y hasta necesaria, se puede transformar en una manera de anular las capacidades individuales y la posibilidad de pensamiento crítico. Su defensa a rajatabla conduce a la "obediencia debida", a la supresión del juicio crítico y a la cancelación de la responsabilidad[103].

Cánones éticos y morales[104]

Un canon es una regla o precepto fijado por los hábitos sociales. Para comprender la importancia de las costumbres recordemos que la palabra "moral" deriva del latín *mores*, cuyo origen etimológico es "costumbre". "Ética" tiene una raíz similar, aunque en este caso proviene del griego *ethos*[105].

Así como en los libros canónicos eclesiásticos se detallan las catequesis y los procedimientos litúrgicos, las empresas tienen en los manuales de procedimientos y en los códigos de ética sus propios libros canónicos. En estos se enumeran los principios éticos fundamentales y los códigos de conducta establecidos por la corporación. Se detallan las responsabilidades y los compromisos que los empleados asumen por el solo hecho de ser miembros de la compañía. Y, tal como en el caso de los eclesiásticos, se enumeran las sanciones que recibirán en caso de no respetarlos.

---

103 Algo que Hannah Arendt llamó "la banalidad del mal".

104 Para observar más elementos religiosos de las compañías, sugerimos referirse al capítulo *La religión Coca-Cola*.

105 Si bien ética y moral tienen etimologías similares, la primera se suele emplear para la conducta individual y la segunda para la social.

Veamos el caso de Apple y su código de ética para proveedores[106]:

Apple se compromete a respetar los más altos estándares laborales, de derechos humanos, medioambientales, y conducta ética. Los proveedores de Apple deben proporcionar condiciones de trabajo seguras, tratar trabajadores con dignidad y respeto, actúen de forma justa y ética, y utilicen de forma responsable con el medio ambiente prácticas dondequiera que fabrican productos o prestan servicios para Apple. Apple requiere que sus proveedores operen de acuerdo con los principios y requisitos, según corresponda, definidos en este Código de Conducta del Proveedor de Apple y en total cumplimiento con todas las leyes y regulaciones aplicables.

Luego siguen seis páginas en las que se explican en detalle las expectativas de la empresa sobre sus proveedores, en temas como derechos humanos, seguridad e higiene, medio ambiente, ética y sistemas de gestión.

En la versión en español, el código de ética de Unilever tiene cuarenta y cuatro páginas[107]. En estas se establece hasta el más mínimo detalle de lo que se espera de los empleados y de los castigos que sufrirán si no los cumplen. No hay lugar para ambigüedad: la introducción en un pasaje dice "daremos vida", el máximo compromiso que una empresa religiosa le puede exigir a sus fieles.

En Unilever, creemos en crecer de manera responsable y sostenible. Nuestro Código de Principios del negocio define aquello que no se puede negociar para nuestros empleados. Codifica nuestros valores, dejando en claro lo que se espera de nuestros empleados. Al vivir nuestro Código, daremos vida a nuestros valores y propósitos, todos los días en todo lo que hacemos.

Muchas organizaciones (paganas o no) se evitarían escándalos si tuvieran códigos como este y los respetaran. Cuanto más grande sea la

---

106 La versión completa se puede descargar en: https://www.apple.com/supplier-responsibility/pdf/Apple-Supplier-Code-of-Conduct-and-Supplier-Responsibility-Standards.pdf (27/6/2021).

107 Versión completa en: https://www.unilever.com/Images/2020-code-of-business-principles---spanish__tcm244-552145_1__en.pdf (27/6/2021).

empresa, más estará expuesta al escrutinio de las redes sociales. Cualquier acto de corrupción o de abuso que trascendiera podría significar millones en penalidades, aunque las mayores pérdidas caerían sobre el prestigio de la compañía, algo difícil de valuar en términos monetarios. Lo mismo ocurre con las empresas religiosas explícitas. Internet saca a la terraza los trapos sucios que antes quedaban tapados en el canasto.

Si se analizan los cánones éticos que las empresas multinacionales imponen a sus empleados y a sus proveedores, se observa que muchas de ellas tienen leyes sensiblemente más rígidas que las que la mayoría de las religiones establecidas imponen a sus funcionarios y seguidores.

Fetiches

Un fetiche es un objeto al que se le atribuyen poderes mágicos o sobrenaturales. Puede ser un cuernito colorado, una fotografía, una estampita, una moneda, una medalla, una estatuilla o cualquier otro elemento que "proteja" o "traiga buena suerte". Aunque no son exactamente lo mismo, está asociado a otros conceptos religiosos como tótem, ídolo, amuleto o talismán. Retomando la idea de la piedra con significado que analizamos en el prefacio, dice Weber que "no cualquier piedra puede utilizarse como fetiche"[108].

El culto a un fetiche puede resultar en el origen de una religión. El fetiche posee "fuerzas no cotidianas" que ayudarán al que lo adore. Combina el efecto de profecía autocumplida con el de sesgo de confirmación. Si por alguna razón el creyente no lo lleva consigo, va a asumir que el no tenerlo es la causa de su desdicha. Es más, el temor de no tenerlo puede conducirlo a los errores que producen el percance. De manera recíproca, llevarlo gene-

---

108 Weber, 1922, p. 328.

ra la confianza necesaria para que "las cosas salgan bien" y se le atribuye al fetiche la causa del éxito. Cualquier elemento se puede convertir en fetiche. La corbata o la lapicera con las que siempre rendimos los exámenes muchas veces llegan a alcanzar esa dimensión.

La combinación del efecto de profecía autocumplida y del sesgo de confirmación justifica el Teorema de Thomas que sostiene que: "las situaciones que definimos como reales se hacen reales en sus consecuencias"[109]. Es decir, creer en el poder del fetiche puede tener efecto en la realidad.

Karl Marx toma el concepto de fetiche[110] y lo aplica a las mercancías, a las que atribuye un alcance metafísico que va más allá de su valor de uso: "El carácter místico de la mercancía no brota de su valor de uso". Marx toma como ejemplo el caso de la madera que se transformó en mesa gracias a la acción del trabajo humano —algo abstracto—, que queda integrado en el objeto. La mesa debe existir dentro de la sociedad ya que, fuera de esta, no tendría sentido la idea de intercambio, esencia de la mercancía:

No obstante, la mesa sigue siendo madera, sigue siendo un objeto físico vulgar y corriente. Pero en cuanto empieza a comportarse como mercancía, la mesa se convierte en un objeto físicamente metafísico.

Marx considera que el protestantismo es la forma de religión más adecuada al mercantilismo por su "culto al hombre abstracto", alineada con la idea de trabajo abstracto. En ese contexto, el dinero sería la expresión suprema de mercancía, ya que se puede transformar en cualquier cosa; algo así como un "fetiche universal".

Vemos entonces que cualquier objeto ordinario puede ser considerado un fetiche. Entonces, ¿qué otra cosa es un iPhone de última generación que un pequeño objeto de deseo construido de aluminio,

---

109 Macionis, John J. y Plummer, Ken: *Sociología*. Editorial Pearson Educación, 4ta edición, Madrid, 2011. Página 175.

110 Marx, Karl: *El Capital*. Edición Kindle. Título original: *Das Kapital*, 1867. El tema es tratado con amplitud en el Libro I con el título *El fetichismo de la mercancía y su secreto*.

vidrio y silicona, adorado por sus "poderes mágicos" y que simboliza una forma de ser particular? ¿Quién no se ha sentido desprotegido al olvidar o extraviar el celular? No en vano Arthur C. Clarke (el autor de *2001, una odisea del espacio*) decía que toda tecnología lo suficientemente avanzada era indistinguible de la magia.

Máxima, eslogan, proverbio, refrán, lema

Aunque no son exactamente lo mismo, máxima, eslogan, proverbio y lema son conceptos relacionados. Los proverbios son las frases en las que originalmente se le da orden a la relación social, es el primer elemento que le otorga "contenido de sentido"[111]. En la medida que adquieren carácter obligatorio se van transformando en máximas con sentido moral. Las empresas religiosas explícitas las emplean porque el mensaje que expresan es directo, sencillo, y son fáciles de recordar. Otro tanto hacen las implícitas.

Para Berger y Luckmann[112], son frases que indican una socialización rudimentaria, al igual que los refranes, las sentencias y la poesía popular. Indican una legitimación incipiente.

Esta clase de mensaje breve es empleado frecuentemente para darle identidad a una corporación. Son lemas o eslóganes que habitualmente acompañan a la marca y al logo. "Coca-cola refresca mejor", "*Nike, just do it*" ("solo hazlo"), "Quilmes, el sabor del encuentro", "Adidas, *impossible is nothing*", "McDonald's me encanta", "AmEx, pertenecer tiene sus privilegios" y tantos otros son muestra del empleo de las máximas por parte de las compañías. No será la "salvación eterna" pero el empleo de cualquiera de las marcas mencionadas genera en los usuarios expectativas realmente altas que trascienden la función esencial del producto.

---

111 Weber, 1922, p. 25.
112 Berger y Luckmann, 1968, p. 120.

Carisma

El carisma es un regalo divino y tiene que ver con ciertas cualidades que se le otorgaron al individuo elegido[113]. Los sacerdotes que tienen esa cualidad son los que más y mejor influyen en los fieles. Weber considera el carisma como uno de tres elementos de la dominación legítima; lo define como:

> *... la cualidad, que pasa por extraordinaria (condicionada mágicamente en su origen, lo mismo si se trata de profetas que de hechiceros, árbitros, jefes de cacería o caudillos militares), de una personalidad, por cuya virtud se la considera en posesión de fuerzas sobrenaturales o sobrehumanas −o por lo menos extra-cotidianas y no asequibles a cualquier otro−, o como enviados de dios, o como ejemplar y, en consecuencia, como jefe, caudillo, guía o líder.*[114]

La condición carismática está fuertemente vinculada a factores irracionales. El carisma se "posee", y los "elegidos" responden con su "vocación" al don "otorgado". El líder que posee carisma está en ventaja frente al resto. Es una cualidad de liderazgo que "no se hace". De allí la importancia que tiene la selección de los líderes de la corporación. El tema del carisma está continuamente presente cuando se examina la capacidad de conducción de alguien. Es una de las preocupaciones principales de los encargados de seleccionar personal.

Conseguir personas carismáticas no es tarea fácil. La autoridad y el poder que emanan del carisma lleva a que las organizaciones ideen formas para independizarlos del individuo. Un caso muy representativo es el del Papa. Si bien las condiciones personales influyen, se puede decir que el carisma está afianzado por el rol y la pompa que gira a su alrededor. El boato, las ceremonias de sucesión, los innumerables símbolos de mando que se esgrimen, el culto rendido por otros mandos, servidores y fieles; las tumbas de los predecesores (incluida la del mis-

---

113 El término procede del latín *charisma* y este del griego χάρισμ, de χαρίζομαι, que significa agradar o hacer favores.

114 Weber, 1922, p. 193.

mísimo Pedro), la santificación de muchos de ellos, etcétera, infunden al puesto de Papa de un auténtico carisma *per se*.

Algo similar ocurre con ciertos puestos directivos en las corporaciones. Los símbolos de poder como oficinas, autos, viajes en primera clase, secretarias y otros privilegios buscan crear o potenciar la imagen carismática de aquel que ostenta el cargo. Incluso toda la organización puede actuar como símbolo de carisma y extenderlo a sus miembros cuando se vinculan con el resto de la comunidad. Baste con imaginar la actitud amilanada de un pequeño proveedor cuando tiene que negociar un contrato con un comprador de la importancia de Unilever o Procter & Gamble; o el halo que emanan un vendedor de IBM o un consultor de McKinsey, vestidos con impecables trajes oscuros, camisas blancas y corbatas elegidas para la ocasión.

Situaciones parecidas se dan en otras actividades, como los médicos y las compañías de medicina prepaga, o los pequeños productores de leche y las grandes industrias lecheras y, en general, con las empresas familiares. Cuánto más grande la asimetría entre el poder de las partes, mayor la posibilidad de abusos.

El estar respaldado por una gran corporación (secular o celestial) genera ante los ojos del no iniciado una dosis de carisma que potencia al natural que pueda poseer la persona. El esfuerzo en recursos económicos y humanos que las corporaciones —más allá de su naturaleza— invierten para *emblematizar* su imagen no es un mero caso de narcisismo caprichoso.

Costumbre, moral y ética

Como dijimos al analizar los cánones, las palabras "moral"[115] y "ética" tienen su raíz etimológica en la palabra "costumbre", lo que da una idea

---

115 Como vimos con el término "moral", que procede del latín *moralis* y equivale al griego *ethos* o "ética". Los romanos lo tomaron de los griegos a partir de la palabra *moris*, que es "la manera de vivir". Mientras que "ética" significa "la manera de hacer las cosas, costumbre, hábito", *moralis* significa "referente a las costumbres".

de su importancia cultural. A partir de la ética de Spinoza[116] se podría inferir que "no se ama lo que es bueno, sino que es bueno porque se lo ama", lo que invierte el sentido intuitivo de lo que es bueno. Se puede extender la idea a la costumbre: serán buenas aquellas costumbres que se aman, ya que por ser amadas se las declara "buenas". Ese es el mecanismo con el que se construyen los principios morales y éticos de un grupo social.

La costumbre está en la base misma de toda institución. Con independencia de su carácter religioso, moral y ético, nacen de una costumbre enraizada en la sociedad. Pero también es posible la inversa: instaurar una costumbre cuando los que tienen mayor poder consideran que es la "manera correcta" de hacer las cosas. Mediante reglamentos, tradiciones, normas, leyes y otras herramientas, los líderes consiguen imponer su moral en el resto del cuerpo social. Una vez que la costumbre se ha arraigado en los individuos, cumple su función ordenadora de manera fluida y automática.

Según Weber, el respaldo para que los líderes tengan influencia[117] para instaurar una nueva costumbre en un grupo debe provenir de alguno de los factores que legitimen su poder: carisma, tradición o legalidad racional. El carácter de coacción y sanción dependerá del grado del cambio de hábitos que se quiera establecer y de la resistencia que se observe.

Resumiendo, en toda comunidad (religiosa o pagana) las costumbres son el fundamento ético. Luego de que han sido adoptadas durante un tiempo y naturalizadas, pueden dar lugar a la creación de

---

116 Spinoza, Baruch: *Ética demostrada según el orden geométrico*. Ediciones Orbis, Madrid, 1980.

117 Weber emplea el término "dominación" (de tinte autoritario en español) que es la traducción habitual que se emplea en la edición en español de la obra ya citada de Weber y proviene del alemán *herrschaft*, composición entre *herr*, cuyas posibles traducciones serían "señor", "caballero", "amo", "don", "dueño", "líder"; y *chaft* que se traduce como "poder". De allí que *herrschaft* se entiende como el ejercicio del poder de un agente sobre otros, es decir, el dominio, gobierno, reinado o liderazgo sobre otros. También puede interpretarse como "el no depender de nadie". Desde el punto de vista de Weber, el poder no es necesariamente ejercido de manera autoritaria mediante el uso exclusivo de la fuerza, sino que puede tener diferentes niveles de consentimiento por parte del "dominado" o los "dominados".

normas y leyes. De manera inversa, las normas pueden ser establecidas por voluntad de los grupos de poder *para* generar las costumbres. Es decir, la costumbre puede originar la norma y la norma puede imponer la costumbre. Ambas modalidades conforman un dúo inseparable y dinámico que modela la conducta del grupo social.

Consejeros espirituales y *coaches*

Si el CEO de la compañía contrata a un psicólogo, los empleados pensarán que se volvió loco y que está a punto de sufrir un ataque psicótico que los arrastrará a todos. Si acude a alguna clase de ayuda espiritual, se asustarán ante la posibilidad de que haya entrado en una etapa mística y de que esté pensando fugarse a un retiro en el Tíbet, mientras los deja abandonados a la deriva. Si llama a un cura para confesarse pensarán que es un pecador corrupto. Si en cambio recurre a un coach, se sentirán orgullosos de tener un líder tan *fashion*. La difusión que ha tenido la práctica del coaching en las empresas es tal que las intervenciones de un coach acarician lo mágico.

El coaching es *cool*. Está en todas partes y tener un coach es uno de los medios preferidos por los deportistas y por los managers para desarrollarse y mejorar su performance. Los mayores desafíos del coaching están en su éxito. La fuerte demanda ha hecho que aparezca una enorme cantidad de coaches, y se torna difícil diferenciar la paja del trigo. Asimismo, se suele recurrir a un coach sin saber exactamente qué esperar, lo que genera expectativas no siempre satisfechas.

Desde hace diez o quince años observamos un auténtico boom del coaching ejecutivo. En cierta forma, la práctica ha venido a cubrir las necesidades espirituales propias del trabajo. Los empleados están sujetos a una infinidad de fuentes de estrés. Tensiones con el jefe, discusiones con algún colega, falta de motivación, discriminación, deseo de crecer en la carrera y tantas otras situaciones generan angustia e incertidumbre. El o la coach dan apoyo, ofrecen guía y –en ciertos casos– aconsejan. Durante la pandemia, para muchas personas, resultaron una ayuda salvadora. En las organizaciones, el coaching llegó para quedarse.

Tener un mentor, un el desafío adicional para las mujeres

Narra Homero que Mentor era un amigo de Odiseo a quien este confió el cuidado de su hijo, Telémaco, antes de partir a la guerra. Como ocurría en la Antigua Grecia, en las organizaciones de hoy el mentor es alguien que da consejo, guía, ejemplo, y algunas veces actúa de *sponsor* o patrocinador para ayudar al desarrollo de su pupilo. Es raro encontrar alguien que ocupe posiciones relevantes en la empresa que no recuerde haber tenido uno o más mentores a lo largo de su carrera. Por eso, ser mentor es sinónimo de prestigio y reconocimiento. Es una manera de "devolver" lo que se ha recibido.

A menos que la organización tenga implementada una estrategia específica, el vínculo entre mentor y pupilo nace a partir de relaciones informales. Además de la preponderancia de varones en los niveles directivos más altos, existen diversas razones por las cuales conseguir un mentor es algo sencillo y hasta diríamos que "natural" para los hombres.

El diálogo en el vestuario o en el asado luego de un partido de fútbol o de tenis, una caminata por el campo de golf, o cualquier otra actividad en las que se comparte el tiempo libre, generan el espacio ideal para descubrir y reforzar afinidades que pueden culminar en una relación de "mentoreo". Esta posibilidad de compartir cosas fuera del ámbito laboral, tan frecuente entre los hombres, resulta más difícil y remota para las mujeres.

Sea por propia determinación o por cuestiones culturales y sociales, las mujeres tienden a regresar al hogar una vez concluidas sus tareas laborales. Por una parte, aún persiste mayormente arraigada la creencia de que a *ellas* les corresponden las tareas de administración del hogar y el cuidado de los hijos —cuando no de los padres—. Por otra parte, el "qué dirán" es una poderosa barrera para que una mujer se involucre informalmente en una relación de mentoreo con un hombre de mayor rango y edad, perfil que todavía predomina en las posiciones de alta dirección.

Si una compañía desea dar igualdad de oportunidades de crecimiento a sus empleados, es necesario que tenga en cuenta estas diferencias culturales que afectan negativamente la carrera de las mujeres. En el caso del mentoreo, la nivelación supone la implementación de sistemas formales que den legitimidad y transparencia a la práctica. De no contarse con políticas específicas, las mujeres seguirán viendo limitadas sus posibilidades de conseguir mentores y de construir redes informales que las ayuden a progresar en su carrera. A pesar de no ser la única razón, la carencia de mentores o *sponsors* es una potente explicación de la menor presencia relativa de mujeres en los niveles superiores de la pirámide organizacional.

El vínculo mentor-pupilo genera un compromiso social único que trasciende a las dos personas involucradas originalmente. A diferencia del *coaching*, el mentoreo es una relación de largo plazo sin objetivos puntuales, más allá del desarrollo de sus protagonistas. Por eso se convierte en una suerte de "préstamo de honor" cuyo valor no se mide solamente en términos económicos. Los mentores —alguna vez pupilos ellos mismos— tienen la oportunidad de devolver a la sociedad la ayuda recibida tiempo antes.

De manera paralela, para las empresas es una forma eficiente de identificar, motivar, cultivar y retener talento valioso entre su propia gente. Tampoco es menor el hecho de que brinda a los líderes un contacto directo con las bases de la organización, ya que el vínculo suele saltar varios niveles jerárquicos. Es así como los directivos pueden aprender —de primera mano— lo que está sucediendo lejos del Olimpo institucional.

Poco a poco, la alta dirección va tomando conciencia de las oportunidades que surgen de estimular estratégicamente la relación mentor-pupilo. Mientras resulta un reconocimiento a la trayectoria de los mentores, la formalización de la práctica es una manera equitativa de promover el talento de mujeres y hombres, estimular la diversidad, y contribuir al crecimiento de las personas, la organización y la sociedad en general, objetivo superior del auténtico liderazgo.

Himnos, salmos y jingles

La música dispara recuerdos, ayuda a calmar a los niños, se emplea como terapia, para estimular la creatividad; sirve para interpretar a una cultura, es un arte y hasta puede llevar a las personas a estados de trance[118]. La música se vincula con diferentes partes del cerebro, desde sectores relacionados con las emociones hasta otros que se asocian con lo racional y lo matemático.

Los contactos con el sonido comienzan en las primeras semanas de gestación, en el útero. No todos los sonidos son iguales, dependen de la manera en que las vibraciones surgen de la fuente que los emite. La experiencia de la música está integrada a nuestra naturaleza. Se escucha la música con todo el cuerpo, no solo con los oídos. Además, el director y pianista Daniel Barenboim explica que el oído reacciona antes que la vista y es más incontrolable: no se pueden cerrar los oídos de manera natural como se hace con los ojos. En esa cualidad también se basa el poder de la música.

Frente a todo esto, era de esperar que tanto las religiones como otras instituciones emplearan cantos, himnos y jingles para difundir el espíritu de pertenencia a una *marca*. La música favorece la memorización de las máximas y ayuda a que "se peguen" para que se repitan una y otra vez en nuestra cabeza o para que las cantemos "en la ducha", mientras hacemos una tarea o, simplemente, cuando nos encontramos descansando.

Los salmos y los jingles son eficaces para integrar a personas de todas las edades, grupos étnicos, clases sociales y demás diversidades;

---

118   Ver Elena Mannes, *The Power of Music*; Walker & Company, New York, 2011.

es algo que comparten y les da sentido de pertenencia. Los cantos en coro generan igualdad y dan una sensación de unión. Por su intermedio se profundiza el "re-ligarse". Asimismo, tal como ocurre con la religión y con el pertenecer a una corporación empresaria, unen hacia el interior al mismo tiempo que ensanchan la brecha con los "distintos".

Los villancicos navideños son el mejor ejemplo de jingles exitosos. El sonido armónico de las campanas y las voces acompasadas invitan a los fieles a la fiesta. Inducen a evocar momentos alegres inolvidables de la infancia, como la ilusión de la llegada de Santa Claus, el árbol navideño rodeado de la familia y de regalos, las golosinas, los fuegos artificiales, los juegos con primos y hermanos… un tiempo para festejar y para recordar.

Algunos comerciales toman canciones de culto y se las apropian para la marca, tal como hacen las iglesias[119]. Uno de los casos más clásicos es el de Pepsi y Michael Jackson, en 1984, cuando se adaptó la letra del tema *Billie Jean* para convertirlo en un himno a la "Generación Pepsi". El comercial comienza con la danza ritual de un grupo de adolescentes que imitan el baile del clip de Michael y, de pronto, se encuentran con el ídolo en persona que baila con ellos. Dos generaciones de jóvenes que nacieron practicando el culto a Pepsi.

Pepsi Generation

Hay infinidad de ejemplos del empleo de la música para reforzar el impacto de un mensaje. En una ceremonia religiosa, la música comienza a sonar luego de pasajes clave de gran recogimiento. Es así cómo lue-

---

119 Para más ejemplos ver el apartado dedicado a los evangelistas en el Capítulo 6: *Religiones paralelas*.

go de un silencio profundo el sonido saca a los fieles del trance y les da cierto respiro emocional.

Las empresas aplican la misma fórmula. Un comercial de la cerveza Quilmes[120] muestra un teatro (ambientado con una decoración que recuerda al templo de alguna sociedad secreta) repleto de mozos, personas que debido a su profesión se podrían considerar como expertos en las cualidades de la bebida alcohólica[121]. Un mozo joven lleva sobre su bandeja una botella de Quilmes. A medida que avanza, los demás le van abriendo paso. En ese momento se ve al destinatario de la botella: un hombre mayor (una suerte de sumo sacerdote) vestido con el mismo uniforme. En silencio y recogimiento le sirven un vaso. Lo prueba y, en un momento de éxtasis, recuerda experiencias pasadas. Ve un asado, a Olmedo con Porcel, una pizza, la Selección de fútbol, un equipo histórico de River, el juego de truco, a Martín Karadagian... Se hace un silencio sepulcral. Luego de unos instantes suelta su veredicto con un grito: "¡Qué lo parió!", la multitud estalla de entusiasmo y comienza a sonar *Demoliendo hoteles* de Charly García.

Quilmes, ¡Qué lo parió!

---

120 https://www.youtube.com/watch?v=ZltcLxCCRSM (27/6/2021).

121 Tanto las bebidas azucaradas como las alcohólicas producen daños graves a la salud. En el primer caso están vinculados con la obesidad y las enfermedades relacionadas a esta. En el caso de la cerveza, además de los daños originados por las bebidas alcohólicas en general, se suma el hecho de que es la vía de ingreso al alcoholismo para muchos jóvenes. La leyenda "beber con moderación" se parece más a una ironía que a una advertencia. A pesar de que, por ejemplo, desde hace años las publicidades de cigarrillos muestran de manera explícita y "sin filtro" los efectos físicos de fumar, ni las bebidas azucaradas ni las alcohólicas muestran imágenes de personas con obesidad sufriendo infartos o de cadáveres que tuvieron un accidente de tránsito porque alguien conducía alcoholizado.

Al igual que el resto, las compañías dedicadas al alcohol no venden más bebidas, venden experiencias. La música exalta los sentidos, baja las barreras conscientes y deja la mente indefensa para recibir el mensaje. Charly sigue demoliendo barreras.

Dos herramientas especiales: secta y culto

Origen y diferencias

Secta y culto son formas especiales, ya que para sostenerse emplean todos los elementos que hemos visto, y algunos más. Aunque a veces se emplean ambos términos de manera indistinta, se podría decir que una secta es el grupo que practica un culto. Una secta surge de la escisión de una comunidad mayor. Ninguna secta se reconocerá como tal, ya que es una denominación usada por las religiones establecidas con sentido peyorativo. Cualquier secta se puede transformar en religión en la medida en que se institucionalice el culto, sume adeptos y así gane poder político y económico. En pocas palabras, una religión es una secta exitosa. Sectas, cultos y religiones emplean elementos y formas similares para introducir, difundir y sostener sus creencias y valores.

En las empresas también hay *sectas*. En general son subculturas que se forman alrededor de alguna característica en común. Puede ser un área, una profesión, la nacionalidad, el gusto por algún deporte o cualquier otra dimensión de la diversidad. El peligro es que si esa conducta se arraiga comienzan a aparecer los "silos"[122], que se desconectan del resto de la organización. Edgard Schein[123] habla de tres subcultu-

---

122 "Silo" es una metáfora que se emplea en las empresas para mencionar a grupos o equipos que se concentran en sus propias tareas sin tener en cuenta el impacto en el resto de la organización ni lo que ocurre en esta. Los integrantes de un silo carecen de visión global y se preocupan por sus intereses mientras relegan los de la empresa en su conjunto.

123 Schein, Edgar H.: *Three Cultures of Management: The Key to Organizational Learning in the 21st Century*. MIT Sloan School of *Management*, Boston, 1997.

ras vinculadas al nivel jerárquico y a las funciones que cumplen sus miembros. A la primera la denomina "cultura ingenieril", compuesta por ingenieros y tecnócratas que son los encargados de diseñar las tecnologías organizacionales básicas. La siguiente es la "cultura ejecutiva", integrada por el CEO y sus colaboradores inmediatos, que se agrupan debido a la naturaleza de su trabajo. La última se va formando basada en el éxito obtenido al resolver problemas propios de la organización; Schein la llama "cultura del operador". Las dos primeras tienen origen fuera de la organización, por lo cual sus principios básicos son preexistentes y ajenos a la cultura organizacional.

Ingreso al culto

En general, hay tres maneras de ingresar a un culto: por nacimiento, fuerza o manipulación. Muchas organizaciones religiosas las aplican de manera individual o combinada. Las empresas comerciales se apoyan —en general— en la tercera. Se trata de ubicar personas vulnerables como, por ejemplo, alguien que perdió a un ser querido, que se quedó sin trabajo, que se acaba de divorciar y otros casos similares. Se suelen emplear técnicas de *marketing múltiple nivel* (MLM, *Multi Level Marketing*, por sus siglas en inglés[124]). Esta es la estrategia de comercialización de empresas como Tupperware, Avon, Mary Kay, Amway y muchas otras.

Cultos y religiones pueden ser más o menos totalitarios (aunque en alguna medida todos lo son, ya que tienen fe en un concepto abstracto que representa la verdad absoluta). Desde lo individual, no se trata necesariamente de una división bipolar sino de una línea continua: en un extremo se ubican los fundamentalismos religiosos más radicales y, en el otro, los grupos de culto más liberales que respetan cierta autonomía individual. Desde el "nadie que no pertenece se salva del castigo eterno" hasta el "no es necesario pertenecer a nuestro grupo para sal-

---

124 Para más detales sobre el MLM, remitirse al Capítulo 6: *Religiones paralelas*.

varse, siempre que se respeten ciertos principios básicos" hay toda una gama de variaciones.

Pero el comportamiento sectario no se da solo en lo religioso, sino que aparece, en mayor o en menor medida, prácticamente en todas las organizaciones. Desde un club de rugby hasta el Rotary, desde un grupo de *coaches* hasta los *surfers*, y desde los ingenieros hasta los habitantes de un barrio, todos tienen algo de secta y practican un culto. Cada uno de sus miembros podría explicar por qué su grupo es mejor que los otros. Los integrantes adoptan los valores directrices como propios y los convierten en "lo correcto". Las empresas no podían ser la excepción. Los clásicos "silos" no son otra cosa que pequeñas sectas que nacen, crecen y se reproducen dentro de la organización que los contiene.

La psicóloga Margaret Singer[125] explica que un culto es un grupo iniciado por un individuo (no es necesario que sea alguien vivo) que promete compartir con sus seguidores algún secreto del pasado o alguna profecía sobre el futuro que solo a él o a ella le ha sido revelado, siempre y cuando los demás integrantes cumplan con las pautas y preceptos establecidos por él o ella. Al seguir las instrucciones al pie de la letra, los seguidores delegan en el líder sus decisiones.

El problema de los cultos es que generan expectativas que luego no se cumplen, y los menos escrupulosos engañan a las personas con tal de atraerlas. Lo habitual es cooptar gente en instituciones que están vinculadas de manera directa a la secta. Puede ser un curso de autoayuda, un colegio, un retiro espiritual, una universidad, una escuela de negocios, un hospital o cualquier otra organización que le sea funcional.

Singer explica que para "reformar el pensamiento" no es necesario amenazar, ni encerrar, ni torturar a las personas. Es mucho más efectivo usar una sonrisa que una prisión[126].

---

125 Margaret Singer (1921-2003) fue una psicóloga que se especializó en el fenómeno de los cultos. Su libro más difundido es *Cults in Our Misdt*, donde explica en detalle los mecanismos de cooptación de las sectas.

126 Un tanto más rústico, Al Capone —el célebre gánster de Chicago— solía decir que "se puede conseguir más con una palabra amable y una pistola que lo que se puede lograr solo con una palabra amable".

La costumbre se puede "bajar" a lo cotidiano premiando a empleados que se han destacado en la realización de sus tareas. El "vendedor del año" o el "empleado del mes" se convierten así en objeto de culto por parte de la organización, brindando una imagen ejemplar. Tal como una religión emplea el culto a los santos como modelos de comportamiento posible por parte de alguien de este mundo, las corporaciones cultivan la imagen de sus mejores empleados, que se convierten en una representación viva —y por ende realizable— de la moral (en cuanto al deber ser) de la organización. El reconocimiento puede apuntar a lo extrínseco (un premio en dinero) o intrínseco (el honor de la foto informando el éxito).

Sincretismo, las M&A[127] de las iglesias

El cruce de diferentes culturas o religiones para componer una nueva identidad que las integre se llama "sincretismo". Era una práctica habitual para los griegos que incorporaban a los dioses de los pueblos conquistados y de la Iglesia católica, que integra figuras locales a su elenco de santos. En el caso de las empresas religiosas implícitas lo ideal sería que la fusión se haga en armonía para que el grupo absorbido incorpore la nueva cultura (en la mayor medida posible) de manera lenta, mediante una influencia sutil. Sin embargo, muchas veces es inevitable el "choque cultural". La facilidad de la integración depende de la "distancia" que haya entre las culturas.

El proceso se da en dos etapas: la acomodación y la asimilación. Durante la primera no se observan cambios en las culturas, lo que puede generar desde roces menores hasta grandes conflictos. El proceso es rápido y mandatorio frente al ingreso de la cultura más fuerte

---

127 M&A corresponde a la expresión inglesa de *mergers and acquisitions*, que en español sería *fusiones y adquisiciones*.

que busca absorber a la conquistada. Mientras se produce el choque cultural, la situación es inestable, ya que ambas conservan sus valores y sus costumbres. Es el momento en que se produce el mayor número de fracasos.

Durante la etapa de asimilación, cesa el rechazo y los individuos se abren a aceptar la cultura de los otros. De a poco, aparecen tradiciones que dan forma a una historia en común, aunque siempre predomina la cultura del grupo que absorbe.

Para que las M&A (fusiones y adquisiciones) tengan éxito entre empresas, es necesaria la absorción (o, de manera eufemística, la "integración") de la cultura de la empresa adquirida. Durante la primera etapa de acomodación se imponen símbolos exteriores, como logos, uniformes, lenguaje y otros, que se intenta "vender" de manera amistosa. Es la etapa más difícil de superar. Hay infinidad de casos en los que la unión fracasa durante este primer proceso de transición. Algunos ejemplos célebres se dieron entre Mercedes-Benz y Chrysler, eBay y Skype, Bank of America y Merrill Lynch, y Volvo con Renault.

Las M&A no se dan solo entre empresas de cierta envergadura. En el caso de la industria tecnológica, las grandes corporaciones no tardan en adquirir a los emprendimientos que muestran cierta probabilidad de éxito, antes de que logren consolidarse. En caso de que estos se "resistan", las corporaciones interesadas no tardarán en lanzar iniciativas similares que borrarán a la compañía nueva en poco tiempo. Esta práctica monopólica es bienvenida por los emprendedores que, en muchos casos, crean una empresa con la vista puesta en venderla a alguna gran corporación.

Hay casos en que la compra se da para "eficientizar" a la empresa adquirida. Se trata de un eufemismo para mencionar la racionalización de su estructura, mediante la reducción de personal y de otros gastos no esenciales. De esta manera, se busca aumentar las ganancias a corto plazo con el objetivo de mejorar el *cash flow* (flujo de caja) y revender la empresa. Es una práctica habitual entre los fondos de inversión.

Alianzas

"Alianza" es un concepto bíblico esencial. En el Antiguo Testamento, la alianza más célebre la realizó Moisés en el monte Sinaí. El acuerdo establecía que el pueblo judío debía cumplir un decálogo de preceptos o mandamientos y que, a cambio, recibiría la Tierra Prometida. Al Nuevo Testamento también se lo menciona como "El Libro de la Nueva Alianza".

En términos empresarios, una alianza es una modalidad *friendly* (amigable) de una M&A. A diferencia de contratos o arreglos perecederos, cuando en los negocios a un acuerdo se lo denomina alianza se busca indicar que se trata de un pacto por tiempo indefinido en el que (además del intercambio de dinero y de bienes y servicios) existe cierto compromiso moral o "espiritual". El punto es que, aunque el concepto se emplea con regularidad, en la realidad las cosas suelen ser diferentes a ese significado. Veamos.

Debido a la necesidad de encontrar nuevos mercados para crecer, uno de los efectos de la globalización fue que las empresas competían cada vez más por los mismos clientes, a nivel mundial. Al comienzo este fenómeno resultó muy beneficioso para los consumidores, debido a la mayor generación de oferta de productos similares. La competencia impacta en la variedad, en la calidad y en el precio de los productos. El lado oscuro de la competencia global es que produjo ganadores y perdedores. En los últimos años se ha observado una acelerada tendencia a la absorción de las empresas perdedoras por las ganadoras. Esa consolidación conduce a mercados monopólicos u oligopólicos, con el consiguiente perjuicio para los consumidores.

A pesar de que se suele emplear el término "alianza estratégica" para bautizar un convenio entre compañías, en la mayoría de los casos la empresa compradora absorbe a la perdedora. Sucede que "alianza" suena mucho mejor que "el pez grande se come al chico". Además de las cuestiones económicas, administrativas y técnicas, la absorción por parte de la compañía "ganadora" se pone en práctica introduciendo a sus propios funcionarios –leales a la cultura corporativa– en los puestos clave de la compañía "perdedora". Si bien es probable que a corto plazo se logre un aumento de las utilidades debido a la reducción del personal y de los costos operativos, en el largo plazo la corporación resultante perderá talento y diversidad, con lo que arriesgará su crecimiento. Con el tiempo quedará en situación vulnerable y será absorbida con facilidad por una empresa de mayor dimensión, perpetuando el círculo incestuoso. Hay muchos casos así en los mercados financiero, de venta minorista, de consumo masivo, de tecnología, de alimentación, de energía y casi en todas las industrias que fueron afectadas por la globalización.

Las dos dimensiones empresariales: empresas religiosas implícitas (ERI) y empresas religiosas explícitas (ERE)

Fundar una empresa es emprender. Más allá de estar inspirados por el deseo de lucro o una misión divina, todo padre (o madre) fundador es un emprendedor. Por eso, una religión es, también, una empresa. Es un esfuerzo mancomunado por atraer fieles (clientes incondicionales) a sus filas con el objetivo de difundir (en muchos casos, imponer) sus creencias y valores. Como vimos en la introducción, al igual que las empresas comerciales, las religiones ofrecen productos y servicios para satisfacer necesidades humanas. Esta función está en la base de los parecidos y paralelismos que analizamos a lo largo de estos ensayos.

En este capítulo hemos visto algunas de las similitudes objetivas (ya que están al alcance de todos) que existen entre uno y otro tipo de empresa. Necesitamos una denominación que permita diferenciar su naturaleza para simplificar la manera de mencionarlas. Para evitar confusiones, desde ahora denominaremos "empresas religiosas explícitas" (ERE) a aquellas cuya modalidad es abiertamente religiosa, como las Iglesias griega, católica o protestante, y "empresas religiosas implícitas" (ERI) a aquellas que mantienen de manera abierta sus fines materiales, sin desmedro de los trascendentes que dicen esgrimir.

CAPÍTULO 4

Marketing religioso

Introducción

Basta *googlear* "*religious marketing*" para que en menos de un segundo aparezcan 254 millones de coincidencias[128]. Entonces, ¿debería sorprendernos cuando el filósofo italiano Bruno Ballardini[129] dice que la Iglesia católica fue la inventora del marketing occidental? Veremos cómo el éxito en la comercialización del "mensaje" fue la capacidad distintiva que diferenció al cristianismo del resto de los múltiples competidores que circulaban por el Mediterráneo. La velocidad con la que el cristianismo logró evangelizar a las regiones donde se estableció sería la envidia de cualquier empresa religiosa implícita (ERI)[130] actual.

---

128 Búsqueda realizada el 27 de junio de 2021.

129 Ballardini, Bruno: *Gesú lava più bianco. Come la Chiesa inventó il marketing.* Editorial Minimun Fax, Roma, 2000. Edición consultada: *Jesús lava más blanco: cómo la Iglesia inventó el marketing;* traducción de Pablo Fernández, editorial Libros el Zorzal, Buenos Aires, 2007.

130 Para los que no han leído el capítulo anterior, denominamos "empresas religiosas explícitas" (ERE) a las que hacen de la religión su fin público, como la Iglesia católica, y "empresas religiosas implícitas" (ERI) a las que emplean las mismas herramientas y estrategias que la religión, pero sus fines públicos son comerciales, como McDonald's.

El marketing es el uso del lenguaje (oral, escrito, visual, simbólico o de cualquier otra índole) para persuadir a la gente a adquirir algún producto o servicio. Ballardini sostiene que con marketing se puede vender cualquier cosa, desde héroes de cine hasta empresarios y Papas. Cualquier idea se puede integrar en el imaginario social. El marketing se convirtió en una religión omnipotente: reescribe la realidad, crea relatos, imagina mitos y se los vende a los consumidores. Un auto no es más un auto, es un símbolo de poder y de estatus, y *la llave de la libertad*. Algo similar se podría decir de un reloj, de un perfume, de una campera, de una cerveza o de cualquier otro producto o servicio que "dice algo más" sobre quien lo posee. Steve Jobs aseguraba que había que crear productos que los usuarios no sabían que necesitaban. Una vez impuestos, se convierten en fetiches que simbolizan lo que el usuario quiere comunicar sobre su persona.

Para Ballardini, las clásicas "cuatro p" del marketing *—precio, producto, posición y promoción—* no son suficientes en un mundo en el que prima la virtualidad global. Para responder a esta dinámica se deben agregar nuevas dimensiones. Algunas de las agrupaciones religiosas lo entendieron antes que otras. Los evangelistas hacen punta: venden y regalan libros en Amazon enseñando las técnicas a sus predicadores. Otras se resisten a aceptar un término tan terrenal, aunque, con timidez, empiezan a sumarse a los cambios. La sociedad de consumo se adapta a las necesidades de cada nicho de clientes. Veremos cómo la pandemia trajo nuevos desafíos a los que algunas ERE lograron adaptarse mejor que sus competidoras. Algo parecido ocurrió con las ERI.

A pesar de sus múltiples similitudes, las empresas religiosas explícitas buscan diferenciarse unas de otras con relatos, milagros, lugares de oración, héroes y otras muestras de sus capacidades que las distinguen de sus competidoras. Cada una se quiere posicionar como la más capaz de *salvar* a sus seguidores. Se trata de un mercado enorme, pero sumamente competitivo. En el caso de las religiones, hablar de "marketing de guerra" no siempre fue una metáfora.

Las implícitas hacen algo parecido. Tomemos el caso de las grandes multinacionales de artículos de consumo como Unilever, P&G, Nestlé y Mars. A un observador distraído se le escaparían las diferencias entre ellas, ya que todas producen artículos parecidos que se superponen entre sí. Son dueñas de las grandes marcas de alimentos, de limpieza, de higiene personal, de helados, de golosinas, de bebidas y de todo aquello que se consuma en gran escala. Cada una tiene su propio eslogan o "misión" con el que busca diferenciarse del resto.

Unilever persigue "brindar vitalidad a la vida" con marcas que satisfagan las necesidades diarias de la gente para que se sienta bien, luzca bien y le saque más provecho a la existencia[131]. Procter & Gamble (P&G) tiene el propósito de ofrecer "productos de marca y servicios de calidad y valor superior que mejoran la vida de los consumidores del mundo entero"[132]. Nestlé actúa bajo el principio de "buen alimento, buena vida"[133]. Para satisfacer las necesidades de sus clientes. Mars se basa en cinco principios: calidad, responsabilidad, mutualidad, eficiencia y libertad[134], cada uno de ellos orientado a cumplir la misión de la compañía para con los consumidores. En todos los casos, las intenciones expresadas en las misiones/eslóganes tienen un sentido que trasciende lo económico. Son principios "de vida" cargados de espiritualidad que podrían pertenecer a cualquier religión explícita.

Mars

Nestlé

---

131 https://www.unilever.com.mx/about/who-we-are-old/ (2/7/2018)
132 https://www.pg.com/translations/pvp__pdf/sp__PVP.pdf (2/7/2018)
133 https://www.nestle.com.uy/aboutus/mision (2/7/2018).
134 https://www.mars.com/argentina/es/acerca-de-mars-argentina/los-cinco-principios (2/7/2018).

  *P&G*    *Unilever*

Las marcas invierten miles de millones de dólares en marketing y propaganda para ser reconocidas como "únicas" por los consumidores. El esfuerzo es tal que las lleva a tener varios productos en la misma categoría orientados a diferentes nichos de mercado. Una estrategia de "canibalización"[135] planeada y orquestada a la perfección que desorienta al consumidor. Son como sectas internas de una misma religión. Así como Axe "compite" con Dove, disputando clientes de características sociales y económicas similares —a pesar de ser parte de la misma "empresa madre", Unilever—, las diversas órdenes religiosas compiten por captar a los mismos fieles dentro de la misma iglesia.

Una de las empresas más experimentadas en emplear esta estrategia es Coca-Cola. La que "refresca mejor" presenta variantes que van desde su línea tradicional a otras como la línea Light, la Diet, la Zero azúcar, la Zero azúcar sin cafeína y la Life[136], además de marcas complementarias con sabores e imágenes diferentes, como Sprite, Fanta, Powerade, Bonaqua y muchas otras. A partir del combate a los alimentos con contenido de azúcares refinados, el esfuerzo se enfocó en "canibalizar" su producto insignia (la Coca-Cola tradicional) para producir una mutación imperceptible hacia productos que no contengan azúcar. Asimismo, para entrar en un mercado al que nunca se había atrevido (en una apuesta arriesgada), lanzó en Japón Chu-Hi, su primera bebida

---

135 Es una metáfora que se emplea para nombrar los casos en que una empresa busca "comer" una marca propia con un producto similar. Es una manera de crear la sensación de competencia entre dos productos "diferentes" y al mismo tiempo conseguir que "todo quede en casa".

136 https://www.cocacolaespana.es/historias/nueva-lata-250 (15/10/2018).

alcohólica destinada a competir con la cerveza[137]. Antes había lanzado la Coca-Cola Clear[138] para adaptar el elixir a ese mercado. Todas las variantes deben ser exploradas cuando se trata de captar fieles.

Coca-Cola Chu-Hi

La estrategia de presentar múltiples variantes de productos hermanos da lugar al surgimiento de "órdenes religiosas" internas, que no dejan de responder a una serie de dogmas establecidos por los directivos de las casas centrales. Si las diferencias se profundizaran, se correría el riesgo de generar escisiones, como el caso del cisma de la Iglesia durante la Reforma Protestante. Cuando las tensiones crecen más allá de lo tolerable, el CEO/Papa debe imponer su autoridad para traer a las ovejas descarriadas de regreso al rebaño.

Instrumentos de la Iglesia católica

Dice Ballardini que la Iglesia católica usa dos instrumentos casi infalibles para "preparar" a sus "clientes". El primero es genético, ya que viene "de fábrica": el pecado original. Nadie puede escapar a esa maldición, salvo por medio del bautismo, el primer "servicio" que presta la Iglesia. El segundo surge con la venida de Jesús a la Tierra[139], que crea una "deuda"

---

137 https://www-bbc-com.cdn.ampproject.org/c/s/www.bbc.com/news/amp/business-43313147 (19/7/2018).

138 https://desnudandoelmarketing-com.cdn.ampproject.org/c/s/desnudandoelmarketing.com/coca-cola-transparente/amp/ (15/10/2018).

139 Ballardini, 2000, p. 17. La Iglesia católica fue la primera corporación auténticamente multinacional.

de gratitud que acompañará a la persona durante toda su vida. Culpa y deuda son poderosos sentimientos cuando se busca bajar las barreras defensivas racionales del cliente antes de ofrecerle cualquier producto.

Una vez preparado el terreno, se ofrece la oportunidad de vivir para siempre en el Paraíso. El "producto" tiene una capacidad distintiva (*uniqueness*) difícil de igualar. El precio no es en dinero, sino que se debe cumplir con lo que los sacerdotes autorizados (los *managers*) ordenen. Para reforzar el mensaje, quien no está dispuesto a seguir los mandatos pasará la eternidad en el Infierno. Según Ballardini, "en el período inicial del *business*, el primer *product manager* de la multinacional más antigua del mundo, un tal Pablo de Tarso, no hizo otra cosa que articular el dispositivo por etapas"[140].

Ballardini continúa explicando que durante el proceso se fue afianzando la marca, identificable por un logo inconfundible: la cruz. Como por entonces había infinidad de sectas competidoras, el símbolo cristiano sirvió para producir una clara diferenciación con respecto a tantas "marcas blancas" que había en el mercado. Una vez que la marca definió su identidad, se hizo conocida y se multiplicó la confianza de los consumidores. Así adquirió un "crédito de buena fe" y creó su propio nicho de mercado. Bastó que Constantino (emperador y gran *influencer* de su época) la adoptara como respaldo divino de su poder político para que su dominio se impusiera por siglos en la mayor parte de Europa.

Ubicación: la importancia de ir hacia el cliente

En el ambiente, la respuesta a la pregunta "¿cuáles son los tres elementos más importantes en la estrategia de marketing?" es: *ubicación, ubica-*

Otras religiones estaban circunscriptas a regiones más limitadas que, en términos actuales, podríamos considerar "naciones", ya que se trataba de poblaciones de la misma raza, etnia, lengua u otro elemento que le diera identidad comunitaria.

140 Ibíd.

ción y ubicación. Cualquier experto en marketing sabe que la ubicación es *el* factor clave para cumplir la política comercial[141]. Para levantar un local religioso ("iglesia" en el sentido edilicio), lo ideal es buscar lugares cercanos a las familias (si son jóvenes y con hijos, mejor), como desarrollos suburbanos, distritos urbanos que atravesaron procesos de *gentrification*[142], zonas cercanas a colegios y a clubes barriales, y otros similares. Un plus es conseguir terrenos sobre avenidas de alta circulación. Como se puede observar, los criterios son similares a los que emplearía una cadena de supermercados o de comida rápida.

Ubicados en el éter: el impacto de la pandemia y la virtualidad

Uno de sectores más impactados durante la pandemia fueron las iglesias. La necesidad de mantener el aislamiento para evitar los contagios y las cuarentenas obligatorias representaron un golpe durísimo a las canastas eclesiásticas. A pesar de eso –dice una nota de *The Economist*–, gracias a la virtualidad "la asistencia se elevó como Jesús"[143].

Cuando el arzobispo de Canterbury predique su sermón de Pascua este domingo, la catedral de Canterbury estará casi vacía, pero su alcance en línea será enorme: se espera una audiencia combinada, en línea, en radio y televisión, de más de 5 millones de personas. Eso es alrededor de 2.500 veces la audiencia habitual de Pascua, alrededor de mil veces más de los que vieron a Jesús realizar el milagro de los panes y los peces y casi la misma cantidad que vio a Elton John interpretando "Rocket Man" en un concierto en línea este invierno.

---

141 De allí el desafío que representa el *e-commerce* que vienen a ser como comercios omniscientes. Incluso grandes tiendas tradicionales como Sears han sucumbido a la competencia de un pulpo virtual (que de "virtual" no tiene nada) como Amazon o Mercado Libre. Sin embargo, algunos gigantes como Walmart y Target están dando batalla al punto tal de lograr que la empresa de Bezos comience a incursionar en el mundo de lo físico.

142 Es el proceso por el cual se renueva un distrito marginal para adaptarlo al gusto y a las necesidades de las clases medias.

143 https://www.economist.com/britain/2021/03/31/lockdown-has-turned-christianity-into-a-winner-take-all-business

Tal como ocurrió con otros servicios de *streaming*, desde que comenzó la pandemia los religiosos online estallaron. En la última Pascua se cuadriplicaron las visitas al sitio de noticias del Vaticano. Sus seguidores en Twitter[144] alcanzaron los 50 millones (el Papa *twittea* en varios idiomas, incluso en latín: #VirusCoronarium).

La omnipresencia tiene el problema de crear ganadores y perdedores. Aunque los servicios online estén disponibles para todo el mundo, no todos quieren o pueden usarlos. Por ejemplo, la Iglesia de Inglaterra tiene cerca de 20.000 servicios diferentes en línea, pero, tal como ocurre con la música de Spotify[145], algunos pocos artistas se llevan la mayor parte de la torta. Como primera medida, hay que tener la tecnología. En especial en las regiones más pobres del mundo (donde las religiones tienen grandes números de seguidores) son muchos los fieles que tienen dificultades para conseguir recursos que hoy resultan básicos, como una laptop o banda ancha, si bien es cierto que los celulares inteligentes están en manos de la mayoría. También hay una cuestión generacional, ya que para muchas personas mayores los medios digitales no dejan de ser un desafío. La brecha digital es una realidad.

Pero el problema más difícil de superar para muchas congregaciones que podríamos denominar "minoristas", es algo que ya estaba previsto en el Evangelio. El sociólogo Robert K. Merton[146] observó que, dentro de la comunidad científica, aquellos catedráticos más célebres ganaban cada vez más prestigio por el mero hecho de serlo, y los menos

---

144 Por si algún lector quiere comenzar a seguirlo: @pontifex.

145 Los artistas (cantantes, actores, escritores) y los deportistas son ejemplos clásicos de lo que se denomina "profesiones no escalares". En una profesión escalar (como la odontología o la prostitución) cuanto más se trabaja, más plata se factura. En la no escalar los ingresos no están directamente asociados al tiempo de producción empleado. Por eso, algunos artistas se llevan la mayor parte de "la torta", y nos referimos a una porción realmente grande. Por cada Messi, cada Federer o cada Meryl Streep hay muchos millones de aspirantes que deben abandonar temprano su ilusión de vivir de su vocación. Es una de las manifestaciones del Efecto Mateo que explicamos a continuación.

146 Merton, Robert K. en la revista *Science*, 159 (3810): 56-63, enero 5, 1968.

conocidos cada vez lo eran menos. El nombre de "Efecto Mateo" que le dio a este fenómeno hace referencia a un pasaje de la Biblia (la Parábola de los Talentos), que dice:

Para todo aquel que tenga más le será dado, y tendrá en abundancia; pero para aquel que no tiene, incluso lo que tiene le será quitado. Mateo, 25:29[147]

Merton consultó a varios premios Nobel que confirmaron la preferencia por los científicos conocidos. Dice que, usualmente, notamos los nombres que ya nos son familiares. Incluso si están al final, serán los que se recuerden. Son sesgos de conocimiento muy arraigados en el inconsciente.

Con los servicios religiosos ocurre lo mismo: "los más famosos se quedan con todo". Aquellos que tengan más seguidores, recibirán más seguidores. El fenómeno es lo que explica que los nuevos emprendimientos (virtuales o no) necesiten alcanzar una masa crítica de clientes para llegar al punto de equilibrio y comenzar a ser rentables. Es lo que ocurrió con empresas como Amazon o Mercado Libre, que durante años trabajaron con números en rojo. Ese costo de mantenimiento de los primeros tiempos es parte del capital inicial que los inversores tienen que estar dispuestos a arriesgar.

Las tecnologías disruptivas siempre han impactado en los mercados que hasta su aparición parecían estables. Son los fenómenos que Nassim Taleb[148] denominó "cisne negro". La imprenta es uno de esos casos. Para Martín Lutero fue uno de los más grandes regalos del cielo. La Reforma Protestante no habría sido posible sin esa invención. "El resultado fue un mercado religioso atestado de oferta y un montón de

---

147 Traducción propia realizada de la *Revised Standard Edition* de la Biblia. Versión online: https://quod.lib. umich.edu/r/rsv/browse.html (30/3/2021)

148 Taleb, Nassim: *The Black Swan.* editorial Random House, New York, 2007. Hasta la exploración de Australia, en Europa todos pensaban que una de las características esenciales de los cisnes era ser blancos. Los que exploraron el continente australiano descubrieron que allí había cisnes de color negro. La metáfora se emplea para mencionar los casos en los que la evidencia destruye un paradigma establecido.

competencia, lo que hizo bajar el precio del cielo: menos indulgencias, salvación más barata", según deduce *The Economist*.

Durante la pandemia las iglesias fueron de las primeras organizaciones en adaptarse. Muchas ya tenían experiencia trabajando online (más adelante veremos que el Vaticano ya tenía un sitio web de avanzada) y otras solo tuvieron que adaptar servicios que desde hace mucho ofrecían por radio o televisión. Pero también se crearon productos acordes a la situación. Por ejemplo, algunas compañías comenzaron a vender hostias y vino online entregados en un prolijo envoltorio. Otro caso es el de la Iglesia del Reino de Londres, que vendía un "kit coronavirus" que incluía un "aceite de protección para la plaga" y un hilo rojo por 91 libras esterlinas (algo de 110 dólares en la fecha del artículo). Según prometía el obispo Climate Wiseman: "es por medio de la fe que te podrás salvar de este virus". Su iglesia fue sujeta a una investigación por las autoridades.

Pero algunas iglesias también hacen obras de caridad que requieren la presencia física, como alimentar y acompañar a pobres, ancianos y enfermos. Esos son servicios sociales que agregan auténtico valor social y de los que dependen muchas personas. Algo de presencialidad resulta inevitable. Es lo que parecería estar ocurriendo en la mayoría de las organizaciones. La tendencia es mutar hacia modelos híbridos que combinen lo presencial con lo virtual en dosis oportunas.

La nueva normalidad híbrida

Es probable que a medida que la pandemia deje de ser noticia de tapa y las cosas lleguen a la bastante trillada "nueva normalidad", tal como se espera en la mayoría de las ERI, sus primas explícitas también culminen adoptando modalidades híbridas que combinen lo presencial con lo virtual. Sucede que en las iglesias lo presencial tiene mucha más importancia para brindar servicios y vender productos. Hay cosas que no se pueden vender por Amazon o Mercado Libre y rituales que no se pueden hacer por Zoom[149].

Asimismo, los propios fieles quieren vivir la experiencia comunitaria y visitar los sitios sagrados. Aun más, es probable que, a medida que se levanten las restricciones, la gente se agolpe en la casa matriz del Vaticano[150] y en otros puntos turísticos para dar las gracias. Dicho en términos paganos, por más que exista Disney+, la gente seguirá visitando Disneylandia. Por eso, la ubicación seguirá siendo una cuestión en la que no se puede improvisar.

El retorno a lo presencial

Retomando el tema de la definición de la ubicación, una vez que se identifica el "área de atracción" se construye el edificio. Según CEI (Comisión Episcopal por la Liturgia):

No se puede concebir una iglesia como una mera obra de albañilería. Antes que nada, es necesario considerar los sujetos para quienes será construida y el Sujeto divino al que reenvía. Esto significa identificar a un grupo humano que disponga de una autonomía "territorial", hacerse cargo de sus expectativas, responder a sus necesidades, y acompañar el crecimiento de su fe. [151]

La nueva parroquia (equiparable al local de una franquicia) estará bajo la tutela del obispo a cargo de la diócesis (una suerte de área de explotación exclusiva) a la que corresponde. Entre estas se forma un profundo vínculo espiritual y material.

---

149 Aunque algunos pudieron adaptarse. https://www.clarin.com/mundo/crecen-exorcismos-ahora-iglesia-da-cursos-zoom-sacar-diablo-cuerpo__0__Lj3lZ25Qk.html (20/7/2021).

150 Paradójicamente, cuando no se conocía la manera en que los virus y las bacterias se propagaban, frente a una epidemia la gente se apresuraba a amontonarse en los sitios sagrados para pedir por su salud y la de sus seres queridos, lo que agravaba mucho más el problema. Para felicidad de los virus, las ceremonias religiosas fueron centros de contagio insuperables.

151 Cita de CEI – Comisión Episcopal por la Liturgia, *La progettazione di nuove chiese*. Nota pastoral, Roma, punto 4. Citado en Ballardini, 2000, p. 46.

POS: diseño interior

No solo el exterior es importante, el diseño interior del POS (*Point Of Sale*[152]) es esencial. El *lay-out* del edificio de una iglesia o catedral se realiza adaptando distribuciones probadas por siglos a las necesidades particulares de la cultura local. Una serie de pasillos de circulación conducen a altares secundarios y uno central al altar principal. Cada uno tiene prevista la ubicación de los feligreses en bancos que deben guardar un equilibrio adecuado entre confort e incomodidad. Sillones demasiado confortables restarían el espíritu de sacrificio que rige en el lugar; bancos demasiado incómodos expulsarían a muchos de los fieles.

Explica Ballardini que uno de los puntos más delicados es la ubicación de las cajas para las ofrendas respecto de las salidas y de las entradas. Según el filósofo, la regla que más se usa es que las cajas estén a la izquierda y que sean visibles solo al salir. De esa manera se evita dar la impresión de una excesiva comercialización del rito[153]. Por esa misma razón, también se recurre a una persona que las recoja, al tiempo que en el altar se realizan las ofrendas. Otra ventaja de "dar un empujoncito"[154] a la salida, ya que el feligrés se fue predisponiendo durante el tiempo que duró la visita. Los pasillos y altares laterales tienen expendedores con velas para ofrecer a los santos. Estos pasillos están distribuidos de manera de conducir al público hacia el altar principal (como se suele hacerse en autoservicios seculares, los pasillos conducen al lugar en el que se encuentran los productos más demandados). Distribuidos en todo el recinto, se ubican materiales de marketing de bajo perfil, como folletos y pequeños souvenires.

---

152 Punto de venta.

153 Ballardini, 2000, p. 46.

154 En su libro *Nudge* (que se podría traducir como "empujoncito"), el Premio Nobel de Economía Richard Thaler demuestra la eficacia de estas técnicas subliminales para obtener lo que es "bueno" para las personas. Thaler, Richard H. y Sustein, Cass: *Nudge: Improving Decisions About, Health, Wealth and Happiness.* Penguin Group, New York. 2008.

Marketing global

Muchas religiones globales emplean técnicas de marketing global similares a las de otras multinacionales. Por ejemplo, si bien según la ubicación geográfica la parroquia puede tener características particulares (santos del país, materiales de la región, símbolos nacionales y otros *toques* locales), el visitante en ningún momento duda de que se encuentra dentro de una iglesia católica. Lo que garantiza la legitimidad del espacio son las reliquias y otros elementos. Para potenciar la sensación de recogimiento se usan imágenes sagradas, pinturas alegóricas, *vitreaux* y otros *gadgets* que diferencian cada edificio de la competencia.

Algo similar ocurre con cadenas como Hard Rock Café, que en sus locales también exhibe reliquias de sus ídolos musicales. Guitarras, posters de recitales, objetos de la época gloriosa del rock & roll, fotografías y otros elementos alusivos. Lo mismo ocurre con otras franquicias, como podrían ser McDonald's, Pizza Hut o Subway, que se adaptan a cada localidad, pero mantienen una estética particular y ciertas "reliquias" (una máquina expendedora original, las imágenes del día de apertura del local, la foto del empleado del mes, etcétera) que garantizan al cliente estar en el lugar tradicional y genuino.

El marketing evangelista

Los evangelistas han desarrollado sistemas de comercialización tan efectivos que "marketing evangelista" es una categoría especial de la disciplina. Existen infinidad de libros y de publicaciones dirigidos a pastores y otros miembros del culto. Sus herramientas básicas son la comunicación boca-a-boca y los grandes espectáculos, pero durante la pandemia supieron adaptarse[155].

---

155 Este punto se analizará con más detalle en el Capítulo 6.

Existen centenares de libros con títulos como *Marketing the Church*[156] (uno de los preferidos de varios autores), *Church Marketing*[157] (otro de los elegidos), *The Connected Church*[158], *How to Wow Your Church Guests*[159], *Selling the Church*[160], *The Church Social Media Marketing Guide*[161], *5 Steps to Effective Church Communication & Marketing*[162], *Selling Jesus*[163], *Autopsy of a Dead Church: 12 ways to keep yours alive*[164]... y sigue una lista larguísima que sería imposible detallar. Muchos de ellos son gratis y otros tienen precios mínimos. Se pueden obtener en Amazon o están liberados en Internet.

En el libro *Marketing the Church*[165] su autor, George Barna[166] (fundador de una prestigiosa compañía de investigación que atiende a numerosas organizaciones cristianas y seculares), cuenta que cuando les dijo a los pastores que pensaba encarar el problema del marketing recibió cuatro respuestas típicas. Algunos se mostraron perplejos, otros manifestaron su asombro, otros lo consideraron un desafío espiritual y otros mostraron un genuino entusiasmo. Parecería que solo estos últimos se habían enterado de la cantidad de libros dedicados al asunto. Para Barna, muchos lo perciben como algo cercano a la blasfemia. Por el contrario, el autor cree que incluso una ONG es un negocio.

En línea con Ballardini, Barna sostiene que san Pablo fue uno de los grandes estrategas del marketing de todos los tiempos[167]. El apóstol había estudiado las tácticas que le permitirían atraer a la mayor canti-

---

156 "Haciéndole marketing a la Iglesia".

157 "Marketing de Iglesia".

158 "La Iglesia conectada".

159 Algo así como: "Cómo hacer decir ¡guau! a tus invitados".

160 "Vendiendo a la Iglesia".

161 "La guía de las redes sociales para la Iglesia".

162 "5 pasos para una comunicación y un marketing efectivo para la Iglesia".

163 "Vendiendo a Jesús". El autor parece haber olvidado a Judas Iscariote y las 30 monedas de plata.

164 "Autopsia de una Iglesia muerta: 12 maneras mantener la tuya viva".

165 Barna, George: *Marketing the Church*. Navpress, Colorado Springs, Colorado, 1990.

166 https://www.barna.com/about/george-barna/ (14/7/2021).

167 Barna, 1990, pp. 31-33.

dad de "clientes potenciales" y realizar el mayor número de conversiones. Sabía que el producto era parte del proceso de marketing, entendía que debía tener el precio justo. Según el autor:

> Subvaluar o sobrevaluar un producto puede poner de rodillas a una compañía en nada de tiempo. Saber cómo determinar un precio apropiado y cómo comunicarlo es de vital importancia... Jesucristo comprendía el precio de lista de la fe real. Es escarpado, pero Él estaba promocionando una transacción de gran valor. ¿Era la fe algo gratis? ¡Absolutamente no!

Otro de los aspectos del marketing desarrollado por san Pablo fue el sistema de distribución o el sistema de entrega que lleva el producto al consumidor:

> Jesús estaba bien consciente de la necesidad de asegurarse que la fe estuviera asequible a aquellos que la buscaran. Trabajó mucho y duro para transformar a un puñado de obreros trastornados en hombres informados, capaces de gestionar un sistema de distribución. A medida que pasó el tiempo, sus hombres abrieron "franquicias" (iglesias locales) para esparcir el producto más allá.[168]

Tácticas de venta tradicionales

- *Visitas a hogares*
  La idea es que dos representantes golpeen la puerta de los hogares de las personas que no asisten a la iglesia y le presenten una invitación formal. Es lo primero que hay que hacer cuando se trata de vecinos recién llegados a la comunidad. Es la manera en que tradicionalmente se vendían enciclopedias, Biblias y otros productos. El inconveniente es que la tasa de captación es muy baja con respecto al esfuerzo que demanda, ya que falta una conexión personal a través de alguien conocido.

---

168 Ibíd.

- *Medios pasivos*

  En este caso, los líderes de la comunidad colocan carteles en sus jardines que informan los horarios de los servicios con la esperanza de que algunos le den una oportunidad a la Iglesia. El énfasis está puesto en el sermón y en la reputación del pastor a cargo de darlo. El uso de listados de e-mail cae dentro de esta categoría. También tienen poca respuesta, pero el esfuerzo que requieren es sensiblemente menor.

- *Medios pagos*

  Lo que ocurre es que, salvo que se trate de alguien que ya está buscando una Iglesia, es difícil que una publicidad tenga impacto en las personas.

Tácticas que sirven

Algunas tácticas demostraron ser muy efectivas y otras fallaron estrepitosamente. No hay fórmulas que garanticen el éxito. Cada comunidad tiene sus propias características y hay que tener la capacidad de adaptarse a su idiosincrasia. Para Barna, las tácticas que funcionan son las siguientes:

- *Invitaciones personales*

  La manera más efectiva para que aumente la concurrencia es que alguien de la Iglesia invite a sus conocidos y a los conocidos de ellos. Puede ser boca-en-boca, invitaciones personales, e-mails personales, a amistades, colegas del trabajo y otros contactos. Una relación conocida es una fuente creíble en la que se puede confiar, lo que aumenta las probabilidades de cooptación.

- *Reuniones de pequeños "grupos de estudio" en casas particulares*

  Una de las tácticas de practicar el marketing directo es mantener reuniones en la casa de algún adepto. Se hace una cadena de conocidos y se los invita a participar. Con la guía de un miembro *senior*, se realizan rituales, se lee el Evangelio, se canta, se hacen colectas, y se distribuye folletería y otro *merchandising*. Compañías como Avon, Tupperware, Natura, Mary Kay y otras adoptaron la modalidad hace muchos años. Veremos cómo estas técnicas de venta se adaptaron durante la pandemia. En principio, como ocurrió en otras actividades, el uso del Zoom y del Google Meet explotó[169].

- *Programas para niños*
  La educación religiosa suele ser considerada uno de los ladrillos fundacionales con los que se construye el carácter de los jóvenes, pero, a veces, los padres no se sienten capacitados para asumir esa tarea. "Una Iglesia que comparte su perspectiva sobre la importancia de los niños y provee programas de calidad estará mejor posicionada para atraer un alto *market share*"[170]. Cuanto más joven es la persona, más permeable a las influencias, en particular si provienen de alguna autoridad. El mensaje se arraiga más profundo. Si se realiza la evangelización de manera correcta se obtendrán clientes para toda la vida.

Retomaremos estos temas en el capítulo denominado *Empresas paralelas*.

Marketing religioso digital

Desde que la difusión de la tecnología *wi-fi* creció hasta la omnipresencia, el marketing digital se volvió imprescindible para cualquier empresa,

---

169 Se profundizará en el Capítulo 6.

170 Barna, 1999, p. 112. *Maket share* es la porción que pertenece a cada jugador en un determinado mercado. Dada la mayor vulnerabilidad de niños y jóvenes, intentar cooptarlos es una práctica habitual en todas las iglesias y cultos.

y las religiosas no podían quedar fuera. Asimismo, los medios digitales impulsaron la captación de nuevos clientes (miembros).

De acuerdo con el Pew Research Center[171], antes de la pandemia, en una semana promedio el 20% de los norteamericanos compartían su fe religiosa[172] online, mediante plataformas como Facebook, Twitter o Instagram. Un porcentaje similar escuchaba charlas religiosas por la radio, veía programas de TV religiosos o escuchaban rock cristiano. Esos valores estallaron hasta el 80% a partir de 2020[173].

La encuesta sugiere que los medios tradicionales (incluyendo ir a la iglesia) y digitales se complementan, más que canibalizarse. Los modos híbridos de participación tienden a fortalecerse, aunque en distinta distribución entre lo presencial y lo virtual.

Qué hacen las iglesias

Las iglesias que ya empleaban medios digitales fueron las primeras en adaptarse a la situación generada por el Covid-19. Muchas se *aggiornaron* y otras aún se resisten a emplear el abundante software religioso diseñado especialmente para sus fines[174]. Por eso, algunos sitios son más feos que otros. En ciertos casos como, por ejemplo, el de los Museos Vaticanos[175], el grado de sofisticación comercial y tecnológica ya era la envidia de más de una corporación terrenal antes de la llegada del virus.

En un informe, el Barna Group[176] mostraba los resultados de una investigación realizada en Estados Unidos denominada "Estado de la

---

171 http://www.pewforum.org/2014/11/06/religion-and-electronic-media/ (20/7/2018).

172 Compartir la fe no significa necesariamente evangelización o proselitismo. Puede incluir una larga serie de interacciones, como rezar o dar bendiciones, leer citas de las escrituras o describir una experiencia religiosa, dentro de otras posibilidades.

173 https://www.pewresearch.org/fact-tank/2020/04/30/few-americans-say-their-house-of-worship-is-open-but-a-quarter-say-their-religious-faith-has-grown-amid-pandemic/ (28/6/2021).

174 https://www.capterra.com/church-*management*-software/ (20/7/2018).

175 Ver el caso de estudio en el Capítulo 6.

176 El Barna Group es una compañía de investigación líder, enfocada en la intersección entre fe y cultura. https://www.barna.com/about/ (20/7/2018).

Biblia 2017[177]" (financiada por la American Bible Society). En esa publicación se enumeran los diez hallazgos más relevantes que sirven de orientación a las iglesias para definir sus estrategias de marketing. Veamos.

1. En 2017, el 55% de los lectores de la Biblia utilizaron Internet para leerla, y el 53% mediante un smartphone, contra el 35% y el 18%, respectivamente, en 2011.

2. Casi el 70% de las iglesias ofrecen wi-fi a sus empleados y a sus visitantes.

3. Más del 70% de las ONG consideran a los *social media* como su canal de comunicación más importante.

4. Casi el 85% de las iglesias usan Facebook (pastores protestantes).

5. Solo un 15% de las iglesias usaba Twitter e Instagram.

6. El promedio de CTR[178] es 115% superior para los mails de iglesias que incluyen al menos un link a una red social.

7. Aproximadamente el 51% de las iglesias tiene un empleado que postea de manera regular en las redes sociales.

8. El 54% de los *millennials* cristianos miran videos online sobre fe y espiritualidad.

9. El 62% de las iglesias usan las redes sociales para comunicarse con individuos fuera de sus congregaciones.

10. El 65% de los norteamericanos prefieren un predicador en persona que un sermón por video.

Como ya mencionamos, el 80% de los consultados dijo haber usado medios digitales a partir de la pandemia, lo que le dio una ventaja

---

177 https://www.barna.com/research/state-bible-2017-top-findings/ (20/7/2018).

178 La *Click-through rate* (CTR) es el ratio de usuarios que hacen *click* en un link específico contra el total de usuarios que ve la página, e-mail o aviso. Es común que se use para medir el éxito de la publicidad online para un sitio web en particular, así como la efectividad de una campaña de e-mail. Los rangos de CTR varían mucho entre campañas.

enorme a las iglesias que tenían desde antes las mejores plataformas. Tal como predice el Efecto Mateo, los ricos se enriquecieron más aún.

En el informe original los datos son ofrecidos con gráficos confeccionados en profundidad, en los que se muestran hasta los últimos detalles de la investigación. El enfoque es 100% profesional y sería la envidia de empresas de venta masiva. También es asombrosa la dimensión que tiene el mercado de la fe en Estados Unidos. El informe es gratuito y se puede bajar de Internet (ver nota 177). Es una manera muy efectiva de evangelizar a evangelizadores en el manejo de los medios digitales.

A partir de esta información, las iglesias (en particular las evangelistas) están en condiciones de tomar acciones concretas como aumentar la presencia en los medios digitales; ofrecer wi-fi a sus clientes para nivelar lo que está ofreciendo la competencia; si aún no se lo hace, usar Facebook, que es la red más usada en el marketing religioso; Twitter e Instagram representan una oportunidad dado el nivel aún bajo de usuarios; no dejar de poner un link en los avisos vía e-mail; si se desea alcanzar al mercado de jóvenes se deben incluir videos y canciones de rock religiosas, y otras acciones que el análisis de la información y la imaginación permitan.

Hay una conclusión que abarca a todas las tácticas: si quiere tener impacto, es imprescindible usar todos los recursos tecnológicos disponibles para implementar un programa de marketing religioso. La naturaleza de los datos impulsa hacia una competencia salvaje entre iglesias (en el caso de los evangelistas y otras agrupaciones protestantes sería equiparable a "parroquias") por captar a un público sediento de satisfacer sus necesidades espirituales. Todo indica que se trata de un "marketing de guerra" similar al que se libra entre las gaseosas, las bebidas alcohólicas, las zapatillas, los artículos de consumo, los hoteles *all inclusive* y cualquier otro producto o servicio terrenal. Como en otros ámbitos, la competencia es la mejor herramienta para mejorar la calidad del producto. Los consumidores son los primeros beneficiados.

Los diez mandamientos del marketing religioso católico

La empresa Fuzati[179], "dedicada a colaborar con la Iglesia" (con clientes como ePriest, Legatus y ParadisusDei), marca una nueva tendencia. Lo que hasta hace poco hubiera sido un anatema hoy comienza a formar parte del catecismo.

Después de haber visto la batería de recursos que emplean los evangelistas y otras iglesias protestantes, era natural que ciertos círculos de la Iglesia católica reaccionaran y que comenzaran a usar (de manera abierta y sin eufemismos) las nuevas herramientas del marketing.

En un video publicado en Vimeo[180], Ryan DellaCrosse y Ryan Scheel, presidente y vicepresidente de Fuzati, recomiendan las "diez cosas que cualquier sacerdote católico debería estar haciendo para ser exitoso en prácticas de marketing". Los ejecutivos (formados en el marketing terrenal) se dedican a emplear sus habilidades para potenciar la captación de fieles por medio de las técnicas de su especialidad. Su misión "es ayudar a sacerdotes a triunfar en el mundo católico". Veamos en qué consisten esos "mandamientos" que constituyen un auténtico plan de marketing igual o mejor que el que se enseña en cualquier escuela de negocios.

Vimeo: Fuzati

Mandamiento I: Debes hacer marketing

Aunque el vínculo entre marketing e iglesia tiene una connotación negativa, en realidad la evangelización es un "marketing sagrado". Para

---

179 https://fuzati.com/ (5/7/2021).
180 https://vimeo.com/193933952 (28/6/2021).

Della Crosse y Scheel, lo que legitima el uso de las técnicas son los fines y no los medios, ya que el objetivo es acercar a las personas a Jesucristo. Citan a Agustín de Hipona, que recomendaba: "Reza como si todo dependiera de Dios. Trabaja como si todo dependiera de vos". Una visión pragmática que no espera soluciones mágicas, sino que recurre a la acción de los hombres. Interpretando a san Agustín, sostienen que:

> *Esta es una idea que se debe recordar en marketing ya que, aunque se tenga una idea fantástica, y aunque sientas que tienes el poder del Espíritu Santo que te acompaña y que no puedes fallar, si no haces un buen marketing va a fallar por más bueno que sea la idea. No [se debe] depender solo de la providencia divina. Van a tener que usar las habilidades que Dios les dio.*

Vemos entonces que, según los expertos, el Espíritu Santo no puede hacer todo. Para que sea efectiva, toda acción de marketing debe tener *comprensión estratégica*. Los sacerdotes no deben quedarse inmóviles esperando que funcione. No es cuestión de hacer marketing por el marketing en sí. Hay que tener en mente qué es lo que se quiere conseguir.

Evocando a san Pablo, sostienen que hay que "transformarse" en los consumidores que se desea captar. Para "difundir el Evangelio" hay que infiltrarse en cada "segmento de mercado" para influir desde adentro. La carta a los Corintios es bien clara al respecto:

> *Por lo cual, siendo libre de todos, me he hecho siervo de todos, para ganar al mayor número. Me he hecho a los judíos como judío, para ganar judíos; a los que están sujetos a la ley (aunque yo no estoy sujeto a la ley) como sujeto a la ley, para ganar a los que está sujetos a la ley; a los que están sin ley, como si yo estuviera sin ley (no estando yo sin ley de Dios, sino bajo la ley de Cristo), para ganar a los que están sin ley. Me he hecho débil a los débiles, para ganar a los débiles; a todos me hecho de todo para que de todos modos salve a algunos. 1 Corintos. 9:19-22*

Nuestros consultores destacan que san Pablo se había convertido en todas las cosas para todas las personas. Sugieren que los sacerdotes actualicen la idea y que, para los lectores de mails, sean como un lector de mail; para las personas de Facebook, sean como una persona de Facebook; para una persona de Twitter, sean como una persona de Twitter, y para una persona de Instagram, como una persona de Instagram. La misma práctica se puede extender a amantes del rock o de la música clásica, a los que practican fútbol o rugby, a los que viven en barrios marginales o elegantes, y a todo otro grupo social que se busque cooptar. El secreto es hacerse "siervo de todos" para ganar el mayor número de adeptos.

Las marcas exclusivamente terrenales tienen naturalizada la técnica. Se pueden ver carteles de Coca-Cola, de Pepsi o de Axe en eventos masivos de cualquier índole, desde fútbol 5 hasta polo y desde recitales de punk rock hasta el concierto de una filarmónica. Se apela a cualquier detalle sutil para "hacerse como los clientes". Por ejemplo, en algunos locales de McDonald's de Francia, se reemplazó por verde el tradicional fondo colorado de la cartelería[181]. Es así cómo, de manera subliminal, se persigue brindar un toque "ecológico" (afín a los sentimientos franceses) para "hacerse verde" con un público que rechaza con pasión la "invasión" de la "plaga americana"[182].

McDonald's Francia

La capacidad camaleónica de Ronald no termina ahí[183]. En los locales de Australia se vende Vegemite, una pasta para untar elaborada a

---

181 https://www.google.com/search?q=mcdonald%27s+france&rlz=1C5CHFA__enGB813GB814&sxsrf=ALeKko1Rv-Ov77PO8iiU5oDgCs-d1XoA9Q:1626363620548&source=lnms&tbm=isch&sa=X&ved=2ahUKEwin6oLPtOXxAhWwH7kGHQ4QC1AQ__AUoAnoECAEQBA&biw=1440&bih=707#imgrc=AlESo6tryi5wtM (15/7/2021).

182 https://frenchcrazy.com/2011/08/mcdonalds-in-france-american-plague.html/ (28/6/2021).

183 https://money.howstuffworks.com/10-items-from-mcdonalds-international-menu4.htm (28/6/2021).

base de levadura, que es furor en ese continente; en Japón, hamburguesas de langostino; en Malasia se sirve el Bubur Ayam Mc (un *porridge*, especie de guiso de avena, jengibre, cebolla y chile) para el desayuno; en Singapur, donde viven indios, chinos y malasios, predominan los sabores picantes, como el Shaka Shaka Chicken (una hamburguesa empanada de pollo bien frito, que se mente en una bolsa encerada, se le agrega polvo picante, y se agita —shaka-shaka— hasta que las especias se mezclan bien con el aceite del pollo); en India, donde por cuestiones religiosas los hindúes (80% de la población) no consumen carne de vaca, reina la McVeggie, una hamburguesa que es mezcla de vegetales; en Egipto se come el McArabia (dos hamburguesas de carne o pollo, en pan de pita, con lechuga, tomate, cebolla y salsa *tahini*), una adaptación de los tradicionales *shawarma* o *falafel*; en Italia a todo se le puede adicionar queso parmesano; en España, gazpacho; en Brasil, hojas de plátano de postre; en Inglaterra se ofrecen McMolletes (tres *english muffins* cubiertos con arvejas tostadas, queso americano y un poco de salsa); en Alemania se puede tomar cerveza y en Francia vino; en Uruguay se veían chivitos (un sándwich de bife de carne vacuna cortado muy fino). La lista de adaptaciones es indefinida, y las variantes dependen de los gustos del cliente.

Todas las organizaciones que mencionamos se caracterizan por aplicar un pragmatismo admirable y piensan (de manera empática) en el modelo mental de la persona sobre la que se hace marketing: ¿dónde está?, ¿cómo hablarle?, ¿qué le gusta? Lo importante es comunicarse de una manera que sea efectiva. Como sugiere el gurú del *management* Richard Passmore, hay que "encontrarlos donde están"[184], es decir, ir hacia donde se encuentran y no esperar que vengan a uno (como la montaña de Mahoma). La expresión es válida tanto en sentido literal, como metafórico.

---

184 https://www.amazon.com/Meet-Them-Where-They-are/dp/1859997392/ref=sr_1_1?s=-books&ie=UTF8&qid=1531504215&sr=1-1&keywords=meet+them+where+they+are

Como conclusión, el primer mandamiento indica que si no se hace marketing no se puede competir con el ruido del mundo moderno. Para evangelizar hay que hacer una proposición única y hay que aplicar el marketing para tener impacto en los consumidores.

Mandamiento II: Debes fijar metas

Para sustentar la necesidad de fijar metas, DellaCrosse y Scheel recurren al libro de Proverbios donde dice:

Los planes del diligente terminan en ganancia. Proverbios. 21:5[185]

Todo plan de marketing debe tener metas cuantificables específicas. Como sostiene una conocida máxima del *management*[186], "si no se puede medir, no se puede gestionar".

Las metas cumplen tres propósitos principales: guían todo el plan, dan forma a las expectativas, y generan motivación. Antes de fijar las metas hay que hacer una investigación de mercado, para conocer a los consumidores. Las metas deben ser razonables, alineadas con el presupuesto y con el personal disponible. Para cumplir con las expectativas hay que conocer los límites. Asimismo, hay que estar preparado para las contingencias, es decir, listos para cambiar y adaptarse.

---

185 Hay diferentes traducciones que conservan el mismo espíritu.
186 De manera habitual se le atribuye a Peter Drucker.

Mandamiento III: Debes tener un plan[187]

Para los consultores, los planes son una parte natural de la vida. Della-Crosse y Scheel toman al Éxodo como ejemplo. El plan de Moisés era llevar al pueblo judío a través del desierto hasta la Tierra Prometida. En tono jocoso, los expertos dicen que, si hubiera existido el Google Maps en tiempos de Moisés, en lugar de cuarenta años hubieran demorado unos pocos días[188].

Los autores enumeran los elementos esenciales de un plan de marketing (PM):

1. Diagnóstico de la situación.
2. Objetivos y metas claros.
3. *Timelines* claros.
4. *Targets*[189] bien definidos: saber exactamente a quién se quiere alcanzar.
5. Estrategias y tácticas.
6. Presupuesto.
7. Acciones controlables, estar seguros de seguir en el camino definido.
8. Contingencias.

Mandamiento IV: Debes definir tu audiencia

La audiencia es el nicho o segmento de mercado al que se quiere llegar. Para graficarlo los especialistas usan el siguiente caso:

---

187 Se sugiere ver el caso de estudio de la Parroquia Prince of Peace hacia final de este capítulo.

188 Según el Google Maps, entre el Monte Sinaí y Jerusalén hay 497 kilómetros y lleva 101 horas de caminata o cuatro días y cinco horas (30.7.2021).

189 Al apuntar con la campaña a un "blanco" (*target*) específico, el marketing es más exitoso en términos de ventas de un producto particular, con lo que aumentan las ganancias. Como una manera clara y concreta de hablar de los consumidores, los segmentos del mercado se suelen representar con perfiles de consumidor o "avatares".

Un ejemplo perfecto del Espíritu Santo trabajando en el ministerio para hablarle a dos audiencias claramente diferentes: Pedro, comunicándose con los judíos porque conocía a su audiencia; Pablo se comunicaba con los gentiles, una audiencia diferente que muestra cómo el Espíritu Santo obra a través de ellos para que actúen de manera diferente.

El caso analizado de Unilever y sus marcas Dove y Lux (uno de los presentados en este capítulo) es un perfecto ejemplo de cómo las empresas religiosas implícitas aplican el mismo principio.

Para definir la audiencia hay dos herramientas básicas:

1. La demografía (datos objetivos): hechos tangibles, edad, lugar, género, ingresos y otros.
2. La psycografía (no se pueden medir, pero son datos únicos de la persona): hábitos de compra, información sobre el consumo, aprendizajes políticos, religiosidad, valores, etcétera.

Una vez que se han recolectado los datos se traza el *perfil del consumidor*, que lo describe de *manera categórica*, para que se los pueda agrupar en franjas con el fin de adaptar el marketing a cada una de esas categorías.

Para definirlo con claridad, se crea un "avatar", que es una persona ficticia[190] basada en la información que se obtuvo con las herramientas señaladas antes. Con esta técnica el mensaje se "envía de manera directa al avatar" para que adquiera un tono de conversación concreto. Lo abstracto es más difícil de captar por la audiencia. Conviene emplear historias con las que el avatar se pueda identificar para generar la empatía necesaria para que el mensaje llegue con fuerza y gane eficacia. Por ejemplo, "no le harías marketing de zapatos a las Carmelitas ni de afeitadoras a los Capuchinos".

---

190 El concepto de "avatar" se tomó del juego de realidad virtual *Second Life*, en el que el jugador compone una "persona" –denominada "avatar"– y asume su identidad para jugar.

En el caso de Unilever[191], el "avatar de mujer Dove" (cuyas cualidades más destacadas serían relajada, despreocupada por la imagen, abierta, cercana, diversa) es muy diferente al "avatar de mujer Lux" (hedonista, cuidadosa de la imagen, inalcanzable, atenta a los detalles personales). Por supuesto, no le harías marketing de Dove a una mujer Lux.

El avatar se puede definir con tanta profundidad como se desee. Se le podrían asignar gustos, valores, grupo social, preferencias, edad y todas las cualidades que se requieran para crear una persona con quien se pueda conversar.

El párroco debería imaginar las cualidades generales de las personas de su diócesis (sus "clientes") y crear su avatar. Por ejemplo, se podría llamar María de las Mercedes y ser una persona con alto poder adquisitivo que vive en un barrio elegante, viste con ropa de marcas reconocidas, se traslada en automóviles de alta gama, viaja de manera habitual por el mundo, tiene nivel educativo terciario, sus hijos asisten a colegios privados y concurre a la iglesia como una manera de agradecer (¿y mantener?) su buena fortuna, y tal vez para apaciguar algún sentimiento de culpa. En un barrio obrero las problemáticas del avatar son otras. Zulema es una empleada doméstica, su marido está sin trabajo y es alcohólico; no pudo terminar la escuela primaria porque tenía que ayudar a sus padres, la familia depende de la asistencia social y de su bajo sueldo, tiene varios hijos pequeños y concurre a la iglesia en busca de ropa o de otros artículos, además de consuelo y —tal vez— la posibilidad de que cambie su suerte mediante sus oraciones.

Una vez definidas las características del avatar se debe establecer la estrategia de marketing con la que se va a "dialogar" con él o ella. Desde luego —parafraseando a nuestros expertos— no se le deberá hacer marketing de María de las Mercedes a Zulema, ni viceversa. Asimismo —actualizando a san Pablo— se debe ser María de las Mercedes con las María de las Mercedes y ser Zulema con las Zulemas.

---

191 Ver caso aparte.

Mandamiento V: Debes tener una estrategia de comunicación

Para que el mensaje alcance al *target*, se deben usar imágenes reconocidas por los consumidores. Nuestros consultores ponen el ejemplo de la Virgen de Guadalupe, que no se apareció a los aztecas como una judía sino como una azteca, para que se pudieran identificar con ella.

Hay que hacer un diagnóstico para entender qué quieren las personas. De no hacerlo, "la Iglesia y los grupos religiosos muchas veces contestan preguntas que nadie está preguntando". Se da entre el clero la presunción de que el auditorio está al tanto de los principios, y comprometido con la ideología y con el ministerio.

Por ejemplo, es inútil intentar comunicar el sacramento del matrimonio a una pareja que no tiene lazos con la Iglesia. En ese caso, hay que comenzar por donde están e introducirlos a conceptos previos para que entren al "programa de casamiento que estamos ofreciendo".

DellaCrosse y Scheel llaman a esta brecha la regla 90/10: el 90% de los que se identifican como católicos no están involucrados en la Iglesia.

Las estadísticas sirven para orientar la estrategia de comunicación. Recordando una vez más a san Pablo, sostienen que esto no es un problema sino una enorme oportunidad. Hay que ir de a poco, "adaptando la comida al estómago" de los consumidores:

> *De manera que yo, hermanos, no pude hablaros como a espirituales, sino como carnales, como a niños de Cristo. Os di de beber leche, y no alimento sólido; porque aún no erais capaces, ni aún lo sois ahora... Cor. 1, 3:1-2*

Desde el punto de vista del marketing, la mayor oportunidad de crecimiento no es el 10% de los que ya están en el coro, sino el 90% que se identifica como católico pero que no son "activos en su fe". Según los consultores:

> *Cualquier marca secular —como Nike, Apple, Ford o GM— pagaría millones (miles de millones) para tener un mercado masivo, predispuesto desde el nacimiento a que-*

rer el producto, pero que en la actualidad no lo está usando. En términos de negocio puros, ¡ESTO ES ENORME!

Para DellaCrosse y Scheel, hoy también se debe emplear la "divina estrategia" de alimentar con leche a una audiencia que aún no está preparada para lo sólido:

¿Qué hay que hacer para embarcarse en la misión de dar alimento sólido? ¡Aprendan del marketing secular! Haz lo que el marketing secular hace para el mundo en el mundo católico. Tomamos esa información y le inyectamos a Cristo.

Sugieren usar varias herramientas muy difundidas en las empresas terrenales, como *focus groups*, *tests A/B*, entrevistas de profundidad, encuestas y publicidad especializada. Pero lo más importante es que "todo debe tener calidad profesional en el mundo de hoy".

No siempre es necesario hacerlo en condiciones controladas. Una ceremonia religiosa se puede convertir en una oportunidad de investigación si alguien especializado observa con atención a los asistentes. Por medio de la observación se podrían identificar patrones en las expresiones, en las costumbres y en las reacciones de los fieles, lo cual se podría utilizar como guía de investigaciones más profundas. Esta información de base servirá para componer estrategias de marketing más efectivas.

Mandamiento VI: debe haber un plan de contenido

Dicen los expertos que suele ser difícil generar contenidos, pero sugieren varias herramientas que se pueden aprovechar. Veamos.

1. Las parábolas que contó Jesús y otros materiales de la Biblia. Jesús contó historias relacionadas con la vida diaria de los que escuchaban como si fuera uno de ellos (siempre se vuelve a Pablo). Hay que conseguir que el mensaje se pueda *relatar*, ya que es más fácil recordar historias que conceptos abstractos.

Por ejemplo, Jesús hablaba sobre las cosechas, la pesca y otras actividades reconocibles con facilidad por su audiencia. Esta clase de comunicación crea una relación con la persona a la que se le habla, ya que el orador se pone al mismo nivel que su público ("encuéntralos donde estén").

Las historias evocan situaciones con las que las personas se pueden vincular[192]. De esta manera, se bajan las barreras defensivas para que "pase" —de manera casi imperceptible— el mensaje. Nuestros consultores lo sintetizan diciendo que "los mensajes se reciben mejor porque ya tienen un espacio para recibirlos".

2. El plan debe tener una arquitectura.

    Con los pasos anteriores se genera la relación, lo siguiente es invitarlos a participar del ministerio de una manera más profunda. La Iglesia se ocupa de crear la relación desde el bautismo, luego del cual se pertenece al cuerpo místico para siempre. Pero también usa métodos indirectos como, por ejemplo, aprovechar la popularidad de laicos, influyentes y personas bien relacionadas en lo social para que actúen como *influencers* y capten a sus conocidos. Otra estrategia es convocar a "eventos de caridad" para que las personas se sientan obligadas a asistir a fin de no aparecer frente al resto como poco comprometidas.

    Con esto se consigue construir la familiaridad, cualidad imprescindible para que hagan lo que el sacerdote requiera.

    Hay muchas fuentes "despertadoras de confianza" a las que se puede recurrir:

    a. *Open Source*/dominio público: historias de santos, de milagros y otros relatos religiosos.

---

192 Todos los comerciales de cualquier producto cuentan historias que buscan generar identificación y lazos con sus clientes *target*.

b. Buscar socios que tengan los contendidos, pero no tengan la red de distribución o los fondos para difundirlos.

c. Documentos de la Iglesia: página del Vaticano, enciclopedia católica, etcétera.

d. Tomar videos de YouTube.

e. Noticias y comentarios. Comentar sobre comentarios.

3. Atributos de un plan de contenidos:
   a. Debe ser específico.
   b. Las metas deben estar integradas al plan y deben movilizar a la acción hacia el siguiente nivel.
   c. Se debe liderar con estrategias de comunicación.
   d. Ingeniería reversa: comenzar con la meta e ir hacia atrás con los contenidos necesarios para construir la relación.

Mandamiento VII: Debes conocer tus plataformas

Cuando plantean el tema de las plataformas web, DellaCrosse y Scheel citan el pasaje de Pentecostés de los Hechos de los Apóstoles:

> *Y cuando llegó el día de Pentecostés, estaban todos juntos en un lugar; y de repente, vino del cielo un estruendo como de un viento recio que soplaba, el cual llenó toda la casa donde estaban sentados; y se les aparecieron lenguas repartidas, como de fuego, que se asentaron sobre cada uno de ellos. Y todos fueron llenos del Espíritu Santo y comenzaron a hablar en otras lenguas, según el Espíritu les daba que hablasen.* Hechos 2:1-4.

Cada plataforma digital representa un lenguaje, y hay que administrarlas de manera profesional para comunicar el Evangelio. Hay que usar el lenguaje (plataforma) correcto para dar el mensaje correcto. Tal como el idioma, la plataforma a emplear depende de la audiencia. Cada una tiene sus propias ventajas y desventajas.

Según las características de la audiencia se usarán las plataformas tradicionales, como impresos, e-mail, radio, TV o carteles. Las redes sociales como Facebook, Twitter o Instagram son para un público más joven que las usa de manera habitual.

Mandamiento VIII: Debes controlar los resultados

Los especialistas toman la parábola del constructor prudente para explicar la necesidad de controlar los resultados:

> *A cualquiera, pues, que me oye estas palabras y las hace, le compararé a un hombre prudente que edificó su casa sobre la roca. Y descendió la lluvia, y vinieron ríos, y soplaron vientos y azotaron aquella casa; pero no cayó, porque estaba fundada sobre la roca. Y a cualquiera que me oye estas palabras y no las hace, le compararé con un hombre insensato que edificó su casa sobre la arena. Y descendió la lluvia, y vinieron los ríos, y soplaron vientos y dieron con ímpetu contra aquella casa; y cayó, y fue grande su ruina.* Mateo 8:23-26

En marketing, una base sólida implica tener indicadores medibles y sobre los cuales se pueda hacer un seguimiento. De otra manera, el marketing tendría una base de arena. Sin indicadores claros no hay forma de saber si la campaña está siendo exitosa. Hay que tener en mente *benchmarks*[193] mensurables cuando se diseña el contenido.

Los indicadores se conocer de manera habitual como "KPI"[194]. Estos deben señalar lo que ocurre con los medios empleados para compararlo con las metas fijadas en el plan de marketing.

Cada red social tiene sus propias respuestas nativas o propias a medir, de las que se nutren los KPIs. Por ejemplo, Facebook tiene los *likes* y los "compartir"; Twitter tiene el *retweet* o la mención; YouTube tiene la cantidad de visitas y comentarios; LinkedIn tiene el número de

---

193 Un *benchmark* es un punto de referencia o de comparación, como podrían ser los resultados obtenidos por otras organizaciones competidoras o similares.

194 KPI: *Key Performace Indicator* (indicador clave de performance).

visualizaciones, los comentarios y los "compartir"; Instagram tiene *likes*. Cada respuesta significa cosas distintas que hay que comprender y evaluar.

En los medios impresos, serían los suscriptores; en la radio los oyentes, y así siguiendo. En todos los casos, se trata de las "impresiones" o comportamientos de las personas de las que se pretende una reacción frente al posteo.

Otros indicadores, típicos de los usados por las empresas paganas, son el *click rate*[195], el ROI[196], el *Bounce Rate*[197] y el CPN[198].

Google Analytics

Mandamiento IX: Debes tener un cronograma

Para ilustrar este mandamiento, los consultores recurren al Antiguo Testamento:

> *Todo tiene su tiempo, y todo lo que se quiere debajo del cielo tiene su hora: tiempo de nacer y tiempo de morir; tiempo de plantar y tiempo de arrancar lo plantado; tiempo de matar y tiempo de curar; tiempo de destruir y tiempo de edificar.* Eclesiastés 3:1-3

Queda clara la importancia que —como en los negocios paganos— tiene el tiempo. El cronograma indica el lapso que se le debe dedicar a cada tarea. Los tiempos tienen que estar balanceados de acuerdo con

---

195 Rango de *clicks* (por pulsación de una tecla).

196 ROI: *Return On Investment* (retorno sobre inversión).

197 Rango de rebote: los que solo ingresan y "rebotan". Está asociado al interés que despierte el contenido. https://support.google.com/analytics/answer/1009409?hl=en (16/7/2018).

198 CPN: *Cost per Lead* (costo por guía). Lo que cuesta orientar cada ingreso al sitio.

las tareas. Aunque el final sea abierto y sea necesario realizar ajustes, el cronograma sirve de guía y (junto con los KIPs) ofrece otra manera de evaluar el desarrollo del plan, para poder ajustarlo en el caso de ser necesario.

Un cronograma es una línea de tiempo en la que se fijan las tareas y otros eventos relevantes del plan. En ingeniería, el procedimiento se llama PERT[199]. El sistema fue desarrollado en la década de 1950 por el Ejército norteamericano. Algunos eventos son críticos ya que la continuidad del plan depende de ellos. Una vez que se los ha identificado, se construye lo que se llama "camino crítico". Todo plan de marketing debe tener un cronograma que debe ser seguido, evaluado, revisado y, eventualmente, ajustado.

Tal como ocurre en una obra civil, para que el cronograma de la empresa de construcción de fe sea efectivo debe poseer ciertas características clave, como claridad, sencillez en su comunicación, ser motivante para los involucrados, servir para coordinar las tareas, ser flexible, señalar las responsabilidades de cada uno y servir como guía para gestionar el uso del tiempo.

Mandamiento X: No debes rendirte

En la carta a los Corintios Pablo dice:

Así que, amados hermanos míos, estad firmes y constantes, creciendo en la obra del Señor siempre, sabiendo que vuestro trabajo en el Señor no es en vano. Corintios 15:58.

La perseverancia es la condición imprescindible para el éxito del plan de marketing, y la resiliencia es su compañera inseparable. Se debe estar preparado para los desafíos y para los imprevistos ya que "seréis probados". Cada desafío debe dejar una mejora. El aprendizaje se hace a

---

199 PERT: *Program Evaluation and Review Technique* (técnica de evaluación y revisión del programa).

medida que se avanza. Hay que ser capaces de adaptarse para ajustar el plan cuando sea necesario, y tener confianza.

Cuando se considere necesario hay que pedir ayuda. Se puede acudir a voluntarios con capacidad o a profesionales porque, gracias a su experiencia, se alcanzarán antes los resultados, con lo que se producirán ahorros de tiempo y de dinero, culminan los consultores...

El plan de marketing propuesto por DellaCrosse y Scheel es equivalente al que emplearía una empresa religiosa explícita. La única diferencia es que, en este caso, se busca "usar el marketing para hacer crecer el ministerio". Más allá de la semántica, en ambos casos el objetivo es aumentar la participación en un mercado tan gigantesco como competitivo.

Casos de estudio

❖ Unilever y Procter & Gamble

Las grandes marcas saben bien que sin marketing no hay ni captación ni retención de clientes. Existen sobrados ejemplos que lo confirman. La campaña de Dove (una de las marcas de Unilever) se enfoca en "ponerse en el lugar de las mujeres reales"[200]. La campaña consistió en dar una enorme exposición a fotografías[201] en las que se reúnen mujeres de distintas alturas, talles, edades y origen que muestran que no es necesario ser una modelo arquetípica para ser hermosa. Dove se convirtió en "una de más de ellas" y lanzó el "proyecto para la autoestima"[202]. La idea es "sentirse la mejor versión de vos misma. Auténtica. Única. Real". Como una amiga empática, Dove comprende lo que ellas sienten.

Unilever Dove brand

Dove Imágenes

---

200 https://www.unilever.com/brands/personal-care/dove.html (13/7/2018).

201 www.google.com.ar/search?rlz=1C5CHFA__enGB763GB764&biw=1430&bih=735&tbm=isch&-sa=1&ei=eedIW5ffOcqzggeXlKD4Dg&q=dove+campaign&oq=dove+campaign&gs__l=img.12...0.0.0.23225.0.0.0.0.0.0.0..0.0....0...1c..64.img..0.0.0....0.kExPWmG3PbU (13/7/2018).

202 https://www.dove.com/py/dove-self-esteem-project.html (14/7/2021).

Pero Unilever sabe adaptarse a las necesidades para "evangelizar" a sus clientes. Debe dirigirse al segmento de mercado objetivo. Por eso, también es dueña del Lux[203] ("lujo" en español), "el jabón de las estrellas". Haciendo un poco de historia, en su página recordaba que desde 1925 había estado sacando "lo mejor de la belleza y el placer que viene con esta". Ya no se trataba de una "belleza" como la de Dove. Las imágenes publicitarias[204] mostraban modelos esbeltas y *lookeadas* como para una *soirée* en el Principado de Mónaco.

Unilever Lux

Lux imágenes

Lux estaba "hecho como el jabón francés más costoso, y conocido como el secreto de belleza de las estrellas más glamorosas" (con ejemplos como Elizabeth Taylor, Audrey Hepburn, Marilyn Monroe, Ashwarya Rai, Katrina Kaif y Shu Qi). "Nuestros seductores placeres hacen las delicias de las mujeres en más de 100 países en todo el mundo todos los días", agregaba la campaña.

Tal como indica la pauta señalada por san Pablo y recordada por los consultores de Fuzati, Unilever es *todas las cosas para todas las personas.*

Procter & Gamble (P&G) (la némesis de Unilever) también segmenta los mercados para competir contra sí misma. Para evitar "canibalizar", emplea una estrategia similar, aunque aprovecha de manera diferente los estereotipos.

---

203 https://www.unilever.com/brands/personal-care/lux.html (13/7/2018). Traducción propia.

204 https://www.google.com.ar/search?q=lux+campaign&rlz=1C5CHFA__enGB763GB764&source=lnms&tbm=isch&sa=X&ved=0ahUKEwjfm7PU05zcAhVM11MKHXy4BIkQ__AUICigB&biw=1430&bih=735 (13/7/2018).

Vimos que Unilever toma el estereotipo de belleza de Hollywood y lo explota de dos formas contrapuestas. En primer lugar, de la manera "tradicional": mujeres delgadas, vestidas y maquilladas de manera cuidadosa, diosas casi intocables que se mueven en ambientes cercanos al Olimpo. En segundo lugar, opone al estereotipo tradicional de belleza uno "nuevo y natural". Así quita a las mujeres las presiones del estereotipo anterior. En ambos casos, el marketing transforma a cada uno de los productos (Dove y Lux) en "miembros" del segmento al que se dirigen.

P&G emplea una estrategia parecida, pero que apunta a un nicho diferente: las personas con "problemas" de caspa. Sabiendo que tener caspa es un temor muy común y potente (algo así como un infierno), creó *Head and Shoulders* (H&S), un producto que promete "la salvación" para los que tengan sus hombros "manchados". El marketing crea un estereotipo (avatar) de "persona casposa", algo vergonzante a los ojos del resto. Para escapar a la maldición hay que usar el champú.

El marketing de H&S tiene tres ejes. En primer lugar, aborda los aspectos emocionales. Personas famosas comparten su "dolorosa" experiencia para dar esperanza a las que aún sufren el problema de la caspa. Con humor, la actriz colombiana Sofía Vergara se abre a sus admiradores y reconoce que hace 20 años que usa el producto[205]. En uno de los avisos participa su hijo[206], con lo que se potencia lo empático en la audiencia, rompe con la imagen de "estrella de Hollywood" y la acerca a los potenciales clientes.

Sofía Vergara y su hijo promocionando H&S.

---

205 https://www.youtube.com/watch?v=FwRH8cl582U (14/7/2018).
206 https://www.youtube.com/watch?v=AxjKUb6zfko (17/7/2018).

El segundo eje de la campaña es "científico". En varios avisos se explica qué produce la caspa, cómo afecta al pelo[207] y cómo se debe usar el producto de manera correcta para conseguir los mejores resultados[208]. Por último, la marca se ubica en el rango de precio bajo; tal vez por eso (y no por otras razones) sea una de las más vendidas en el mundo. Mientras el primer eje apunta a lo emocional, los dos últimos apelan a lo racional. Un ataque masivo a preferencias de la mente humana.

Efecto de la caspa, H&S

Cómo tratar la caspa con H&S

Ya sea porque el cliente potencial ya usó H&S o porque tiene el pelo sin caspa (que viene a ser algo así como el dilema del huevo y la gallina), P&G tiene otra línea de productos: Pantene. Una vez resuelta la caspa, hay que embellecer el pelo. Según los avisos, Pantene repara, refuerza y embellece el pelo dañado. Es un producto que apunta a un mercado que está dispuesto a gastar más que el anterior. Tiene varias líneas: cabello seco, control de caída, reparador y otras que compiten entre sí. En cada caso P&G *es* su consumidor y la marca es una muestra de su cercanía.

Para captar clientes, las más grandes multinacionales de productos de consumo masivo aplican hoy las mismas técnicas que enseñó

---

207 https://www.youtube.com/watch?v=__QBuDdXt5xM (28/6/2021).
208 https://www.youtube.com/watch?v=3gIgQ-aUlKQ (28/6/2021).

san Pablo (y que, como hemos visto, recordaron los consultores de Fuzati) hace dos mil años para "vender" el cristianismo. Los resultados están a la vista.

❖ Twix

Twix es una marca de Mars Inc. introducida en Estados Unidos en 1979[209]. Al principio, la golosina era una sola barra larga de galletita, caramelo y chocolate, pero luego se comenzó a comercializar presentada en dos barras cortas. La clave del éxito de Twix fue crear una estrategia de marketing novedosa, y comunicarla relatando historias absurdas.

Mars

Mars no lograba diferenciar a Twix del producto Kit-Kat, de Nestlé —su acérrimo competidor—. Para conseguir la diferenciación lanzó una campaña global específicamente orientada a ese fin.

El primer elemento fue el nombre: Twix proviene de two ("dos" en inglés) y mix ("mezcla"). El mensaje ofrecía doble placer y —al mismo tiempo— la mitad de culpa al consumir la golosina.

Luego crearon la confrontación entre ambas barras del producto. Las personas tenemos un sesgo que nos lleva a tomar partido *por algo*. La competencia, por más absurda que sea, genera interés y la necesidad de involucrarse. Cualquier actividad deportiva gana atracción si "hinchamos" por alguno de los dos equipos. La disparatada confrontación entre dos galletitas exactamente iguales buscaba aprovechar esa ten-

---

209 https://marschocolate.com/twix (28/6/2021).

dencia. Se crearon campañas para que la gente votara por la barra más sabrosa, aun a sabiendas de que eran exactamente iguales.

A continuación, se reforzó el impacto introduciendo en la campaña la historia ficticia de los dos hermanos "creadores" de Twix. En el momento de presentar su invención al público, la barra era solo una; entonces, celosos, cada uno tiró de un extremo y la partieron en dos. El relato tiene la estructura de mitos universales como, por ejemplo, el de Caín y Abel, el de Rómulo y Remo o el del rey Salomón, característica que es difícil que sea casual. Aprovechar leyendas que se encuentran en el inconsciente del público es una técnica efectiva para arraigar un mensaje. Así comienza una campaña basada en relato de varias historias (*storytelling*) insólitas acerca de la confrontación entre los hermanos.

❖ La estrategia de BMW

El grupo BMW[210] aplica una estrategia de negocios de diferenciación basada en vehículos con un diseño especial, una performance superior a la media y una serie de funciones de tecnología de punta. El alto grado de integración de la información y de Internet, así como *E-mobility*[211] (electro movilidad), es un punto de apoyo sólido para sustentar las ventajas competitivas del grupo.

BMW tiene clientes leales, muy identificados con la marca. Suelen formar una suerte de logia de cultores. Se la observa como más "deportiva" que competidores como Mercedes-Benz o Audi. Es percibida como una marca que genera orgullo y que transmite estatus a sus propietarios, cualidades que se busca reforzar con el marketing. Es raro que un fan de BMW se pase a otras marcas, por eso (tal como ocurre con

---

210 https://research-methodology.net/bmw-group-report/ (17/7/2018).

211 *E-mobility* es el término genérico que agrupa a la motorización diseñada para abandonar el uso de combustibles fósiles.

los católicos no practicantes) la oportunidad está en identificar a los potenciales "fieles" para "iniciarlos".

Mix de comunicación[212]

El grupo usaba un rango variado de elementos de comunicación, tales como publicidad impresa y en medios de prensa, promociones de venta, *sponsorship* de eventos, relaciones públicas y marketing directo. Las herramientas eran seleccionadas con cuidado para impactar a su segmento de consumidores: personas de alto poder adquisitivo, de edad media y con educación terciaria ("hay que ser griego entre los griegos"). Se centraba en la última tecnología de digitalización de los productos. En 2014 el grupo invirtió más de 290 millones de dólares en publicidad.

BMW: mix de comunicación

Se empleaba de manera amplia la publicidad impresa y en medios de prensa seleccionados para su segmento de mercado. Asimismo, BMW comenzó a migrar su comunicación a medios móviles. Por ejemplo, en 2015 empezaron a usar WeChat, una aplicación muy popular en China, con 550 millones de usuarios.

Competidores como Toyota, Honda y Volkswagen usaban marketing viral para difundir sus mensajes, pero BMW estaba algo relegada en ese aspecto, lo que era una oportunidad de crecimiento. La ventaja de esta modalidad era, principalmente, el bajo costo para difundir el mensaje. También se la asociaba con un impacto muy efectivo en los clientes

---

212 https://research-methodology.net/marketing-strategy-for-bmw-recommendations/ (17/7/2018).

target a escala global. La principal debilidad de la *viralización* era la falta de control sobre los efectos en los clientes, y la vulnerabilidad a que el mensaje fuera manipulado.

❖ La adaptación de Coca-Cola

En un reportaje, Dan Sayre[213], presidente de Coca-Cola para Europa Occidental, explicaba que uno de los secretos del éxito de la compañía en sus más de 130 años de existencia fue la habilidad de evolucionar junto con las tendencias sociales y con las nuevas generaciones de consumidores. A medida que la cultura cambiaba, la que *refresca mejor* cambiaba con ella. El ejecutivo recordaba:

> *Hace 20 o 30 años, las personas no estaban interesadas por los ingredientes o por la formulación de nuestros productos; no miraban "adentro de la botella". Las personas tendían a estar más interesadas sobre cómo la bebida las hacía sentir: ¿era refrescante? ¿Las hacía felices? Estos factores emocionales y sociales son aún importantes, pero ahora las personas son más críticas sobre lo que comen y toman. Los consumidores quieren menos azúcar y más productos que perciben como saludables, naturales o con beneficios funcionales específicos.*

Coca-Cola: el secreto del éxito

Tal como señalara Charles Darwin, no son las especies (o marcas) más fuertes las que sobreviven, sino las que mejor se adaptan.

---

213 https://www.coca-colacompany.com/stories/how-we-are-changing-our-business-inside-and-outside-the-bottle (13/7/2018).

❖ Mac vs. PC

Un avatar no deja de ser un estereotipo de consumidor. Cuando Apple lanzó su campaña *Mac vs. PC*[214] creó dos personajes que "eran" una Mac y una PC. La marca de la manzana mordida aprovechó para humanizar las computadoras de manera de generar empatía y definir una imagen de cliente "ideal". A lo largo de sesenta y seis avisos ambos personajes explicaron al público las cualidades que los distinguían. Desde luego, la PC quedaba en ridículo una y otra vez.

Mac vs. PC

Las características de los avatares estaban bien definidas. La Mac era un joven vestido de manera informal, descontracturado, rápido e ingenioso... En una palabra, era un tipo *cool*. El joven PC vestía con traje gris o beige, usaba corbata, tenía anteojos (lo que lo mostraba más vulnerable), no tenía aspecto de deportista estilizado como Mac, evidenciaba inseguridad y nunca sabía cómo responder, cosa que lo hacía quedar en ridículo frente a la audiencia. Sé Mac entre los Mac...

❖ Dunkin' *Donuts*

En un artículo de la revista *Forbes*[215], Steve Olenski explica que pocas firmas han sabido adaptarse a los cambios de preferencias, de valores y de modas como Dunkin' *Donuts*.

---

214 https://www.youtube.com/watch?v=0eEG5LVXdK0 (28/6/2021).

215 https://www-forbes-com.cdn.ampproject.org/c/s/www.forbes.com/sites/steveolenski/2017/03/06/time-to-make-the-donuts-how-the-dunkin-donuts-brand-stays-relevant/amp/ (28/6/2021).

Forbes: Dunkin' Donuts

Fundada en 1950 en Massachusetts, su misión era servir café y donas (*donuts*) de calidad en un ambiente amistoso. Desde entonces, la empresa llegó a tener más de doce mil restaurantes en cuarenta y cinco países. Aunque el principio básico de la calidad se mantuvo, muchos otros aspectos de la firma se adaptaron con el correr del tiempo y según los países en los que fue teniendo presencia.

Chris Fuqua —vicepresidente *senior* de Marketing de la marca— explicaba que el foco de la compañía era mantener alta la vara de la calidad y la variedad de comidas y de bebidas disponibles, mientras exploraban nuevas opciones.

A pesar de los cambios tecnológicos, Dunkin' *Donuts* innovó de manera continua en plataformas móviles y aplicó programas de fidelización y de comunicación *uno-a-uno* como herramientas de diferenciación (sé Dunkin' con los Dunkin'). También impulsó un programa de ventajas y recompensas que se destacó como un elemento diferenciador en el competitivo mercado del café.

El crecimiento también se dio a nivel global, adaptando los productos a nuevos países y culturas, con el objetivo de conectar con cada uno de esos mercados. Como los restaurantes eran casi 100% franquiciados, los propietarios eran personas locales que conocían bien a las comunidades a las que servían. Esto les permitía cierta flexibilidad para adaptarse a sus comunidades. Asimismo, diversas asociaciones con *influencers* —como equipos deportivos, atletas y otras personalidades— ayudaban a dar un tono local a cada franquicia.

Mientras en Boston[216] se ensuciaban las manos con crema, en

---

216 https://blog.hubspot.com/marketing/global-marketing-and-international-business (21/8/2021).

China servían cerdo disecado y *donuts* dulces. Fuera de Estados Unidos, Dunkin' *Donuts* había adaptado sus menús para satisfacer a su clientela global. Desde la uva colada en Corea hasta la donut con mango y chocolate en el Líbano, pasando por los *Dunclairs* (unos trozos de bizcochuelo untados con chocolate o crema) en Rusia, está claro que la compañía estaba decidida a adaptarse a la cultura de cada cliente.

Dunkin' Donut cream

❖ Edward Bernays y la invención de las relaciones públicas[217]

"La manipulación consciente e inteligente de los hábitos organizados y de la opinión de las masas es un elemento importante de la sociedad democrática. Aquellos que manipulan este mecanismo no visto de la sociedad constituyen un gobierno invisible que es el auténtico poder que fija las reglas en nuestro país"[218].

Edward Bernays

---

217 Marchiori, Eugenio: *Efectos colaterales de la manipulación inconsciente*. Publicado en el diario *Clarín* de Buenos Aires el 13 de marzo de 2018. https://www-clarin-com.cdn.ampproject.org/c/s/www.clarin.com/opinion/efectos-colaterales-manipulacion-inteligente__o__B1ymqrTYG.amp.html

218 Bernays, Edward L.: *Propaganda*. Editorial Horace Liverigth, New York, 1928. Página 9. Traducción propia.

Con ese pensamiento, Edward Bernays (publicista e inventor del concepto de *relaciones públicas*), comienza su libro *Propaganda*. Bernays era sobrino de Sigmund Freud y, luego de leer las obras de su tío, quedó fascinado con el concepto del subconsciente. Consideraba que al aplicarlo sería posible organizar el "caos social". Su preocupación principal era cómo hacerlo rentable.

En la década de 1930 era tabú que las mujeres fumaran en público. Las que se atrevían sufrían la estigmatización y la condena social. La Corporación Americana de Tabaco (ATC) se propuso conseguir que lo hicieran y así duplicar su mercado. Su presidente recurrió a Bernays para preguntarle si era posible. El publicista averiguó que el cigarrillo era un símbolo del pene y que representaba el poder en mano de los varones. Aplicando esa información, diseñó su primer experimento de control social. Veamos.

El desfile de Pascua de la ciudad de Nueva York era una tradición que reunía a miles de personas. Bernays contrató a varias jóvenes (las *influencers* de aquel entonces) para que —luego de su señal— sacaran de su ropa un cigarrillo y lo encendieran frente a la multitud. También convocó a periodistas, a quienes informó que un grupo de mujeres prendería lo que llamó "antorchas de libertad". Tal como previó, el acontecimiento se convirtió en un escándalo que, de inmediato, alcanzó difusión a nivel mundial. Sin embargo, ¿quién podía oponerse a la libertad en la ciudad cuyo principal icono es un enorme monumento en el que una mujer porta en lo alto la antorcha encendida que representa ese valor? Fue así como el cigarrillo se transformó en el símbolo de la liberación femenina.

Más allá de las intenciones comerciales de Bernays, si se acepta que el experimento marcó el comienzo de la *empoderamiento* de la mujer, se podría considerar un caso de "manipulación buena". La pregunta es: ¿valieron la pena sus efectos colaterales?

Los científicos sociales han descubierto maneras de "orientar" a las personas usando señales en apariencia intrascendentes. Como en el caso de las mujeres y el cigarrillo, mediante manipulaciones muy sutiles pueden lograr que la gente adopte o no ciertas conductas. Richard Thaler (Premio Nobel de Economía de 2017) propone usar técnicas similares a las aplicadas por Bernays con fines "buenos". En su libro *Nudge*[219] (que se podría traducir como "codacito" o, tal vez más cercano al español, "empujoncito") da una larga lista de ejemplos que –a primera vista– resultan muy positivos para los manipulados. Se enumeran mejoras de la salud y de la situación económica, ahorros para los Estados y otros beneficios. Para el economista, existen casos en que los "empujoncitos" son necesarios para conducir a las personas que no "saben decidir bien" por sí solas.

Como en el ejemplo del cigarrillo, incluso la manipulación "buena" puede generar efectos colaterales imprevistos. Podríamos decir que Bernays luchaba por una causa buena, ya que ayudó a empoderar a las mujeres y, desde ese punto de vista, su "empujoncito" era legítimo. Pero las intenciones reales eran otras y el daño que produjo a la salud de las personas es incalculable.

Asimismo, al emplear estrategias de influencia inconscientes, se subestima la capacidad de las personas de aprender y de desarrollar su capacidad crítica. El uso repetido de estas técnicas las va adormeciendo y las deja indefensas frente a otros peligros mayores, como demagogos, populistas y demás estafadores que –como el mismo Bernays– están siempre atentos para explotar su ignorancia. Al final se obtendrá una suerte de regresión a la infancia que dejará a los "adultos niños" a merced del hombre de la bolsa y el lobo feroz.

Los "empujoncitos" son un atajo para la ardua tarea de educar. Nunca la manipulación es buena porque el manipulado es un títere que desconoce las intenciones ocultas del titiritero.

---

219 Thaler, Richard H. y Sustein, Cass: *Nudge: Improving Decisions About, Health, Wealth and Happiness*. Penguin Group, New York, 2008.

❖ Steve Jobs, el creador de la manzana

En el comienzo, el mundo de las computadoras era oscuro, aburrido y feo, y entonces bajó Steve y dijo: "Hágase la manzana", y se hizo la manzana. Steve Jobs siempre será recordado como el genio de la autopromoción. Con su polera negra, sus Levi's 501 y sus zapatillas New Balance, se movía como un sumo sacerdote pagano sobre el altar armado para la ocasión. Las luces, la música y la pantalla gigante con su imagen creaban en sus devotos fieles la sensación de estar en un templo, a punto de recibir una revelación divina. Y de eso se trataba: con un soplo de fuego, el "espíritu" del "padre" de Apple hacía bajar al mundo a algún nuevo "hijo" para salvarnos. Si alguien conocía el uso de lo simbólico que reside en el inconsciente para vender, ese era el bueno de Steve.

La saga comenzó el 24 de enero de 1984 (el año inmortalizado por George Orwell), cuando Jobs introdujo la Macintosh[220], un instrumento maravilloso que sacó de una bolsa, tal como un mago hace aparecer un conejo. El pequeño cubo de plástico y vidrio tocaba música, escribía, generaba imágenes (la de *Él*, por supuesto) y hablaba, cosas inimaginables para esa época. La Macintosh fue el primer objeto de culto en el mundo de las computadoras. El fetiche de una secta que compartía el lenguaje, la estética y los valores del padre. Luego vinieron la iMac, el iPod, la McBook Pro, el iPhone, la McBook Air y el iPad. En cada ceremonia, la imagen del Salvador se engrandecía. En cada ceremonia, el hombre se iba transformado en mito.

Steve Jobs presentando la Macintosh

---

220 https://www.youtube.com/watch?v=c4mDbwoG5y4 (11/7/2021).

Sentada en sus butacas en un estado de trance, la grey deliraba. Dispuestos a todo por poseer el nuevo objeto de deseo. Ansiosos por dirigirse al altar para comulgar con el alimento que Steve acababa de consagrar. Amén.

❖ Museos del Vaticano, POS (Point Of Sale[221]) del *merchandising*

Una herramienta de marketing siempre efectiva son los museos. Estos espacios para el recuerdo ejercen una gran atracción para los cultores de una marca, sentimiento que es aprovechado por las grandes corporaciones. Es una manera inmejorable de mostrar cómo una institución ha perdurado a lo largo de generaciones, manteniendo sus tradiciones y dejando su legado. El Museo de Coca-Cola en Atlanta, el de Gucci en Florencia, el de Guinness en Dublin y el de Toyota en Japón son solo un puñado de infinidad de ejemplos. Todo tipo de recuerdos y objetos de interés adornan sus salones. Su importancia turística fue reconocida y explotada desde siempre. Pero, por sobre todo, tener un museo propio da prestigio.

World of Coca-Cola

Guinness Storehouse

Gucci Garden

---

221 Punto de venta.

Los Museos del Vaticano conservan las que probablemente sean las obras de arte más valiosas de la humanidad. Fueron fundados en el siglo XVI junto con la Capilla Sixtina, en cuyo techo se encuentra la obra maestra de Miguel Ángel. "Cada año reciben cerca de cinco millones de visitas, y algunas de las obras más interesantes que se pueden admirar son *La Maddona* de Rafael, *El Entierro* de Caravaggio, *La coronación Marsuppini* de Filippo Lippi y el *San Jerónimo* de Leonardo Da Vinci. La colección de obras de arte religioso incluye a su vez pinturas y esculturas de grandes artistas modernos, como Carlo Carrá." [222] El complejo consta de un conjunto de edificios que se pueden dividir en cuatro grandes grupos: Museo Pio Clementino, Museo Chiaramonti, Museo Gregoriano Etrusco y Museo Gregoriano Egiziano. Visitarlos es una experiencia única e irrepetible para cualquiera, más allá de sus creencias religiosas.

Aunque —tal vez— algún *tifosi* prefiera visitar el Museo de Ferrari en Maranello[223], a nadie se le ocurriría discutir que, en términos de valor artístico, cultural e histórico, la distancia entre las salas de los Museos Vaticanos y las de cualquier museo de una empresa religiosa implícita solo se puede medir en términos astronómicos. Sin embargo, cuando se trata de la manera de comercializar entradas y *souvenirs*, esa distancia se reduce vertiginosamente a lo terrenal.

*Museo
Ferrari Maranello*

*Toyota Kaikan
Museum*

---

222 Datos tomados de https://www-vix-com.cdn.ampproject.org/c/s/www.vix.com/es/imj/mundo/5420/las-riquezas-artisticas-del-vaticano?amp (15/7/2021).

223 https://www.ferrari.com/en-US/museums/ferrari-maranello (16/7/2021).

Con cinco millones de visitantes por año, era de esperar que al *googlear* "Museos Vaticanos" aparecieran infinidad de sitios de ventas de entradas, algo parecido a lo que ocurre cuando se desea comprar *tickets* para el estreno de algún *blockbuster* en el cine o en el teatro, o para festivales de rock. La estética del "sitio oficial" de los "Mvsei" era impecable[224]. Diseñado —sin dudas— por expertos de UX[225], era muy amistoso para *surfear*. Las imágenes de la portada alternaban la figura de Cristo, la de un guía frente a un grupo de turistas, la de una escultura, la de los jardines y el link a un video que permitía apreciar lo que se perdía quien no los visitara. Niños y adultos circulaban extasiados frente a la belleza de las obras que iban encontrando a su paso. La imagen final era la de una gran escalera caracol, estratégicamente enfocada desde abajo, que parecía conducir al cielo[226].

Museo Vaticano
Bienvenido

MVSEI
VATICANI
shop

El menú de opciones de la página web incluía la opción "tienda" que nos conducía al sitio "MVSEI VATICANI *shop*"[227]. Una innumerable cantidad de páginas, en cada una de las cuales se exhibían varios objetos de *merchandising*. Las categorías incluían (el menú estaba ubicado arriba a la izquierda, el lugar a donde primero se suele dirigir la mirada), en primer lugar, "ideas para regalar", a la que seguían otras como "esculturas", "libros y DVDs", postersaccesorios, modelos y "artículos de decoración". Dentro de las esculturas, era sorprendente que se incluyeran varias

---

224 http://shop.museivaticani.va/kkshop/Welcome.do (20/7/2018). http://www.museivaticani.va/content/museivaticani/es.html#lnav__explore (20/7/2018).

225 UX: *User experience*, experiencia del usuario.

226 Esta visita a la página se realizó en julio de 2018.

227 http://shop.museivaticani.va/kkshop/SetLocale__es__ES.do (21/7/2021).

alegóricas a la religión griega, como la reproducción del torso de Eros a € 230[228]. Junto a esta aparecía la reproducción del busto de un emperador pagano: Julio César, al mismo precio que el dios griego del sexo. Como para dejar en claro su posicionamiento, las esculturas de figuras cristianas eran sensiblemente más caras que el resto. También había reproducciones de esculturas y regalos relativamente caros, como una pluma a € 133, unos libros sobre la Capilla Sixtina a € 120 y un reloj a € 125, todos con el botón de comprar a mano para ser clikeado. Los modelos de autos en escala incluían el último modelo del "Papamóvil", por € 150[229].

Papamobile Nuova Campagnola

Torso de Eros

Pero en el sitio había mercadería para todos los presupuestos (muy grande se observaba un enlace directo a "Sales/Promozioni"). Cerca de los anteriores se podían conseguir un *puzzle* para armar *La Creación del Hombre* de Miguel Ángel a solo € 16 y una caja con bolas de Navidad a € 20. A medida que se continuaba explorando se podía encontrar una agenda *pocket* 2018 del Museo Vaticano en oferta a € 5 (rebajada de € 10 —esta búsqueda en particular fue durante el mes de julio de 2018), una alfombrilla del Ratón Ángel con Viola a € 8,00 y otros productos como bolsas de *shopping* con la imagen de *La Escuela de Atenas* de Rafael, pósters con diferentes motivos y hasta un *puzzle* del Juicio Final.

---

228 http://shop.museivaticani.va/kkshop/ESCULTURA/Musei-Vaticani/Reproducci%C3%B3n-Tor-so-de-Eros-/H1237/2__493.do (16/7/2021).

229 http://shop.museivaticani.va/kkshop/ACCESORIOS/Coleccionismo/Musei-Vaticani/Papamobi-le-Nuova-Campagnola/H1277/2__981.do (16/7/2021).

No conseguimos información sobre la variación del tráfico de visitantes a la página web durante la pandemia (Google Analytics no los comparte), pero sospechamos que el hecho de ya contar con un sitio de *shopping online* tan bien desarrollado debe haber facilitado una rápida adaptación a las restricciones derivadas de la pandemia, dejando al Vaticano en ventaja frente a la competencia.

CAPÍTULO 5

La religión Coca-Cola

El aprovechamiento de la planta de coca no solo preserva la salud de todos aquellos que la consumen, sino que prolonga la vida por muchos años y permite a los consumidores desarrollar un esfuerzo físico y mental prodigioso.

DR. JOHN PEMBERTON, 1885[230]

John Pemberton, el padre fundador de Coca-Cola, estaba obsesionado con crear un medicamento milagroso, una bebida perfecta. Como un buen alquimista, buscaba la panacea universal. Cuando creó su fórmula ya tenía 58 años, en una época en que el promedio de vida rondaba los 50. Como ocurrió con otros padres (y madres) fundadores, levantó vuelo al anochecer. Su entusiasmo creció cuando leyó sobre una planta de propiedades prodigiosas originaria de Perú. Fue el nacimiento de la marca más famosa del mundo y una de las bebidas más consumidas después del agua[231].

---

230 Pendergrast, Mark: *Dios, Patria y Coca-Cola. La historia no autorizada de la bebida más famosa del mundo.* Javier Vergara Editor, Buenos Aires, 1993. Página 39.

231 https://www.coca-colacompany.com/ + https://investors.coca-colacompany.com/ (9/7/2021).

En 2021, la marca estaba valuada en 74.000 millones de dólares, más valiosa que Budweiser, Pepsi, Starbucks y Red Bull combinadas[232].

El poder de una marca

Las marcas[233] y los logos son más omniscientes que los dioses. En todas partes podemos encontrar arcos dorados de McDonald's, óvalos de Ford, estrellas de Mercedes-Benz, manzanas mordidas de Apple, tildes de Nike, colores de Google y una lista interminable de símbolos que están grabados a fuego en nuestra memoria. Una marca es algo fuerte, algo que se lleva tatuado en la mente.

Su presencia se palpa en el cine, en la televisión, en afiches callejeros, en revistas, en la pantalla de la computadora, insertas "como al descuido" en películas y series. Esta última técnica es una molesta intromisión y una falta de respeto a la inteligencia del público, al que se busca manipular de manera inconsciente (con éxito la mayoría de las veces). Cada lugar —real o virtual— en el que haya personas es una oportunidad para mostrar la marca.

Algunos están felices de que sus marcas preferidas se promocionen; les da identidad y les refuerza su percepción de estatus. Existen estudios[234] que muestran que la misma imagen de una persona usando ropa con logo, respecto de otra indumentaria similar que no lo presenta, obtiene puntajes hasta tres veces superiores en cuanto a la percepción de riqueza y de estatus.

Los logos y las marcas son expresiones culturales únicas. Son la imagen de la compañía y deben ser coherentes con sus valores. Deben

---

232 https://www.businessinsider.com/facts-about-coca-cola-2011-6#the-coca-cola-brand-is-worth-an-estimated-74-billion-more-than-budweiser-pepsi-starbucks-and-red-bull-combined-4 (9/7/2021).

233 Este capítulo está inspirado en forma parcial en el trabajo de Jeoffrey Scholes titulado *The Coca-Cola Brand and religión*, incluido en *Understandig Religion and Popular Culture* (pp. 139 y ss.), compilado por Terry Ray Clark y Dan W. Clanton, Jr. (editorial Routledge, London y New York, 2012).

234 http://www.ehbonline.org/article/S1090-5138(10)00145-5/abstract (28/6/2021). https://www.researchgate.net/publication/29452906__Status__brands__and__brand__associations (28/6/2021).

transmitir lo que el cliente busca. Puede ser pertenencia a cierta generación, el interés por el medio ambiente, la pasión por el deporte o cualquier otro motivo dirigido a algún nicho del mercado. Lo mismo ocurre con los símbolos religiosos, políticos o de otra clase. Las empresas, las religiones y los partidos políticos buscan obtener la lealtad a la marca, la fidelización y la identificación de sus clientes.

En el caso de una empresa como Coca-Cola, la forma de la botella, el gusto y la composición de la bebida importan, pero no tanto como la marca. Es por eso que la compañía define su misión como "Refrescar al mundo en cuerpo, mente y espíritu"[235], lo que la habilita para desarrollar cualquier producto que pueda ser considerado "refrescante" para todos los niveles humanos: el físico, el racional y el espiritual o trascendente. Es así como con la misma marca se puede vender virtualmente cualquier producto.

Valores Coca-Cola

Según James Twitchell:

Las historias de marca actúan como una religión no solo por mantener a la gente unida [re-ligada] sino también por mantener a las experiencias individuales unidas... Nos agrupamos alrededor de estas [las marcas] como nos solíamos agrupar alrededor de las reliquias sagradas; somos leales a estas de la manera en que somos leales a símbolos como la bandera; vivimos a través, alrededor y frente a estas. Las marcas se convirtieron en miembros de una nueva y mejorada familia humana[236].

---

235 https://www.cocacoladeargentina.com.ar/nuestra-compania/mision-vision-valores (28/6/2021).

236 Cita de Twitchell, James en *Branded Nation: The Marketing of Megachurch*, editorial Simon and Schuster, NewYork, 2004. Páginas 24-25.

Entonces, ¿las marcas se han integrado en nuestras vidas hasta el punto de actuar como religiones? ¿Tienen algunas marcas el poder suficiente para re-ligar a las personas adeptas y para des-ligar a las que pertenecen a otros "cultos"? ¿Cuál es la naturaleza de la relación secular entre los consumidores y una marca como Coca-Cola, y hasta qué punto se asemeja a los vínculos religiosos? En su libro *Authentic Fakes*, David Chidester[237] sostiene que "Coca-Cola hace el trabajo de la religión y es incluso una religión"[238].

Acerca de la palabra "marca"

La marca no solo identifica el negocio sino que lo distingue de la competencia, para que resulte fácilmente reconocible. Dice Chidester que las historias tienen argumento y actores. Se apoyan en lo metafórico para comunicar el mensaje y estimular la imaginación. Son historias que se entrelazan con la vida diaria, que representa valores profundos que forman parte de la identidad de los consumidores (como la familia). Asimismo, son aspiracionales: no solo muestran recuerdos del pasado, sino que proyectan hacia el futuro. Todo esto se podría extender a las religiones.

La marca "Coca-Cola" trasciende a la botella, al nombre y a la bebida. Sirve para transmitir ideas como felicidad, amistad, frescura, unión... Los seguidores "participan" de la marca, de la experiencia, de sus valores y de su estética. Las compañías buscan, así, alcanzar a una audiencia masiva dentro del mercado que hayan definido[239]. *Coke* no es solo una bebida, es una experiencia vital y un refuerzo de la identidad del quién la consume.

---

237 Chidester, David: *Authentic Fakes. Religion and American Popular Culture.* University of California Press, Berkeley, 2005.

238 Cita tomada de Jeoffrey Scholes.

239 Apple es rara porque es masiva pero genera idea de exclusividad. Algo como "exclusividad masiva". Acá está la diferencia con McKinsey y los jesuitas, que son exclusivos porque no están abiertos a todo el mundo. No son masivos, pero son famosos y exclusivos, identifican a sus miembros y les producen una sensación de estatus.

Las marcas se crean "de arriba hacia abajo", como el caso de McDonald's o del Vaticano, aunque una vez establecidas se nutren del *feecback* que le dan las bases. Gracias a la difusión de las redes sociales, se puede potenciar el impacto si consiguen "viralizarse"[240]. Los que compran y comparten su experiencia refuerzan la marca, y se convierten en parte de una cadena de profecías autocumplidas. Cada *like* impulsa la difusión de la marca y la hace más atractiva[241].

Chidester busca las relaciones entre religión, marca y cultura popular. Su definición práctica de *religión* es "maneras de ser una persona humana en un lugar humano"[242]. Según él, las tres "preocupaciones" de la religión son lo trascendente, lo sagrado y lo final. Su función es generar el vínculo entre lo ordinario y lo extraordinario. Al tener una visión de las tres "preocupaciones" se obtiene una perspectiva que permite comprender lo humano.

La religión también ayuda a formar comunidades. Chidester considera al béisbol como una iglesia (una comunidad humana) y a Coca-Cola como una religión fetichista que se enfoca en los deseos humanos:

> *El béisbol no es una religión; Coca-Cola no es una religión; y el rock no es una religión. Pero entonces se le niega el estatus religioso a toda actividad religiosa... Lo que cuenta como religión es, entonces, el foco del problema de la autenticidad de la religión*[243].

Si bien para muchos Coca-Coca no es una religión "verdadera"[244], tampoco lo es la religión griega para los cristianos. Como observó Durkheim, todas las religiones son verdaderas para sus cultores.

---

240 Es una metáfora que se emplea para representar el efecto multiplicador de las infinitas conexiones de las redes sociales.

241 Es otra manifestación del Efecto Mateo que explicamos en el capítulo anterior.

242 Clark y Clanton Jr, 2004, p. 144.

243 Chidester, David; *Authentic Fakes. Religion and American Popular Culture*. University of California Press; Berkeley, 2005.

244 Como una manera irónica de señalar el problema de las "religiones verdaderas", se creó la religión *Holy Order of the Cheeseburger*. Lo que surgió como un chiste se apoyó en esta "religión" para explorar las religiones establecidas.

El trabajo religioso de Coca-Cola

"La marca Coca-Cola ha logrado realizar y sigue logrando las tareas del trabajo religioso presentando su producto como un tipo de fetiche."[245] Como vimos antes[246], un fetiche es un objeto al que se le atribuyen poderes sobrenaturales o mágicos. La botella de Coca es más que un pedazo de vidrio con forma femenina, es un auténtico fetiche. Debido a que en un comienzo la bebida era considerada una panacea para curar todos los males, consiguió rodearse de un "aura sagrada". Asimismo, la empresa la promocionó como un símbolo nacional para evitar el cinismo que despertaría el ser considerada una religión en un país en el que la amplia mayoría de las personas se consideran religiosas. Consiguieron que la gente estuviera orgullosa de que una marca famosa fuera otro de sus estandartes.

Para darle sustento, se crearon mitos y actos "heroicos" alrededor de la marca. Por ejemplo, se enviaban remesas para animar a los soldados durante la Segunda Guerra Mundial ("Coca-Cola, la bebida que contraataca")[247] o se la asoció a la imagen de Santa Claus, que hasta cambió su traje verde por el rojo característico de la *Coke*. El santo barbudo se convirtió en un mediador para "hacer la pausa refrescante", para "construir un mundo de perfecta armonía", para que la magia de los trineos y de los renos esté contenida en la botella.

Santa Claus y Coca-Cola

---

245 Es habitual que se asocie la palabra "fetiche" con prácticas sexuales no comunes o con los cultores de ritos vudúes, pero su significado es mucho más amplio.

246 Ver Capítulo 3: *Las religiones y sus herramientas de influencia*.

247 https://www.economist.com/1843/2021/06/21/woke-coke-should-the-fizzy-drinks-giant-defend-american-democracy

Como toda religión, Coca-Cola mantiene ciertos "misterios" lejos del alcance del público. Tal el caso de su fórmula, que "es el secreto mejor guardado". Coca-Cola "actúa de maneras misteriosas" (si se puede llamar misterio a la mezcla de cafeína –que reemplazó a la cocaína original– y azúcar refinada). Mediante estas herramientas se construyó el fetiche, y los fetiches se apoyan en el deseo ya que son el vehículo que actúa de manera mágica y misteriosa sobre el creyente. Con sus argumentos, Chidester sostiene que Coca-Cola es un símbolo sagrado:

> *El fetiche de una religión global, un icono de Occidente, un símbolo que pueden marcar una iniciación a la modernidad. A través del intercambio masivo y efectos locales específicos, la religión de Coca-Cola se ha posicionado como un fetiche sagrado en todo el mundo*[248].

La película *The Gods Must be Crazy*[249] (que cuenta la historia de una tribu de bosquimanos[250]) ironiza sobre la transformación de la botella de Coca-Cola en un objeto de culto con poderes sobrenaturales. Caída desde el cielo (de manera literal porque la arroja un aviador negligente por la ventana), la botella llega hasta las fronteras más recónditas de la humanidad. Los fetiches son como "ventanas a lo sagrado". A partir de estos se crean las historias, leyendas y mitos sobre la marca.

 *IMBD*

 *Escena*

Coca-Cola creó un producto que nadie necesitaba y lo convirtió en uno de los objetos de deseo más difundidos del mundo. Es la univer-

---

248 Clark y Clanton Jr, 2004, p. 148.

249 http://www.imdb.com/title/tt0080801/?ref__=nv__sr__2

250 https://www.survival.es/indigenas/bosquimanos (12/7/2021).

salidad de la marca la que le da carácter religioso, al reunir los deseos y aspiraciones de personas de todas partes del mundo.

Pero una religión no se sostiene solo por sus frutos (los aspectos externos) sino sobre todo por sus raíces. En algún punto, la mera asociación de una marca con valores como la amistad, la alegría, la felicidad, la armonía y otros dejó de ser suficiente y surgió la necesidad de crear una suerte de "teología" que le diera una estructura coherente. Así apareció el concepto de "Responsabilidad Social Empresaria" (RSE) que agrupa valores y prácticas destinadas a los *stakeholders*[251] que trascienden (o pretenden hacerlo) lo puramente económico. La comunidad interactúa con la compañía más allá de lo económico.

Los manuales de RSE son a las empresas lo que los libros sagrados son a las religiones. Al poner a la responsabilidad social y la misión "por encima" del fin económico, se diluye la frontera entre las religiones tradicionales y las religiones empresarias. Coca-Cola no podía quedar afuera de la tendencia. En su página web[252] se explica en detalle cuáles son los compromisos que adopta con la comunidad, con el medio ambiente (nada dice de los tres millones de toneladas de plástico que produce por año) y, en general, con el bienestar de la comunidad. Hoy es indispensable que las compañías estén bien alineadas con lo que la sociedad considera "políticamente correcto". Después de todo, son sus clientes[253].

Página web RSE de Coca-Cola

---

251 Sin una traducción exacta al español, incluye a todas las personas sobre las que la organización produce alguna clase de impacto, por lo que "apuestan" a ella. Empleados, proveedores, clientes, familia… hasta extenderse al resto de la comunidad que gira alrededor de la empresa.

252 https://www.cocacoladeargentina.com.ar/medio-ambiente

253 Para analizar más elementos religiosos propios de Coca-Cola, sugerimos ver el Capítulo 3: *Las religiones y sus herramientas de influencia*.

La ética religiosa de Coca-Cola

Dentro de las herramientas de influencia que poseen las religiones mencionamos[254] los libros canónicos en los que se detallan los procedimientos litúrgicos y los códigos éticos. Coca-Cola no podía dejar de tener los propios, que forman parte del proceso de inducción (o iniciación) de sus colaboradores. Entre otras cosas estos códigos establecen:

> *Es su responsabilidad leer y entender el Código de Conducta Empresarial. Usted debe cumplir con el Código tanto en la forma como en el contenido. La falta de conocimiento del Código no lo eximirá de cumplir con sus requisitos.*
>
> *Cumpla con la ley dondequiera que se encuentre y en todas las circunstancias.*
>
> *Nunca realice actos que dañen la reputación de la empresa. Si no quiere tener que hablar con sus padres o hijos acerca de sus faltas o no quisiera leer sobre las mismas en un periódico, no las cometa.*
>
> *Algunas situaciones pueden parecer ambiguas. Tenga cuidado cuando se escuche a sí mismo o a otra persona decir "Todo el mundo lo hace", "Solo por esta vez", "Nadie lo sabrá" o "Al final no importará". Estas son señales para detenerse, pensar en la situación y buscar consejo. Lo que es más importante, no ignore sus propios instintos. Finalmente, usted es responsable de sus acciones.*[255]

Al plantearlo así, el control a las personas deja de ser externo y se delega en la conciencia individual. Se busca estimular el sentimiento de "culpa". Para reforzarlo, se deja en claro que el que transgrede es un "pecador" y recibirá su castigo. Cuando se consigue arraigar en una persona la creencia de que alguien o algo o alguien "todo lo ve" y que se peca hasta cuando se piensa o se omite algo, se la tiene cautiva para siempre.

---

254 Referido al Capítulo 3: *Las religiones y sus herramientas de influencia.*

255 Extraído del "Código de Conducta Empresarial" de Coca-Cola Company, http://www2.coca-cola.com/ourcompany/pdf/COBC__Spanish.pdf . Si bien la redacción puede tener algunos cambios a través del tiempo, el mensaje central permanece constante y, en ciertos casos, se endurece. Asimismo, se refuerzan los ejemplos para evitar cualquier interpretación personal. Consultado el 27/7/2018. La versión de 2021 se puede bajar en https://www.arcacontal.com/media/107487/cobc__spanish.pdf (28/6/2021).

De manera similar, Coca-Cola exige que sus cánones sean cumplidos por cada integrante, "dondequiera que se encuentre y en todas las circunstancias", para evitar la vergüenza frente a lo más privado (padres e hijos) y lo más público (la difusión periodística).

El desprecio y el ostracismo son los castigos más extremos que puede sufrir el individuo. El autocontrol para cumplir estrictamente los cánones es la única manera de permanecer en la comunidad y de evitar la vergüenza personal y la de los seres queridos. De esa manera se anula la capacidad crítica y se estimula la reserva, el secretismo y el espíritu de cuerpo, bases del comportamiento sectario. Asimismo, las corporaciones suelen reservase el derecho al perdón cuando "el arrepentimiento es sincero". La tríada *pecado-culpa-absolución* es y será el mecanismo más poderoso de control social.

El mensaje es claro y desde el cadete hasta el CEO deben recordarlo: el Señor Coca-Cola todo lo ve.

La música sacra de Coca-Cola

A la manera de un *christmas carol* profano, el inolvidable comercial de Coca-Cola titulado *I like the world to sing in perfect harmony*[256] es un magnífico ejemplo de la fusión entre una ceremonia religiosa y un aviso publicitario. En el comercial se ve a un grupo de jóvenes de diferentes etnias y nacionalidades, de aspecto y voz angelicales, formados en perfecto orden sobre una colina mientras cantan a coro el jingle de la bebida sin alcohol más famosa después del agua. La escena evoca amor, trabajo, unidad, concordia, compañía, universalidad, diversidad, amistad y armonía, valores que a priori no tienen nada que ver con una gaseosa. No hay ninguna referencia directa a su sabor ni a otras características

---

256 "Deseo que el mundo cante en perfecta armonía" https://www.youtube.com/watch?v=ib-Qiyklq-Q (28/6/2021).

físicas o sensoriales de la bebida. Sin embargo, luego de presenciar ese momento único, el vínculo entre Coca-Cola y esos valores queda grabado en el inconsciente. Para reforzar el impacto, el ritmo de la música la hace pegadiza y es muy difícil dejar de escuchar su eco en la mente por largo rato. Coca-Cola es "la cosa real" y lo que "el mundo quiere hoy", imágenes, melodías y palabras que podrían estar presentes en cualquier ceremonia religiosa.

Coca-Cola, the real thing

Coca-Cola es una marca con la que nacemos. Junto con los impuestos y la muerte, es lo único seguro con lo que nos toparemos. Muchos niños aprenden a decir su nombre antes que "mamá" y "papá". Una vez que la prueban, negársela puede generar berrinches difíciles de calmar hasta que los padres se rinden. Su poder de atracción es tal que —si se les da libertad— es probable que elijan visitar el kiosco donde la venden antes que la parroquia del barrio. Entonces, ¿no es Coca-Cola una religión? Después de todo, es *la cosa real*.

CAPÍTULO 6

Religiones paralelas

Primera Parte: Mary Kay y Willow Creek Church

Introducción: marketing multinivel (*Multilevel Marketing* — MLM)

El marketing multinivel (también conocido como *network marketing* o venta piramidal) es una estrategia de marketing en la que la facturación por ventas de una compañía proviene de corredores independientes que no son empleados de esta. Los participantes se ordenan en una estructura piramidal ya que sus ingresos provienen de dos fuentes:

1. El *markup*[257] de las mercaderías que le compran a la empresa y luego revenden a consumidores finales.
2. Las comisiones que reciben de las ventas de aquellas personas a las que consiguen reclutar y que se convierten en su "equipo".

Se espera que las personas reclutadas vendan los productos o servicios de la compañía por referencia o a conocidos en la modalidad

---

257 Margen de contribución de un producto o servicio.

de cara-a-cara o venta directa. Durante el proceso, se estimula a los conocidos a formar sus propios equipos de distribución para convertirse también ellos en distribuidores. Así se va armando una fuerza de ventas que se multiplica de manera exponencial. Los que están en los lugares superiores de la pirámide cobran comisiones por sus propias ventas, por las de sus reclutados y por las de los reclutados de sus reclutados, hasta el nivel más bajo. La pandemia dio un golpe a la modalidad, pero, como veremos, las empresas que la emplean consiguieron adaptarse muy rápido a la situación. Creció la modalidad de *social selling* (que se explicará en detalle más adelante) a través de las redes sociales, aunque, como en otros casos, la evolución tiende a llegar a modelos híbridos que combinen lo virtual y lo presencial. Veamos los fundamentos del marketing multinivel.

Dinámica de funcionamiento

Según la Federal Trade Commision (FTC) de los Estados Unidos[258], no todos los planes de MLM son legítimos. Si el dinero ganado se debe a las ventas que se realizan a los consumidores finales, se podría tratar de un MLM legítimo. Si el dinero ganado se basa en las ventas realizadas por las personas reclutadas y por lo que se les vende a ellas, es probable que no lo sea, sino que se trate de un esquema piramidal. Esta forma de comercialización es ilegal porque la gran mayoría (más del 99%) de los que participan pierden dinero. Los participantes de niveles inferiores son engañados para que crean que, con esfuerzo, serán capaces de ganar dinero, a pesar de lo que muestran las estadísticas.

Según los datos de la FTC, en una estructura piramidal el mayor volumen de ingresos proviene de las comisiones cobradas por las ventas de las personas reclutadas. Asimismo, las ventas directas son las más rentables pero las menos probables. Para la enorme mayoría de los

---

258 https://www.ftc.gov/tips-advice/business-center/guidance/multilevel-marketing (11/8/2018).

participantes, no es suficiente la combinación de las dos modalidades para superar el punto de equilibrio. Como los descuentos y comisiones están atados a las ventas, los que están en los niveles inferiores deben convertirse en consumidores para alcanzar el volumen requerido para mantener las condiciones contractuales con la empresa que otorga la franquicia. Es así que los auténticos consumidores del producto o del servicio terminan siendo quienes integran la "fuerza de venta" real.

Venta y reclutamiento

El reclutamiento de nuevos participantes se realiza al mismo tiempo que se les vende el producto o el servicio. Se trata de una venta doble en la que, además del objeto comercializado, se "vende" la compañía que lo produce y lo que se puede obtener si se integra el "equipo". Para captar nuevos participantes se generan altas expectativas sobre los beneficios tangibles (dinero, independencia financiera, autos, viajes) e intangibles (mayor tiempo libre, autonomía, manejo de los horarios, "ser el jefe de uno mismo", prestigio, relaciones) que se pueden conseguir. Tanto uno como otro son ambiciones universales que satisfacen los requerimientos humanos más elevados. Como suelen apuntar a personas que se encuentran insatisfechas o que están atravesando situaciones difíciles, el ansia de "salir del pozo" y la voluntad de superar los malos trances las coloca en posición de "querer creer", actitud indispensable para ser cooptadas.

Durante la etapa de atracción se relatan las historias de éxito de las poquísimas personas que llegaron a ocupar los lugares más altos de la pirámide (cerca del 0,2% del total de participantes). El mensaje es que esas personas lo consiguieron "gracias a su trabajo y a sus habilidades" y por eso "cualquiera puede lograrlo". El entusiasmo que se transmite hace que los nuevos miembros no tengan en cuenta las estadísticas que demuestran la ínfima probabilidad de alcanzar los niveles superiores.

Críticas a las empresas que usan MLM

Las empresas que aplican estrategias de MLM han sido sujetas a juicios y a críticas. Las querellas incluyeron varias causas:

- Los costos iniciales no recuperables (materiales de marketing y base de productos para venta).
- Abuso de las relaciones personales.
- Presión para reclutar nuevos participantes.
- Productos que no cumplen con las características promocionadas.
- Los ingresos que obtiene la compañía en eventos, congresos, programas de entrenamiento y otras actividades de las que deben participar (no siempre se hace explícita la obligatoriedad) para seguir en carrera.
- La gran similitud a los esquemas piramidales ilegales.
- Las falsas expectativas creadas en el reclutamiento.
- Incitar u obligar a comprar los productos de la compañía para no perder los "privilegios".
- Los acuerdos especiales con los vendedores estrella.
- Las técnicas para estimular el entusiasmo (cantos, gritos, bailes, consumo de sustancias como el alcohol) y la devoción (mediante la creación de héroes, santos, rituales, mitologías, símbolos, fetiches y otros elementos de culto), similares a las empleadas por las sectas.

Ganadores y perdedores

El MLM es una estrategia de comercialización sumamente controvertida. La mayor crítica es su similitud con las estafas de tipo Ponzi, en las que se requiere incorporar a otros inversores de manera indefinida para mantener el flujo de dinero. En esta modalidad siempre hay una enorme mayoría de perdedores que sostienen las ganancias de los poquísimos ganadores. No hay creación de valor genuina sino traspaso de dinero. Al requerir que los vendedores recluten a otros vendedores, se produce una rápida saturación del mercado, lo que se traduce en pérdidas para el noventa y nueve por ciento (y más) de los participantes.

La estrategia de MLM es empleada por muchas empresas, entre las que se puede mencionar a Amway, Tupperware, Avon, Natura, Mary Kay y otras, aunque –como explicamos antes– dependiendo de quién pague las comisiones de ventas, puede o no tratarse de una práctica ilegal. Es también la estrategia adoptada por muchas iglesias evangelistas. En lo que resta del capítulo analizaremos los casos de dos empresas paralelas: Mary Kay y la Willow Creek Community Church.

El caso de Mary Kay

En 1938, Mary Kay Ash comenzó a vender libros y artículos para el hogar para Stanley Home Products. Por entonces, tenía 20 años y estaba casada con un militar que fue reclutado para pelear en la Segunda Guerra. El trabajo de vendedora le permitió mantener a su familia durante esos años. La historia de este duro inicio (que ya es parte de la leyenda de la "madre fundadora", un clásico de la mitología empresarial/religiosa) cuenta que sus hijos la ayudaban a armar los paquetes los días sábado. Hacia fines de la década de 1950 llegó a ser directora nacional de Entrenamiento para la World Gift Corporation. A los 45 años, cuando había llegado el momento de obtener la siguiente promoción, la postergaron y ascendieron a un hombre más joven, al que ella había entrenado. Su indignación fue tal que renunció como forma de protesta.

Mary Kay Cosmetics (MKC) nació en 1963 en Texas, más precisamente en la cocina de Mary Kay Ash[259] (a la manera del garaje de Steve

---

259 McDonald Court y John A. Quelch: *Mary Kay Cosmetics, Inc.* Harvard Business School, case 9-583-068; 1985. Página 3.

Jobs o de Bill Gates). La inversión inicial fue de 5.000 dólares, que eran todos sus ahorros (aunque no tuvo que vender un viejo VW Beetle). Desde 1953, había empleado un sistema de cuidado para la piel a base del tanino, sustancia usada para curtir cueros. Pensaba que si el producto podía tapar los poros de la piel animal lo mismo podría hacer con la humana. Usó su propia piel para experimentar. En 1963 registró las fórmulas y lanzó su propia compañía apoyada en el principio "Primero Dios, segundo la familia, tercero el trabajo". Su misión era empoderar a las mujeres para ayudarlas a que no tuvieran que pasar lo mismo que ella[260].

Mary Kay web page

Ranking Revista Forbes

Según el ranking de la revista *Forbes*[261], en 2019 MKC, con una facturación de 3.000 millones de dólares[262], estaba ubicada en el puesto 153 dentro de las compañías estadounidenses. En 2018 fue la número 442 en el ranking de mejor empleador, ranking del que salió cuando cayó más allá del puesto 500, en 2019. Tenía 5.000 empleados y 3,5 millones de "consultoras de belleza" en 35 países.

---

260 https://www.marykay.com/en-us/about-mary-kay/our-founder (28/6/2021).

261 https://www.forbes.com/companies/mary-kay/ (28/6/2021).

262 La facturación de la compañía cayó casi un 17% respecto del año anterior.

La ideología religiosa de una cristiana conservadora[263]

La primera decisión que tomó Mary Kay para conseguir el éxito fue "tener a Dios como socio". La compañía era una mezcla de fe y cosméticos que buscaba atraer a las mujeres "espiritualmente fuertes". Así como las iglesias protestantes predicaban que los virtuosos prosperarían, ella promocionaba a sus vendedoras estrella como ejemplo y les regalaba joyas, diamantes y los clásicos automóviles color rosa. Era común que las "fiestas de ventas" comenzaran con una plegaria. Algunos consideraban que eran un culto; sus cultores lo negaban.

Automóviles rosa Mary Kay

El principio rector era simple: "Verse bien conduce a estar bien, tanto en el hogar como en el mundo". Para Ash, Dios "nos bendijo porque nuestra *motivación es correcta*. Sabe que quiero que las mujeres sean las criaturas más hermosas que ha creado". La fundadora creía que mujeres y hombres debían tener igual paga por igual trabajo, pero, "sinceramente, creo que Él nos hizo femeninas por alguna razón, y que siempre debemos destacarnos en femineidad".

Ash escribía la Parábola de los Talentos (Mateo 25:14-30) en los billetes de un dólar autografiados con los que premiaba a las consultoras. "Realmente creo que estamos pensados para usar e incrementar cualquier cosa que Dios nos ha dado. La Escritura nos dice que de lo que hagamos, nos será dado más." Para Mary Kay, las mujeres debían ser soldadas de Jesús para aumentar las ventas.

---

263 Fuente https://religionnews.com/1996/12/06/top-story-cosmetic-christianity-preaching-in-pink-the-religion-of-mary-kay/ (28/6/2021).

Primeros pasos

Mary Kay Ash estableció una misión que es la que aún hoy sostiene la compañía: "Enriquecer la vida de las mujeres". Para hacerlo, fijó una estrategia comercial de marketing multinivel. Descartó la venta puerta-a-puerta (empleada por Avon) ya que había comprobado que insumía mucho tiempo y esfuerzo en relación con los resultados obtenidos. Se propuso formar una fuerza de venta independiente. Apuntó a amas de casa con tiempo libre que tenían una serie de necesidades y ambiciones, e identificó qué motivaba a ese grupo de mujeres. Veamos algunas de esas motivaciones:

- Tener ingresos extras sin desafiar el estatus familiar de su marido.
- Conseguir independencia financiera.
- Salir de la rutina de la casa.
- Socializar.
- "Ser mi propia jefa".
- Tener un propósito, como el de "ayudar a otras".
- Aprender y crecer profesionalmente.
- Obtener sentido de pertenencia.

Descartó asignar zonas geográficas fijas de venta, y les enseñó a sus colaboradoras (las "primeras apóstoles") a crear círculos de influencia captando a las clientas (y consultoras en potencia) entre la familia, los amigos y las comunidades a las que pertenecieran (en particular, las iglesias[264]).

---

264 Cuando visitó Estados Unidos, Alexis de Tocqueville notó que en la cultura estadounidense el mero hecho de pertenecer a una religión despertaba la suficiente confianza como para no necesitar ninguna otra referencia para comenzar a hacer negocios con alguien. De hecho, se sigue observando en la actualidad. Por ejemplo, entre los miembros del Congreso norteamericano nadie se proclama ateo de manera explícita. En 2018 quien más se acercaba a dar una definición de ese tipo era la representante de Arizona, la demócrata Krysten Sinema, que se presentaba con el eufemismo de "sin afiliación religiosa".

Consultoras que son consumidoras

Desde entonces, los productos se vendieron a través de personas independientes (las mencionadas "consultoras de belleza"), que no recibían beneficios pagos, ni vacaciones, ni licencia por enfermedad. También eran responsables por el pago de sus impuestos. Se organizaban "fiestas de compras" en grupos pequeños de no más de seis invitados, para mantener el "trato personal" y conservar la relación amistosa cuando se hacía la demostración de los productos[265].

 *Tutorial de una "fiesta de compras MKC"*

El comienzo era difícil para las consultoras, por eso les recomendaba primero conquistar a la familia y a los amigos. El ciclo era simple: se reclutaba a las allegadas, se esperaba a que algunas se consolidaran en su convencimiento, y se cruzaban los dedos para que estas reclutaran a otras más. Así se iba construyendo la pirámide sobre la que se paraba la iniciadora para cobrar comisiones hacia abajo. Había una pequeña dificultad. No se cobraba comisión por el kit inicial, por lo que no era suficiente que se convirtieran en consultoras (esa era la parte sencilla); para comenzar a cobrar era necesario que ellas también vendieran. Por eso, se las inducía a tener un inventario suficiente de productos que les permitiera "estar siempre listas" para realizar la entrega inmediata del producto vendido.

Mary Kay consideraba que la venta era un arte con un aspecto muy psicológico. Para mantener el interés y conseguir intimidad con la otra per-

---

265 Tutorial de una fiesta de compras Mary Kay. https://www.youtube.com/watch?v=latrz8nhsAQ (28/6/2021).

sona recomendaba aplicar su técnica: "Toda vez que me encuentro con alguien, trato de imaginarme a él o a ella sosteniendo un cartel invisible que diga: ¡HAZME SENTIR IMPORTANTE!". La matriarca sabía que alguien que se siente importante está mejor predispuesto a comprar y a gastar dinero.

El negocio de MKC no era vender cremas sino dar un servicio que satisficiera las expectativas de las mujeres que se incorporaban a la hermandad. En su página les dicen: "Descubre una elección *part-time* que te puede llevar a la independencia"[266].

MKC: *"Puedo comenzar algo hermoso".*

La publicidad no apuntaba a los consumidores finales sino a captar "consultoras de belleza" que eran las que compraban y mantenían el stock en sus casas, y seguían comprando para mantener el estatus corporativo y los descuentos correspondientes. Todas contaban lo bien que les iba, para respetar el relato de éxito.

Una exconsultora le confesó a la periodista Virginia Sole-Smith (quien realizó una amplia investigación para la *Harper's Magazine*[267]): "Me tomó mucho tiempo darme cuenta que tener inventario en tus estanterías no es un símbolo de éxito. Todos hacen como que están vendiendo todo el tiempo, y es difícil de decir [si es verdad], porque todo el mundo miente".

Lo que describía constituye un caso de disonancia cognitiva, que es una contradicción entre una creencia arraigada y la realidad observada.

---

266 https://www.marykay.ca/en-ca/mto (28/6/2021).

267 Sole-Smith, Virginia: "The Pink Pyramid Scheme, How Mary Kay Cosmetics Preys on Desperate Housewives". *Harper's Magazine*, August 2012. Se puede acceder al artículo en: http://www.pinktruth.com/wp-content/uploads/harpers-pink-pyramid-scheme.pdf (28/6/2021).

Para evitar el contraste, la realidad debe ser racionalizada mediante algún argumento nuevo, aunque sea opuesto al original. Después de toda la estimulación que recibían, las consultoras no podían aceptar que les pudiera ir mal. Significaba mostrarse como unas fracasadas, lo que contradecía el mensaje de éxito que recibían de manera persistente desde el primer día. Por eso seguían comprando mercadería que quedaba en sus casas y se negaban a sí mismas los motivos que las habían llevado a hacerlo.

El Seminario: el ejemplo de las exitosas

En 1964, Beauty by Mary Kay realizó la primera noche de premiación para doscientas personas en un galpón de Dallas. Mary lo llamó "el Seminario" y se convirtió en una tradición que fue creciendo al ritmo de la compañía. Según Sole-Smith, "el Seminario se convirtió en partes iguales en un show de Las Vegas[268], un desfile de moda y el renacimiento de una mega iglesia"[269]. Luego de comenzar con una plegaria, no faltaron videos de Mary Kay (que murió en 2001) ni infinidad de menciones a su trayectoria y citas didácticas. La matriarca fue transformada en algo cercano a una santa patrona de la hermandad de amas de casa ociosas que querían ganar dinero extra sin amenazar a sus maridos.

Una de las funciones del Seminario era que las vendedoras exitosas compartieran sus historias y dieran consejos (en esencia, seguir las instrucciones de MK al pie de la letra). En 2013 le tocó el turno de hablar sobre liderazgo a Barbara Sunden[270], directora de Ventas Nacional a nivel mundial y una especie de leyenda viviente de la organización. Su nombre siempre aparece seguido por los millones de dólares que

---

268 https://www.youtube.com/watch?v=6kSA1Mz2oDE (3/6/2018) (posteriormente este video fue censurado).

269 https://www.youtube.com/watch?v=ObKLhIb3vsQ (3/6/2018) (posteriormente este video fue censurado).

270 https://www.youtube.com/watch?v=HOUW8D2MTeI (13/7/2021) (discurso grabado por una de las presentes).

logró ganar gracias a MK. Durante su arenga, tuvo la generosidad de dar consejos para ayudar a los cientos de mujeres presentes a ganar tanto dinero como ella.

Barbara Sunden habla sobre liderazgo en el Seminario

Su entonado discurso comenzó así:

Me encuentro frente a este grupo de mujeres líderes de Mary Kay. Quiero tomar esta imagen y grabarla a fuego en mi cerebro [se escuchan exclamaciones de tierna emoción] *para toda la vida. Son un increíble grupo de damas... En otros treinta y cinco países hay mujeres que llegaron a directoras de ventas, ¿no es eso maravilloso?* [se escuchan gritos casi histéricos de aprobación]. *Y todo empezó con solo una mujer; una mujer que pudo e hizo. Yo creo que esta carrera es realmente una gran oportunidad...*

En una muestra de sus habilidades para la oratoria, Sunden alternaba entre lo emocional y lo racional, siempre haciendo referencia a los millones que ganó y cómo cualquiera que la imitara podría también conseguirlos. Contó su historia en Mary Kay, que había empezado treinta y cinco años antes, al lado de su esposo y de sus dos hijos pequeños. Se emocionaba cuando recordaba ese momento "que me permitió cambiar vidas alrededor del mundo". Aunque al principio se resistió cuando su directora la llamaba para que ingresara en el programa, ahora le daba las gracias por su insistencia.

De inmediato se dedicó a evocar a la madre fundadora, a hablar de sus sueños y de su pasión para cambiar la vida de las mujeres. Se preguntaba qué significa ser líder y, para responder la pregunta, trajo una cita de Mary Kay Ash que decía que se lograba de tres maneras:

"ejemplo, ejemplo, ejemplo...". La visión de MK de seguir iluminando la vida de las mujeres.

Su carrera comenzó como un *hobby* que fue creciendo a medida que le iban dando mayores responsabilidades. Pronto le indicaron que dirigiera las fiestas de compras. Sunden consiguió espacio en la iglesia a la que concurría y comenzó a hacerlo con las instrucciones de su mentora. "Entonces me di cuenta de que estaba siendo guiada al liderazgo", recordaba. De esos humildes comienzos hasta poder afirmar: "Así construí mi... área alrededor del mundo —casi digo 'imperio', perdón por eso— [risas cómplices de la audiencia]"; y continuó: "Me preguntan ¿cómo lo lograste? Y fue más sencillo de lo que creía, porque siempre seguí el modelo Mary Kay". Para cerrar compartió el secreto de su éxito: "Estoy acá para decirles que el secreto del éxito es volver a donde empezaron... volver al puro trabajo Mary Kay". Que nadie se aparte de los cánones establecidos por Mary Kay Cosmetics.

El esquema piramidal rosa

MKC fue acusada de emplear un esquema piramidal en varias oportunidades. En su investigación, Sole-Smith demostró que las acusaciones tenían fundamento[271].

The Pink Pyramid Scheme; Virginia Sole-Smith

---

271 La compañía acusó a Sole-Smith de tener un "punto de vista sesgado" sobre Mary Kay. Sostuvo que la periodista no intentó obtener información antes de publicar el artículo en *Harper's*. Jason Chupick —vicepresidente de la revista— sostuvo que "Virginia Sole-Smith y Harper's Magazine le dieron a Mary Kay un tiempo amplio para responder a la historia en múltiples ocasiones antes de la publicación, pero Mary Kay declinó darle una entrevista a Sole-Smith".

La periodista (que se "infiltró" en la compañía dando los pasos de cualquier vendedora) sostiene en el artículo que el modelo de negocios de la corporación se basaba en la venta de productos a sus "consultoras de belleza" y no a los consumidores finales. Este esquema (similar al de MLM analizado en el apartado anterior) llevaba a que muy pocas consiguieran ingresos relativamente altos. Solo las que conseguían llegar a los escalones más elevados de la pirámide (menos de 300 en Estados Unidos) ganaban más de cien mil dólares al año. Las ganadoras representaban algo así como el 0,05% de las 600.000 mujeres que conformaban la fuerza de venta estadounidense. Otro ejemplo del Efecto Mateo por el que unos pocos se quedan con todo.

La pirámide Mary Kay tenía quince jerarquías establecidas con rigurosidad. En "Pink Truth[272]" —un sitio en el que muchas exconsultoras compartían sus experiencias— se detallaba cada una de estas y lo que se requería para ascender[273].

 *Pink Truth*

 *Pink Truth, pirámide MK*

En el apartado anterior vimos que la FTC diferencia entre reclutar vendedores que cobran una comisión para vender productos, que es perfectamente legal, y generar los ingresos por medio de comisiones o cuotas participación, que no lo es. El término "cuota" es bastante ambiguo, pero la FTC multó a varias compañías de MLM (no a Mary Kay) por emplear esquemas piramidales. Mary Kay negaba ser un esquema piramidal ilegal ya que las comisiones las pagaba la compañía.

---

272 http://www.pinktruth.com/ (28/6/2021).
273 http://www.pinktruth.com/mary-kay-facts/the-mary-kay-pyramid/ (28/6/2021).

En *Pink Truth* se exponían todas las prácticas de Mary Kay, avaladas por muchos testimonios de mujeres que pasaron por la experiencia. En la mayoría de los casos, las participantes trataban de comprender cómo habían caído en la trampa. Desde el punto de vista de una nueva recluta, el modelo era simple: firmar un acuerdo de manera directa con la empresa, comprar los productos directamente de la empresa a precio mayorista, y luego venderlos a los consumidores finales a precio minorista (que es el doble que el mayorista). Al poco tiempo descubrían que los mayores ingresos provenían de las comisiones por reclutar nuevas consultoras, que eran las auténticas clientes. La prueba de esto último era que el espacio dedicado a remarcar las ventajas de trabajar para Mary Kay era mucho mayor que el dedicado a promocionar los productos (basta con escuchar el discurso de Sunden para corroborarlo).

Técnicas de venta sugeridas para consultoras Mary Kay (y para misioneros)

1. Habla con las personas cercanas (amigos, parientes, vecinos, conocidos, compañeros de estudios o del club, etcétera) sobre las oportunidades que ofrece el producto/servicio.

2. Entrega pequeños presentes (muestras, libros, manuales, medallas, etcétera) para predisponer bien al cliente potencial (y que quede "en deuda").

3. Acércate a comercios del barrio y pídeles a los dueños que te permitan dejar folletería, revistas y catálogos en las zonas de espera.

4. Escribe mails o cartas a los negocios de la zona para informar los productos que tienes para ofrecer.

5. Organiza eventos en los que se ofrezca tu producto y algún otro de la zona. Incentiva a la concurrencia con la promesa de muestras gratis o algún tipo de *merchandising*.

6. Apunta a algún grupo en especial para acotar la búsqueda. Por ejemplo, parejas a punto de casarse, padres primerizos o cual-

quier otro grupo que –preferentemente– atraviese alguna transición vital significativa (como la pérdida del trabajo o de algún ser querido) ya que estarán mejor predispuestos. Si hay lugares que frecuentan, dejar allí folletería y material informativo.

7. Promueve los productos/servicios en los grupos a los que concurres, como clubes deportivos o de lectura, o iglesias (en el caso de Mary Kay).

8. Usa las redes sociales para promocionar las actividades y los productos/servicios, y para hacer concursos.

9. Consigue que amigos, familiares y conocidos te refieran a personas de sus círculos de conocidos.

10. Mantén una relación cercana y amistosa con los clientes actuales. Llámalos de manera regular para preguntarles por sus necesidades. Siempre mantiene una actitud positiva y alegre.

La verdad rosa

Cuando una mujer decide convertirse en consultora de belleza de Mary Kay, todo parece tener sentido. El proceso es sencillo y la propuesta, clara. Se ingresa comprando un kit de productos inicial de precio accesible; se generan ingresos por la diferencia entre el precio de compra y el de venta, y se cobran comisiones por reclutar nuevas vendedoras. Se va creciendo en la pirámide a medida que se cooptan consultoras de belleza y que se venden los productos a consumidores finales. Ese crecimiento también impacta en los resultados, ya que aumentan las comisiones y los descuentos. Para no perder el nivel alcanzado se deben mantener ciertos niveles de compra. El éxito depende de respetar las reglas de la compañía, de ser perseverante, de asumir el compromiso, del tiempo que se esté dispuesta a dedicar, y de mantener la disciplina de generar eventos y reclutar.

Entonces, ¿por qué el 40% de las consultoras abandona en el primer año y un 60% más lo hace en el segundo?

Ante todo, no hay garantía sobre los ingresos y no se ofrece ninguno de los beneficios de cualquier empleo regular, lo que supone una presión económica que afecta a todo el grupo familiar. Los pagos con tarjeta de crédito van generando una deuda que va atrapando más y más a la vendedora. Esto último se ve agravado por la necesidad de cumplir cuotas de venta para mantener el estatus.

Asimismo, no es suficiente con decir "tú puedes". Son contadas las personas que tienen las habilidades y el temperamento requeridos para ejercer la presión que resulta necesaria para conseguir que otros entreguen dinero a cambio de una mercadería. Mucho menos para cooptar a otras personas. No todos nacen vendedores. Por el contrario, un traspié puede resultar en un golpe mortal para la autoestima de muchos.

Para cerrar, al poco tiempo se descubre que la manera de conseguir mayores ingresos es a través del reclutamiento, algo que, para muchas, es aun más difícil que vender productos tangibles.

Convertirse en una consultora de Mary Kay exitosa es mucho más que completar las formalidades iniciales y ponerle voluntad. Se deben superar difíciles desafíos diarios y tener un carácter particular (además de suerte) para llegar a un escalón en la pirámide en el que se generen ingresos que justifiquen el esfuerzo. La prueba más contundente es el ínfimo porcentaje que lo logra.

Social selling, la evolución de la venta directa durante la pandemia

Las cuarentenas le dieron un fuerte golpe a la venta directa. La imposibilidad de hacer reuniones en lugares cerrados pegó en la base misma del sistema. Como en otras modalidades de comercialización, la imposibilidad de realizar ventas presenciales abrió el camino para otros sistemas. Uno de estos fue el *social selling*, que es una forma de venta directa online, pero con herramientas diferentes.

El *social selling* consiste en usar las redes sociales para contactar clientes a través de plataformas como Instagram, Twitter, Facebook, LinkedIn y otras. Además de tener acceso a los contactos, hay que fortalecer la relación con ellos, asesorándolos en el momento justo. No hace falta tener millones de seguidores, sino una cierta cantidad con quienes se mantiene una relación fluida.

El modelo clásico de *influencer* es el que tiene miles y miles de seguidores con quienes rara vez interactúa de manera individual. Pero el valor de una red no depende solo de la cantidad de vínculos sino, también, de la "fortaleza" de estos. La fortaleza está directamente asociada con el número de interacciones por unidad de tiempo. Los compañeros del trabajo, los familiares cercanos y otras personas con las que nos comunicamos varias veces por día, son vínculos fuertes. Son las personas con las que nos une una relación de confianza.

En muchos casos, los cosméticos y otros productos de belleza deben adaptarse a las características personales de quien los usa. No se trata solo de comprar productos de un catálogo, a veces se requiere asesoramiento. Es allí donde ingresan las asesoras (o "consultoras"); y para ser asesora hay que generar confianza. Por eso, para tener éxito en el *social selling* no es necesario tener infinidad de contactos, sino mantener lazos fuertes con los que se tienen.

Durante los peores meses de la pandemia las redes también sirvieron para contener —al menos en parte— a las personas que trabajaban en sistemas de venta directa. Quienes mejor se adaptaron fueron aquellos que ya tenían experiencia vendiendo online. Como en otros casos, es probable que en el futuro se llegue a un modelo híbrido. Reunirse en casas de conocidas para intercambiar novedades, recetas, ideas y productos de belleza mientras se toma un rico té con masas, es un modo de interacción social que no se puede reemplazar con una pantalla de video.

Willow Creek Community Church

La Willow Creek Community Church (WCCC)[274] es una mega iglesia cristiana evangélica cuyo *campus* está situado en South Barrington, un suburbio de Chicago, Illinois. Además, tiene otras siete franquicias dentro de la misma área. Con algo de 26.000 asistentes durante el fin de semana, está ubicada en el quinto[275] puesto dentro de las iglesias de Estados Unidos. El mero hecho que exista un ranking de asistentes a las iglesias muestra la fuerza de la competencia que existe entre ellas para captar fieles/clientes, un comportamiento típico de las empresas "terrenales".

Willow Creek Community Church

Desde que fue fundada por Bill Hybels y Dave Holmbo, en 1975, tuvo un crecimiento exponencial que la convirtió en la favorita para casos de estudio de Harvard Business School[276] y para Stanford Graduate School of Business[277], incluyendo uno del célebre gurú del *management* Peter Drucker, titulado "What Business Can Learn from Nonprofits[278]" ("Lo que los negocios pueden aprender de las organizaciones sin fines de lucro"). Como cualquier empresa secular, esta Iglesia tiene establecida

---

274 https://www.willowcreek.org/ (28/6/2021).

275 https://247wallst.com/special-report/2017/10/11/25-largest-churches-in-america/6/ (28/6/2021).

276 James Mellado, con la supervisión del profesor Leonard A. Schlesinger: *Willow Creek Community Church*. Harvard Business School. Número de caso 9-692-102; febrero de 1999.

277 Drabkin, Davina y Meehan, Bill: *Willow Creek Community Church: What Really Makes a Difference?* Stanford Graduate School of Business. Número de caso SM1-198; 1 de abril de 2012.

278 Drucker, Peter: "Qué pueden aprender los negocios de las ONGs". *Harvard Business Review*, Julio-Agosto 1990; páginas 88 a 93.

una *misión*: "Convertir a las personas no religiosas en devotos seguidores completos de Jesucristo"; en términos de *marketing*, sería conseguir nuevos usuarios y fidelizarlos.

Hybels explica que el secreto del éxito se debe a "conocer al cliente y poner primero sus necesidades". Antes de fundar la Iglesia condujo una encuesta informal entre personas de la zona de Chicago para identificar qué razones tenían para no ir a los servicios religiosos. Las respuestas se agruparon en:

1. Las iglesias están siempre pidiendo dinero (pero no se apreciaba nada de lo que se hacía con ese dinero).
2. Los servicios religiosos son aburridos.
3. Los servicios religiosos son predecibles.
4. Los sermones son irrelevantes para la vida diaria en el "mundo real".
5. El pastor hace sentir culpables e ignorantes a las personas, entonces dejan la iglesia peor que cuándo entraron.

Una vez que tuvieron los datos de la encuesta, los fundadores se enfocaron en crear una organización de servicios que atrajera de manera permanente nuevos clientes y a su vez capacitaba a estos para atraer a otros. Como veremos más adelante, la metodología era similar a la usada por Mary Kay para formar un esquema piramidal: en este caso, el "misionero" capta a otros, primero de su entorno, y, a la vez, los estimula para que consigan nuevos adeptos. También se recurre a reuniones para cantar o leer la Biblia.

Se podría argumentar que en este caso no se *exige* retribución en dinero y, por lo tanto, se trata de una actividad desinteresada que solo persigue "salvar almas". Sin embargo, aunque en primera instancia parecería que el dinero no está involucrado de manera directa, cooptar nuevos adherentes sirve para conseguir prestigio y visibilidad dentro de la organización. Los que están en los escalones superiores de la pirámide tienen mayor influencia, lo que les facilita contactos para desarrollar sus actividades comerciales. De hecho, recurrir a la comunidad religiosa era una de las recomendaciones que Mary Kay le daba a sus consultoras.

La infraestructura

Apoyándose en las necesidades de sus clientes potenciales, Hybels y Holmbo lanzaron una Iglesia que creció al punto de que su "centro de adoración" tiene asientos para casi 7.100 personas (uno de los auditorios más grandes de Estados Unidos), organizados en bandejas de varios niveles. El *campus* tiene todos los *amenities* imaginables: cafés temáticos, canchas de básquetbol, servicio de guardería, patios de comida, además de estacionamiento para más de cuatro mil vehículos[279]. El mayor desafío de WCCC era el de gestionar el crecimiento, de allí que Hybels haya buscado la conciliación entre el liderazgo religioso y el *management* profesional. El edificio en sí en nada se parece a una iglesia, no hay crucifijos, ni imágenes, ni ningún otro símbolo religioso que lo indique. Tanto es así que la revista *The Economist* se preguntó: "¿Dónde en el nombre de Dios está la iglesia?"[280].

Todo está preparado para ofrecer un gran show para que nadie se aburra. El equipo de sonido y de luces tiene pantallas LED de última generación similares a las de los grandes estadios deportivos. Emplean aproximadamente diez cámaras de alta definición para las trasmisiones de conciertos de rock en vivo.

Vista aérea

---

279 https://www.youtube.com/watch?v=97k9CBinVec Tour aéreo por el campus. (28/6/2021).
280 *Jesús, CEO*. 20 de diciembre de 2005. https://www.economist.com/special-report/2005/12/20/jes-us-ceo (13/7/2021).

Segmentación del mercado

Las investigaciones mostraban que en Estados Unidos había decaído el interés por las iglesias tradicionales. WCCC mantuvo el "producto" (el mensaje básico del cristianismo de que se puede conseguir la salvación del alma creyendo en Jesús), pero ajustó el *packaging* para cada nicho del mercado.

Los clientes estaban divididos en segmentos. El primero estaba conformado por los llamados "buscadores" (*seekers*) que eran los recién llegados que buscaban una Iglesia. WCCC estimaba que más del 50% de los asistentes a estos servicios estaba compuesto por personas que de otra manera no tendrían Iglesia[281].

Para facilitar la integración de los nuevos asistentes, había docenas de grupos de afinidad, desde entusiastas del motociclismo hasta veganos. La Iglesia prestaba servicios sociales, tan diferentes como *counseling* para adictos a la bebida y el sexo, y talleres mecánicos. También había áreas de esparcimiento, desde canchas para practicar deportes hasta un microcine. Otros mega complejos religiosos tenían entidades bancarias, farmacias y colegios.

Para caracterizar al *target* y para ganar en eficiencia, WCCC trazó un perfil específico (un *avatar*[282]) de los "buscadores", con la mira puesta en hombres profesionales entre 20 y 50 años (aunque las características de los asistentes fueran más amplias). Se apuntaba en especial a hombres ya que eran más difíciles de cooptar que las mujeres, más abiertas y sensibles a los evangelios. Los avatares de los "sin iglesia" fueron bautizados Harry y Mary.

Se diseñaron los servicios desde cero, teniendo en cuenta las necesidades de este grupo de clientes. Lo importante era satisfacer todos sus deseos, siempre que no estuvieran en contra de la doctrina bíblica, por supuesto.

---

281 Mellado y Schlesinger, 1999, p. 4.
282 Ver Capítulo 4: *Marketing religioso*.

Según Hybels:

La primera impresión de la iglesia que tienen los buscadores se da desde que entran al terreno. Inicialmente, el buscador encontrará a un policía en la entrada al campo para facilitar el control del tránsito. Los jardines están inmaculados, el césped cortado, los árboles y las flores se plantaron para que causen buena impresión a la vista... Una vez dentro del edificio, el buscador encontrará individuos que estarán felices de responder cualquier pregunta que él o ella pudieran tener, pero sin agobiarlos[283].

Como en los parques de diversiones temáticos, el personal está entrenado para monitorear la experiencia del usuario y aplicar técnicas de "servicio de excelencia total". Para hacerlos atractivos, la estructura de los servicios tenía seis componentes: música, teatro, lectura de las escrituras, anuncios, ofrendas y mensaje.

El segundo segmento lo componían aquellas personas que ya eran cristianos. Los servicios eran similares a los de otras iglesias tradicionales. Para Hybels:

¡Los buscadores eran fundamentalmente diferentes de alguien que ya estaba convencido y no había manera de satisfacer las necesidades de ambos con una estructura de servicios única![284]

Escucharon la sugerencia de san Pablo que vimos antes, de adaptarse a la audiencia.

Customización[285] **masiva**

Otro de los problemas del crecimiento era cómo gestionar una organización de tal magnitud sin perder el trato personal con los feligreses. Cuando las personas se acercan a la iglesia ("servicios") buscan tener

---

283 Ibíd. 9

284 Ibíd. 5.

285 Un término sin traducción exacta (perteneciente a la jerga del marketing) que significa algo así como "a medida masivo" (lo que constituye un oxímoron), que indica el abaratamiento de los productos a medida que permiten los sistemas de producción basados en informática.

cierta intimidad para compartir sus problemas y recibir ayuda y consuelo. Esa necesidad fue cubierta con un formato que fuera "grande y pequeño al mismo tiempo". El modelo de marketing multinivel fue la respuesta. Se armaron pequeños grupos (de seis a ocho personas) de miembros de la congregación con algún aspecto en común (ocupación o edad, por ejemplo). Las reuniones eran facilitadas por un ministro capacitado para la tarea. En las reuniones se cantaba, se enseñaba la Biblia y se trataban los problemas comunes y personales.

Otra técnica era la de segmentar los servicios religiosos. Los de los domingos para los buscadores (a quienes se busca facilitar la llegada) y el de los miércoles para los comprometidos, diseñado para profundizar la fe.

Una tercera manera era crear una red satélite de iglesias asociadas (una suerte de franquicias religiosas) para "estar cerca" y que nadie necesitara viajar más de 50 o 60 kilómetros desde su hogar para llegar a la iglesia.

En línea con esto último, WCCC tenía una rama de consultoría que trabajaba con varios miles de iglesias. Daba cursos de liderazgo a los que se traían invitados célebres, gurús de *management* y hasta el mismo Bill Clinton. Esta actividad generaba veinte millones de dólares en 2005[286].

Pirámide evangélica

Desde la aparición de las redes sociales, comenzó a ser habitual recibir invitaciones a participar de "fiestas" virtuales del estilo de las físicas de Mary Kay, Tupperware y otros sistemas similares. Como dice Katharine Strange[287], nunca hay que hacer negocios con conocidos y parientes, ya que hay una relación inversa entre la calidad del producto y el esfuerzo para venderlo. Eso es válido también para las iglesias.

---

286 Aproximadamente 28 millones de dólares a valores de 2021.

287 https://medium.com/@katyjonesstrange/the-evangelical-pyramid-scheme-dcf9d3d22516

Evangelismo significa "buenas noticias", pero cuando un extraño golpea a la puerta y hace preguntas inadecuadas en momentos inoportunos, la noticia no es tan buena como predican.

Para ser un buen vendedor hay que conseguir resultados. Tanto para los evangelistas como para las consultoras de Mary Kay, el éxito se medía por la cantidad de nuevos adeptos que se hubiese cooptado. Podía ser en la calle, en reuniones o en "fiestas de belleza". Salvar almas y salvar a las mujeres de la dependencia financiera es la medida del éxito del vendedor o vendedora de WCCC y de Mary Kay. Ambos reciben a cambio dinero y prestigio[288].

Como ocurrió en todos los casos que hemos analizado, la pandemia impactó también en las iglesias evangelistas. Una empresa como WCCC, montada para dar shows en vivo y para congregar miles de fieles en estadios gigantescos, lo sintió más que otras[289]. A comienzos de 2021 las cosas comenzaban a mejorar y había grandes expectativas sobre el retorno a la presencialidad[290].

---

288 En marzo de 2018 el pastor Bill Hybel, fundador de la Iglesia, tuvo que renunciar luego de una serie de denuncias sobre los abusos sexuales que había cometido por varios años. Meses más tarde, renunció todo el cuerpo directivo (*elders*) para "facilitar la investigación" y ante la sospecha de haber encubierto a Hybel. https://www.washingtonpost.com/religion/2019/03/01/independent-report-finds-allegations-against-willow-creek-founder-bill-hybels-are-credible/

289 https://www.horizons.net/blog/pastor-spotlight-tim-stevens-willow-creek-and-leading-church-during-covid-19-part-one (15/7/2021).

290 https://www.dailyherald.com/news/20210212/how-willow-creek-church-will-reopen-south-barrington-campus-next-month (15/7/2021).

Cuadro comparativo

Mary Kay	Willow Creek Community Church
Fundadora visionaria.	Fundadores visionarios.
Crecimiento exponencial.	Crecimiento exponencial.
Marketing multinivel (esquema piramidal).	Marketing multinivel (esquema piramidal).
Consultoras de belleza.	Misioneros.
Venta directa.	Venta directa.
Reuniones multitudinarias anuales.	Reuniones multitudinarias semanales.
"Fiestas de belleza" para grupos de 6 a 8 personas. Promoción, entrenamiento y venta.	Reuniones "de amigos" para grupos de 6 a 8 personas. Promoción, enseñanza y cooptación.
Invitados: amigos, conocidos, familiares y otros allegados.	Invitados: amigos, conocidos, familiares y otros allegados.
Misión: "salvar a las mujeres".	Misión: "salvar almas" (liberarlas del mal).
Cooptación de nuevas consultoras por parte de las iniciadas.	Cooptación de "buscadores" por parte de los ministros.
Formación de consultoras.	Formación de ministros
Motivación: prestigio, ingresos, independencia económica, socialización, "ayudar a otras mujeres".	Motivación: prestigio, ingresos (indirectos), socialización, "salvar almas".
Bajas barreras para el ingreso.	Bajas barreras para el ingreso.
Promoción orientada a nuevas consultoras.	Promoción orientada a nuevos ministros.
Primero Dios, luego la familia, luego el trabajo.	Primer Dios, luego la familia, luego el trabajo.
Mayoría de consultores independientes.	Mayoría de ministros independientes.
Sistema de franquicias.	Sistema de franquicias.
Perfil de los clientes: mujeres vulnerables (problemas económicos, pérdida de empleo, hastío, separación, soledad, etcétera).	Perfil de los clientes: personas vulnerables (pérdida de empleo, soledad, separación, muertes cercanas, etcétera).

Reflexión sobre los evangelistas y Mary Kay

El hecho de que Mary Kay haya sido una devota cristiana es el primer elemento que ayuda a entender las similitudes entre ambas organizaciones que estamos analizando. De manera consciente o no, ella conocía muy bien cuáles eran las estrategias empleadas por las iglesias evangelistas para hacer lo que su nombre indica: evangelizar. La combinación de personalización (reuniones de pequeños grupos) con la masificación (mega ceremonias) es un combo perfecto de intimidad y excitación ideal para captar y mantener adeptos.

La "evangelización" es la misión explícita de esa variante de cristianismo, lo cual habilita a sus promotores a emplear las herramientas necesarias para tener éxito en ese propósito. Desde esa perspectiva es legítimo que el marketing sea una de las principales, de allí que exista una impresionante cantidad de bibliografía para capacitar a los pastores.

Otra característica esencial es la cultura individualista propia del protestantismo. Un pastor no necesita pasar por un largo proceso de "capacitación" oficial comandado desde un poder central, porque este no existe. Uno de los principios básicos inculcados por Lutero y Calvino es la libre interpretación de las Escrituras. Por eso, el invento de la imprenta fue uno de los mayores golpes (no el único) que la tecnología le dio a la Iglesia católica.

Segunda parte: McKinsey y los jesuitas

Introducción

Como toda organización fuerte, la Firma[291] tiene una cultura poderosa basada en valores compartidos y experiencias comunes. Todos los mckinseys[292] atraviesan un programa riguroso de entrenamiento y sufren a lo largo de largas noches en la oficina. Para los extraños, esto puede hacer parecer a la Firma como monolítica y prohibitiva – un libro reciente sobre consultoría ligaba a McKinsey con los jesuitas.[293]

Ethan Raisel

El aura misteriosa de los jesuitas también se asocia al nombre McKinsey. El secreto y la reserva atraviesan a ambas corporaciones. En este capítulo veremos cómo la "Firma" empresaria y la "Compañía" religiosa[294] emplean herramientas y dispositivos similares para instituir ese secretismo.

Como en cualquier organización exitosa, el primer punto destacado es el papel primordial que jugaron sus fundadores. En ambos casos (la corporación McKinsey y los jesuitas) fueron personajes enérgicos, determinados, comprometidos y con gran capacidad de liderazgo. Ignacio de Loyola y Marvin Bower fueron emprendedores que dejaron huellas indelebles en las empresas que contribuyeron a fundar. Los dos también reconocieron el papel esencial que el liderazgo y la formación de líderes tendría para cumplir con el objetivo básico de toda institución: subsistir más allá de las personas.

Ambos coincidieron en la necesidad imprescindible de detectar y seducir al mejor talento para conseguir el aura que iba a diferenciar a sus órdenes de la competencia. Aún hoy se mantiene el enfoque original

---

291 "La Firma" es el apodo familiar con el que los miembros de McKinsey mencionan a la empresa.

292 El nombre con que se conocen los miembros —en general activos— de la corporación McKinsey.

293 Raisel, Ethan: *The McKinsey Way;* McGraw-Hill, New York, 1999, página xii.

294 Del mismo modo que los mckinseys tienen una manera cariñosa de mencionar a la empresa, para los jesuitas la Compañía de Jesús es solo la "Compañía" o la "Sociedad".

instituido por estos padres fundadores en pos de la búsqueda de la excelencia. La abundancia de miembros talentosos no ha ido en desmedro de una moral corporativa común, en la que se destaca el valor que los individuos dan a la institución y el espíritu de cuerpo de sus integrantes.

La Compañía y la Firma comparten también la visión del mundo. Llamar a los Jesuitas "compañía"[295] resalta el paralelo con las compañías modernas[296], así como con las de carácter militar (profesión que san Ignacio comparte con san Pablo). Para los jesuitas, la idea de "globalización" es algo innato. Su organización nació para "ser lanzada al mundo". El espíritu explorador, colonizador y misionero es propio de la idiosincrasia jesuítica.

McKinsey tuvo un origen similar. A poco de su fundación ya se diseminaba por el mundo para responder a las necesidades de sus clientes. Esta visión global compartida se observa también en el pragmatismo como ética predominante. Ambas se esfuerzan por "bajar las ideas a la Tierra" y por encontrar los medios para poner las cosas en marcha.

Las dos corporaciones se colocan al servicio de las altas esferas del poder. Ambas actúan como "consultoras", es decir, asesoran a los poderosos. Brindan soluciones estratégicas para resolver situaciones complejas y de largo plazo. Para Chris Lowney, algunos de los lugartenientes de Loyola demostraron que, de haber nacido unos siglos después, hubieran tenido las capacidades adecuadas para ocupar lucrativos puestos de consultoría[297].

Perfil corporativo de McKinsey & Company

El origen de la industria de la consultoría de *management* está ligado de manera íntima con el surgimiento de McKinsey. En 1924, James O. McKinsey

---

295 En español en el original.

296 Lowney, Chris: *Heroic Leadership*. Loyola Press, Chicago, Illinois, 2003, página 60.

297 Lowney, 2003, p. 102.

lanzó la idea que luego sería consolidada por Marvin Bower, su padre adoptivo. El concepto era simple: aplicar el modelo tradicional de los estudios de abogados a problemas de negocios. La Firma ganaba más dinero por sus servicios que cualquiera de sus competidoras. Con aproximadamente treinta mil empleados trabajando en ciento treinta ciudades[298] ocupaba —junto con BCG y Bain— el podio de la industria[299]. Las "Big Three" o MBB, eran a la consultoría estratégica lo que Federer, Nadal y Djokovic son al tenis.

Aunque jamás revelaría quiénes son sus clientes (la reserva es esencial para ganar la confianza de los poderosos), en el ambiente de negocios se sabía la Firma asesoraba a una impresionante lista de corporaciones multinacionales que incluía a gran parte de las Fortune 500. McKinsey se enorgullecía también de servir —sin fines de lucro— a instituciones educativas (preferentemente universidades famosas), sociales, ambientales y culturales. Los políticos y el sector público tampoco se quedaban fuera. Asimismo, realizaba más tareas de investigación que las escuelas de negocios de Wharton, Harvard y Stanford combinadas, lo que contribuía a que sus integrantes reforzaran su prestigio. Los filtros de ingreso eran tan exigentes que solo mil de los aproximadamente cien mil candidatos que aplicaban cada año lograban ingresar. Parte del "gancho" era promocionar que el mérito personal es el único criterio de selección.

En McKinsey regía una única política de evolución profesional: *up-or-out*, es decir, "arriba o afuera". Luego de cada evaluación (en general anual), aquellos que no ascendían debían dejar la compañía. Por más que se hablara de "trabajo en equipo", una política así desataba una lucha sangrienta entre los empleados que querían crecer en la carrera corporativa. Sin embargo, aunque hubieran abandonado la Firma, llevaban grabadas a fuego para siempre su cultura y su mística. El haber pertenecido alguna vez al selecto grupo de elegidos los convertía en *alumni*, una auténtica hermandad para toda la vida. Eran decenas de miles de

---

298 https://www.mckinsey.com/about-us/overview (29/6/2021).

299 https://www.linkedin.com/pulse/how-top-consulting-firms-rank-from-prestige-lifework-balance-byrne/ (29/6/2021).

personas que, luego de haberse entrenado en la Firma, se ubicaban en puestos claves de las más grandes corporaciones del mundo.

Un artículo de *The Sunday Times*[300] llegó a bautizar esa suerte de cofradía como "McKinsey mafia", por el hecho de tener a sus ex miembros dispersos en puestos directivos claves de corporaciones multinacionales. También se asimiló esta conducta al de una secta masónica. La Firma tiene perfectamente asumido su carácter de "sociedad secreta". Comentarios de este estilo solo provocan hilaridad entre sus integrantes y reafirman su misteriosa aura. Sobre eso, la revista británica *The Economist* decía que el negocio de la consultoría estratégica es un cuento de misterio e imaginación, ya que nadie parece saber bien de qué se trata. Los consultores contribuyen a mantener el misticismo suplicando confidencialidad a sus clientes y refugiándose detrás de términos como *value propositions* y *service offers*[301] ("propuesta de valor" y "oferta de servicio"). Más allá del idioma en el que se exprese el cliente, el uso de jerga en inglés suma cuando se busca mostrar una imagen más *cool* y "profesional".

Para la misma revista, los *mckinseys* se sienten los *smuggest guys in the room* (que se podría traducir como "los chicos más agrandados del cuarto"), y sufren de complejo de superioridad y de alucinaciones colectivas[302]. Clayton Christensen[303] —un prestigioso profesor de Harvard ya fallecido— lo explicaba de la siguiente manera:

> *Cuando* [las corporaciones] *contratan una empresa de consultoría estratégica, los clientes no saben de antemano lo que obtienen, porque buscan conocimientos de los que ellos mismos carecen. Tampoco pueden medir los resultados porque factores externos, como la calidad de la ejecución, influyen en el resultado de las recomendaciones del consultor.*

---

300 *The Sunday Times*, 3 de septiembre de 1995. Citado por Elizabeth Haas Edersheim *en McKinsey's Marvin Bower*, John Wiley & Sons, New Jersey, 2004, página 223.

301 "The advice business", artículo publicado en la revista *The Ecomomist*, 20 de marzo de 1997.

302 https://www.economist.com/business/2021/03/03/mckinseys-partners-suffer-from-collective-self-delusion (28/6/2021).

303 https://en.wikipedia.org/wiki/Clayton__Christensen

En otras palabras, cuando se contratan los servicios de la Firma se lo hace a ciegas, es un auténtico acto de fe. Para tomar la decisión hace falta que todos crean que son algo así como magos o pitonisas, por eso es imprescindible que sus consultores sean los primeros en "creérsela". El impulso a la autoestima de los *mckinseys* comienza desde el reclutamiento ("somos el uno por ciento superior") y continúa con el "programa de inducción". Para elevar su autoestima hasta la estratósfera, el día uno, la Firma envía a los *juniors* a realizar *bonding* (a "integrarse" con otros como ellos) y a "empaparlos" de la cultura o ADN (recomendamos esta última denominación) organizacional. El *onboarding* (metáfora aeronáutica que significa lo mismo que inducción, pero mucho más *cool*, con la ventaja adicional que demuestra buen manejo de la jerga del *management*) arranca en los mejores resorts de cualquier parte del mundo. De más está aclarar que viajan al menos en *business class* y que llevan la tarjeta de crédito corporativa (con olorcito a plástico nuevo) en la billetera. No es casual que trabajar en las Big Three sea la aspiración de cualquier recién graduado en MBA[304].

Por su parte, para el funcionario de la empresa que contrata a la consultora, trabajar con McKinsey es una suerte de reaseguro, ya que si las cosas salen mal habrá sido por culpa de los consejos de los "mejores" (es difícil que alguien se atreva a objetar la contratación sin ser mirado de reojo por el resto). Para la Firma también cierra porque, si las cosas salen mal, habrá sido por culpa de los *mortales* que se encargaron de ejecutar sus recomendaciones. Un auténtico *win-win*.

Por eso es imprescindible basarse en la reputación y otros elementos místicos como los antecedentes educativos (el "pedigrí"), la elocuencia (la "labia") y el porte (la "facha") de los consultores como sustitutos de los resultados tangibles. Crear esa imagen es la auténtica capacidad distintiva de los *mckinseys*.

---

304 MBA: *Master in Business Administration* o Maestría en Administración de Negocios. Es el posgrado más elegido por aquellos que desean desenvolverse en la dirección empresaria.

Perfil de la Compañía de Jesús

Fundada en 1534 por Ignacio de Loyola, la Compañía de Jesús se desarrolló en un mundo convulsionado, por esos sus principios y métodos fueron ideados para lidiar con dificultades que trascendían lo estrictamente religioso. Si querían triunfar debían ser realistas y estar dispuestos a usar herramientas similares a las de sus enemigos, como los reformistas, los paganos y el resto de los herejes. Se trataba de una cuestión elemental de supervivencia. San Ignacio era militar y sabía lo que implicaba tener que combatir en las guerras religiosas que se estaban librando en Europa, entre protestantes y católicos. Según Leopoldo Lugones:

> *La Compañía de Jesús fue creada con el objeto ostensible de combatir al protestantismo, y hasta puede creerse que su fundador no tuvo otro; pero las instituciones populares, son siempre copia reducida del medio donde nacen, dependiendo del éxito de su conformidad con las tendencias predominantes en él. El rápido incremento de la Compañía demuestra entonces cuánta era esta conformidad... Predominó en la orden el carácter político, dentro de la organización militar (la "compañía" y la "milicia de Jesús" son sus denominaciones corrientes); al revés de las comunidades contemplativas, no rehuyó el contacto con el mundo al tomar éste nuevas direcciones*[305].

"Compañía de Jesús" no es un nombre casual, es una denominación castrense.

A las guerras religiosas se le sumaron otras complicaciones como el descubrimiento de América, el surgimiento del comercio con Asia, los efectos de la invención de la imprenta (con la consiguiente propagación masiva del conocimiento y la posibilidad de la lectura individual de la Biblia en idiomas que no fueran el latín, lo que le quitó a la Iglesia el monopolio de la interpretación) y la competencia que los movimientos protestantes representaron para los católicos. El ex seminarista jesuita, Chris

---

305 Lugones, Leopoldo: *El Imperio Jesuítico*. Editorial de Belgrano, Buenos Aires, 1981. Página 55.

Lowney[306] explica que la Compañía fue lanzada a un mundo de complejidad creciente y cambio, por lo cuál es natural que los líderes jesuitas valoraran los mismos comportamientos y modelos mentales de las empresas del siglo XXI. Innovación, flexibilidad, adaptabilidad, visión global y asumir riesgos, son habilidades necesarias en esa clase de contextos.

La Compañía fue la respuesta a la necesidad de enfrentar a los protestantes, cuya visión del mundo era mucho más pragmática que la de las congregaciones católicas de entonces. Por eso, además de los tres votos sacerdotales habituales (obediencia, pobreza y castidad), los "jesuitas"[307] realizaban un cuarto voto de obediencia al Papa. Sus miembros estaban siempre preparados para lanzarse "en misiones" a cualquier lugar del mundo donde el pontífice lo indicara. Para Jonathan Wright, aunque no fue creada como el antídoto católico de Lutero, en poco tiempo se convirtió en la campeona de la Contrarreforma, "martillo de herejes y consuelo de creyentes"[308].

Sobre este aspecto, Edmond Paris (otro estudioso de la historia de los jesuitas) sostiene:

El espíritu de lucha continuó creciendo con el paso del tiempo, porque además de las misiones en países extranjeros, las actividades de los hijos de Loyola empezaron a enfocarse en las almas de los hombres, especialmente entre las clases gobernantes. La política es su principal campo de acción, ya que todos los esfuerzos de estos "directores" se concentran en un objetivo: la sujeción del mundo al papado y, para lograrlo, primeramente, las "cabezas" deben ser conquistadas. ¿Cómo se puede alcanzar este ideal? Con dos armas importantes: ser los confesores de los poderosos y de aquellos que están en puestos elevados, y la educación de sus hijos. De este modo, se asegura el presente mientras se prepara el futuro[309].

---

306 Lowney, Chris; *Heroic Leadership*; Loyola Press, Chicago, Illinois, 2003.

307 El apelativo de "jesuita" se comenzó a usar de manera despectiva en el siglo XVI; sin embargo, tal vez por razones de comodidad, es el que se emplea habitualmente para mencionar a los integrantes de esta congregación. Hoy perdió dicho cariz negativo.

308 Wright, Jonathan: *The Jesuits*. HarperPerennial, New York, 2005. Edición consultada: *Los Jesuitas. Una historia de los "Soldados de Dios"*; Editorial Sudamericana, Buenos Aires, 2005, página 23.

309 Paris, Edmond; *La historia secreta de los jesuitas*. Chick Publications, Ontario, California, 2006. Página 26.

Adaptabilidad y flexibilidad

Las opiniones de los autores estudiados coinciden en sostener que en la Compañía se observa una flexibilidad respecto a los dogmas bastante superior a la que rige en otros sectores de la Iglesia católica. Por ejemplo, los "nuevos cristianos" (judíos conversos), que eran rechazados por otras órdenes religiosas, eran aceptados por los jesuitas. Una posible explicación de esa tolerancia se puede encontrar en *La cuestión judía*, la obra en que Marx[310] traza un perfil de ese pueblo.

Tal vez haya sido esa misma amplitud la que hizo que siempre estuvieran en el centro de los debates de la Iglesia católica. Las tensiones llegaron al punto de ser proscriptos por el papa Clemente XIV en 1776. Sobrevivieron solo gracias a la firme determinación de sus líderes, a su capacidad de moverse sigilosamente y a la protección de la zarina de Rusia, Catalina la Grande.

Aunque al principio no había restricciones para los "nuevos cristianos", luego de un siglo de la muerte de Ignacio se impusieron condiciones para su ingreso. Por entonces, la Compañía se había convertido en una corporación más poderosa que el Vaticano y comenzaba a perder apoyo en Europa[311].

Los fundadores: Bower e Ignacio de Loyola

Marvin Bower[312] fue "el auténtico McKinsey"[313]. La Firma fue fundada por James "Mac" McKinsey, quien murió por una neumonía en 1937, a los 48 años, cuatro años después de haber contratado a Marvin[314]. Fue

---

310 Marx, Carlos: *La cuestión judía*. Editores Dos, Buenos Aires, 1970. Edición original de1844.

311 Lowney, 2003, p. 223.

312 "The advice business", *The Economist*, 20 de marzo de 1997.

313 "The real McKinsey", *The Economist*, 30 de enero de 2003.

314 De manera similar, McDonald's no fue desarrollada por quienes le dieron su nombre sino por el "ajeno" Ray Kroc.

el último quien convirtió a McKinsey & Co. en la empresa de consultoría más prestigiosa del mundo. Tal como la historia del origen de la Compañía de Jesús es la de Ignacio de Loyola, la de McKinsey es la de Marvin Bower. Ambos hombres tuvieron la visión y la determinación necesarias para fundar instituciones duraderas. Así como en su momento McDonald's fue asociada a la Iglesia católica, se suele comparar a McKinsey con los jesuitas[315].

El fuerte peso que ambos fundadores dieron a los valores institucionales y personales es uno de sus mayores puntos en común. Según una nota de la revista *Business Week* —publicada con motivo de su muerte—, Bower era el "sumo sacerdote" de McKinsey. Creía que los consultores eran los encargados de mostrar la verdad a sus clientes, aunque no fuera lo que esperaban oír[316]. A pesar de ese prestigio, la Firma se vio involucrada en varios escándalos, incluyendo el célebre caso de la empresa de energía Enron[317], uno de corrupción en Sudáfrica[318] y otro por la promoción del uso de la oxitocina[319] (un opioide de alto poder adictivo) que le costaron cientos de millones de dólares en arreglos, entre los casos más resonantes.

En la biografía de Bower escrita por Elizabeth Haas Edersheim, su discípula sostiene que Bower había sido un gran líder y maestro que no creía que el liderazgo podía ser enseñado, pero sí aprendido[320]. Al igual que Ignacio de Loyola, Bower fue un "líder de líderes"[321]. El liderazgo y la formación (algo que trasciende la mera educación) son los dos pilares culturales principales de la Firma y de la Compañía.

---

315 Ver: Raisel, 2002, p. xiv. También Sobel, Andrew: *Making Rain: The Secrets of Building Lifelong Client Loyalty*; John Wiley & Sons, New Jersey, 2003, página 219.

316 Byrne, John: "Goodbye to Ethicist". Publicado en *Business Week*, 10 de febrero de 2003.

317 https://www.britannica.com/event/Enron-scandal (11/10/2018).

318 https://www.bloomberg.com/news/articles/2021-05-25/mckinsey-to-repay-63-million-to-south-africa-s-transnet (4/7/2021).

319 https://www.nytimes.com/2021/02/03/business/mckinsey-opioids-settlement.html (4/7/2021).

320 Haas Edersheim, 2004, p. ix.

321 Haas Edersheim, 2004, p. 23.

Ignacio encontró la inspiración en su paso por el ejército y en las novelas de caballería. Luego de ser herido en batalla por una bala de cañón, fue sometido a terribles operaciones sin anestesia que debieron causarle un dolor tremendo. Durante su recuperación en el castillo de su hermano, solo encontró dos libros: *La vida de Jesús* y *La vida de los santos*. En este estado tuvo su visión mística. Según el R.P. jesuita Robert Rouquette:

> *Él dejaba a un lado los libros y soñaba despierto. Era un caso claro de ese juego imaginario de la niñez que continúa en los años de la edad adulta... Si permitimos que esto invada el área de lo psíquico, resulta en neurosis y abandono de la voluntad; ¡lo real llega a ser secundario!*"[322]

Durante esta experiencia comenzó la redacción de los *Ejercicios espirituales* y de las *Constituciones*, versiones equivalentes al manual de Bower que se conoce como *El libro azul*, en el cual el directivo iba dando las pautas para concretar proyectos: "Ejecución e implementación son la clave. El 'libro azul' es solo un 'libro azul', a menos que se haga algo con él. Hacer que las cosas se hagan es lo más importante".[323]

Loyola y Bower exigían un compromiso y una identificación completa con sus organizaciones. En el caso de los jesuitas, se ve en las exigencias de los *Ejercicios espirituales*. A los novicios se los separaba durante un mes de sus trabajos, de sus amigos, de las noticias y hasta de las conversaciones casuales. En ese aislamiento profundo toda la energía se debía volcar en el autoconocimiento. Toda duda sobre el compromiso que estaban a punto de asumir debía desaparecer. Los ejercicios "no son para espíritus conformistas. Son para gente capaz de poner en juego lo que tiene... Gente sedienta de conversión profunda..."[324]. Tal como a los

---

322 Rouquette, Robert: *Saint Ignace de Loyola*. Editorial Albim Michele, Paris, 1944. Página 6. Citado en: Paris: 2006, p. 18.

323 Raisel, 1999, p. 171.

324 https://jesuitas.es/es/inicio/espiritualidad-ignaciana/ejercicios-espirituales (18/7/2021).

mckinseys, desde el primer momento a los novicios se los inducía a creer que eran "espíritus" especiales. Luego de esta experiencia iniciática de clausura, se lanzaban al mundo guiados por las Constituciones.

La internalización de los preceptos de la Compañía se va dando a lo largo de años e, incluso, décadas. Cada escalón se denomina "probación" y la última es la tercera. Loyola estableció un sistema de despido que, hasta cierto punto, recuerda al "up-or-out" de McKinsey. Le da tanta importancia al asunto que las causas y los métodos que se deben aplicar para echar a un miembro ocupan varios capítulos de las Constituciones[325].

Al menos en tiempo de dedicación, la entrega requerida en McKinsey tampoco estaba demasiado alejada de la exigida por la Compañía. Era habitual que los consultores trabajaran ochenta horas semanales, o más. Luego de comer, dormir (los afortunados) e ir al baño, no quedaba tiempo para mucho más[326]. Se exigía un compromiso total con el cliente y con la Firma. Una vida de retirada de aquello que no fuera la misión empresaria. Por eso, para conseguirlo, se debía desarrollar la cultura con técnicas de iniciación similares a las religiosas.

En McKinsey se comenzaba por definir cuál era "el lazo de los valores compartidos"[327]. En uno de sus "memos azules"[328] (en tono de credo religioso) Marvin se refirió al "tipo de comportamiento que admiramos"[329]:

1. Primero admiramos a las personas que trabajan duro. Nos desagradan los *free riders*.
2. Admiramos a las personas con cerebros de primera clase.

---

325 Loyola, san Ignacio de: *Obras completas*. Edición manual. Transcripción, introducciones y notas: Iparraguirre, Ignacio S.I. y Dalmases, Cándido S.I. La Editorial Católica, Madrid, 1976.

326 Raisel, 1999, p. 162.

327 Re-ligar, "enlazar" valores compartidos es de lo que se ocupan las religiones.

328 Marvin había elegido ese color de papel para que sus mensajes se destacaran del resto. Era su símbolo personal.

329 Haas Edersheim, 2004, pp. 213 y ss.

3. Admiramos a las personas que evitan la política –la de oficina.

4. Despreciamos a los sapos que soban a sus jefes, que en general son los mismos que "patotean" a sus subordinados.

5. Admiramos a la gente con profesionalismo, los que hacen el trabajo con excelencia.

6. Admiramos a las personas que toman subordinados que son lo suficientemente buenos como para sucederlos. Lloramos a los temerosos.

7. Admiramos a las personas que construyen y desarrollan a sus subordinados, porque es la única manera de promover a los cuadros propios.

8. Admiramos a las personas que delegan. Cuanto más delegues, mayores serán las responsabilidades asumidas.

9. Admiramos a las personas con modales gentiles, que tratan a los demás como seres humanos, en particular a aquellos que nos venden cosas. Aborrecemos a los peleadores.

10. Admiramos a las personas bien organizadas, puntuales.

11. Admiramos a los que son buenos ciudadanos en sus comunidades.

El método de Loyola se apoya en cuatro pilares para alcanzar el éxito:

- Autoconocimiento[330] (o autoconciencia).
- Ingenio.
- Amor.
- Heroísmo.

El ideal de consultor de McKinsey y el de sacerdote jesuita debían tener cualidades similares. Tenían que estar dispuestos a trabajar duro

---

330 El término en inglés *"self-awareness"*, que es el empleado en el texto original, podría traducirse como "auto-conciencia" o "auto-conocimiento". Hemos preferido emplear la segunda acepción, pero para captar mejor el sentido dado por el autor, en ciertos casos deberían tenerse en cuenta ambas.

y a no ser temerosos (heroísmo); debían ser bien organizados y puntuales (autoconocimiento); debían ser gentiles, tratar a los demás con modales humanos y no ser *bullies* ni obsecuentes (amor); por último, debían tener cerebros de primera clase y profesionalismo (ingenio).

Retiros de capacitación: los ejercicios espirituales de los consultores

Tanto los *mckinseys* como sus primos jesuitas asistían de manera regular a "retiros de capacitación". Allí se realizaban ejercicios individuales y en equipo para estimular el autoconocimiento y el vínculo con los demás integrantes de la organización. Cada actividad iba arraigando la cultura en los miembros. Una vez que se había internalizado, la de los jesuitas se plasmaba en la expresión "modo de proceder" y la de los *mckinseys* en "la manera que hacemos las cosas acá".

Liderazgo y formación de líderes

El perfeccionamiento del liderazgo aparecía como el sustento del desarrollo institucional y de la persistencia temporal en ambas corporaciones, y explicaban su éxito. Marvin y Loyola eran líderes naturales. Los fundadores transmitieron a sus apóstoles su visión, sus valores y el deseo de sumarse a una empresa de alto riesgo en la que se jugaban el futuro.

Los consultores y los misioneros adquirieron pragmatismo, orientación a la acción y capacidad de liderazgo para "bajar a la Tierra" los principios corporativos. Su formación no se basaba en la imagen de un caudillo o de un líder carismático sino en modelos a seguir no personalizados. Para los jesuitas (ampliable a los *mckinseys*), el modelo se resumía en cuatro cualidades:

- Todos somos líderes, y estamos liderando todo el tiempo, bien o pobremente.
- El liderazgo surge del interior. Es tanto quién soy como qué hago.
- El liderazgo no es un acto. Es mi vida, una forma de vivir.
- Nunca se completa la tarea de convertirse en líder. Es un proceso continuo. [331]

Gracias al modelo no-personal, la delegación de autoridad o *empowerment*[332] quedaba naturalizada en la cultura de los líderes.

Un líder no se vuelve efectivo con la mera lectura de un manual de instrucciones o una serie de máximas; se necesitan cualidades personales y depende, a su vez, de una formación interior[333]. Es práctica y sentido moral apoyados en valores internalizados. La misión y la visión de la organización no se adoptan por el simple consejo de un "gurú", sino que se arraigan cuando los subordinados ven a los directivos tomar interés personal en la misión[334]. Ser líder es su vida.

Las fuentes de talento

Cuando Bower observó que McKinsey enfrentaba una crisis de crecimiento, resolvió aplicar una solución original y atrevida: comenzó a contratar jóvenes MBA recién egresados de las universidades más prestigiosas de Estados Unidos y los convirtió en consultores. Loyola también creía que la formación de las bases sería el único sustento duradero para el crecimiento de la orden. Aunque la Compañía no descarta ninguna fuente de talento, los jesuitas fundaron escuelas y universidades

---

331 Lowney, 2003, p. 15.

332 Sin una traducción exacta al español, se trata de algo así como "empoderamiento".

333 Esta idea es la que se desprende del "sentido del deber".

334 Norma de la que Ignacio de Loyola y Marvin Bower dieron sobrados ejemplos.

para cooptar y formar a sus miembros en vez de recurrir (solo) a universidades prestigiosas.

Como propone Platón en *La República* y practicaban los espartanos, la máxima que se atribuye a los jesuitas, "dame un niño de menos de 7 años y te entregaré un hombre", debe ser un principio rector de una empresa que pretenda cooptar miembros profundamente identificados con los principios corporativos para siempre. Algo similar sostenía Marvin, quien creía que, para transmitir los valores necesarios a los futuros consultores, las lecciones debían ser enseñadas a miembros diez años menores[335]. Las personas jóvenes son más sencillas de culturizar que las mayores, ya que son más abiertas al aprendizaje y a los cambios. De allí que sea mucho más efectivo grabar en ellas ideas y valores que permanecerán arraigados por el resto de la vida[336].

Por eso la educación es uno de los fundamentos de la Compañía. Hacia 1640 ya tenían más de quinientos centros educativos dispersos por el mundo. "Los jesuitas también traen a la mente instituciones educativas de calidad, con exalumnos que incluyen a Bill Clinton, François Mitterrand y Fidel Castro"[337]. La lista podría continuar con otros como el cardenal Richelieu, Maximiliano Robespierre y Raúl Castro. Aunque lo aplica a políticos latinoamericanos, las interpretaciones del libro de Loris Zanatta *El populismo jesuita, Perón, Fidel, Chávez, Bergoglio* se pueden extender a otros líderes que fueron educados bajo la vigilancia jesuítica[338].

El entrenamiento en McKinsey se diseñaba en diferentes etapas progresivas para "acompañar" a personas que no conocían la consultoría a fin de convertirse en consultores y luego transformarse en gerentes de consultores y luego en líderes de consultores[339]. Tal como en el caso de los jesuitas, el propósito era la formación de líderes de líderes. Para

---

335 Haas Edersheim, 2004, p. 64.

336 Sobre el primer proceso de socialización se puede consultar Berger y Luckmann, 1991, pp. 79 y s.s.

337 Lowney, 2003, p. 37.

338 Zanatta, Loris: *El populismo jesuita. Perón. Fidel, Chávez, Bergoglio.* Editorial Edhasa, Buenos Aires, 2021.

339 Haas Edersheim, 2004, pp. 52-53.

que la Compañía y la Firma pudiesen entregar el valor correcto a los clientes debían ser una fábrica de liderazgo[340]. Los que ejercían el poder debían preparar a los que seguirían. Al igual que un sacerdote, los consultores debían tener vocación de mentores de los más jóvenes. Ambas son corporaciones con visión de largo plazo.

Las redes sociales

No hizo falta que se inventaran ni Facebook, ni Instagram, ni LinkedIn para que tanto la Compañía como la Firma comprendieran el rol imprescindible que cumplen las redes corporativas. Pero las redes que ambas tienden no están abiertas al escrutinio del público. Tampoco pretenden conseguir miles de *likes*. En los dos casos estudiados, la clientela está conformada por las personas más poderosas de la sociedad, por lo que la necesidad de "reserva" está fuera de discusión. Tal como en otras sociedades secretas, el fundamento de su poder es la confianza y la seguridad de que se mantendrá la más estricta reserva. Una vez que los poderosos "saben que el otro sabe" el vínculo se torna casi indestructible. No en vano convertirse en confesor de gobernantes y ricos resulta una posición envidiable. Son casos en los que la comunicación debe ser muy discreta.

A diferencia de la liviandad que caracteriza a las virtuales, las redes de los jesuitas y de los *mckinseys* son estrechas y profundas, más allá de lo que los ajenos puedan imaginar. Es lo que convierte a estas organizaciones en auténticas hermandades donde es difícil entrar (y salir). La red de contactos es el esqueleto sobre el que está montada toda la estructura corporativa. La confianza entre ellos nunca puede ser traicionada.

La gran ventaja de pertenecer es que, como sostenía Marvin Bower respecto de McKinsey, "nunca caminas solo..."[341]. Una red de contactos integrada por las personas que más influencia tienen en el mundo

---

340 Haas Edersheim, 2004, p. 62.
341 Raisel, 1999, p. 57.

produce una sensación de seguridad cercana a la omnipotencia. No es extraño que sean los más agrandados del cuarto.

La desventaja principal de las organizaciones con tal espíritu de cuerpo es que el individuo pasa a segundo plano o, mejor dicho, a tercer plano: el cliente, la Firma, el consultor, en el caso de McKinsey; Dios, la Compañía y el cura, en el caso de los jesuitas. Es así como la capacidad crítica sufre un golpe mortal. La lealtad al grupo es un valor que pasa a estar por encima de la conciencia individual.

La búsqueda de la excelencia

En cuanto a la vestimenta, McKinsey empleaba aquello de *when in Rome...* El precepto era asimilarse a los clientes[342]. "Los asociados debían proyectar una imagen profesional no solo a través de la vestimenta, debían emanar cierto aroma o al menos no oponerse a las costumbres prevalecientes en el mundo de los negocios."[343] Se recuerda el ejemplo de Tom Watson, de IBM y los hombres de traje azul y camisa blanca[344].

Usar sombrero, para Marvin, era un asunto serio. A pesar de eso, fue el primero en dejarlo cuando se abandonó la costumbre, luego de que John F. Kennedy impusiera la nueva moda. Lo importante era evitar, a través de la apariencia, enviar imágenes que distrajeran la atención del cliente. No debía haber cosas fuera de lugar. Hasta los reportes de McKinsey tienen su propio formato[345].

La siguiente frase jesuítica podría haber sido pronunciada por Bower: "... corta tu traje de acuerdo con tu tela, solo déjanos saber cómo has actuado"[346], una metáfora que habilita a los misioneros a tomar inicia-

---

342 Se recomienda ver el capítulo *Marketing religioso*, en el que se profundiza el tema.

343 Haas Edersheim, 2004, p. 71.

344 Impulsadas por la moda, hace algunos años esas normas se flexibilizaron y en la *Big Blue* se permitió el uso de camisas que no fueran blancas.

345 Haas Edersheim, 2004, pp. 75/76.

346 De Guibert: *Jesuitas*. Citado en Lowney, 2003, p. 163.

tivas personales en tanto luego las compartan con la dirección. El "ingenio jesuita" es "la habilidad de innovar, de absorber nuevas perspectivas, de responder rápido a las oportunidades o amenazas, y de abandonar estrategias que ya no sirven para abrazar otras nuevas"[347]. Para un jesuita es mejor pedir perdón que pedir permiso. Pragmatismo al cien por ciento.

Corporaciones globales

"Suficiente, heme aquí". Con esta frase de Francisco Javier (uno de los primeros apóstoles de Loyola) queda definido el espíritu y la actitud misionera de los jesuitas: estar siempre presente y listo de manera incondicional para lo que se le encomiende. Este modo de proceder muestra una disposición única para lanzarse al mundo a difundir el precepto.

Se trata de la práctica de movilizarse a cualquier lugar al que la Compañía destinara, "... porque los miembros de esta Sociedad deben estar listos a cualquier hora en cualquier parte del mundo...". De allí que agregan el cuarto voto de movilidad frente a cualquier pedido papal. Es otra forma en que se manifiesta el carácter militar de la Compañía. Sus soldados están siempre listos para marchar hacia la "misión" encargada por sus superiores. Desde luego, presupone la necesidad de adoctrinamiento, de cierta disciplina especial, un tipo de socialización que les permitiera "poseer recursos, movilidad, creatividad, libertad de vínculos, y estar listos para operar inmediatamente"[348]. Estas cualidades permiten delegar y "empoderar" a miembros corporativos para que no necesiten a nadie que los controle de cerca. La "necesidad" de expansión se resume en el objetivo que "todo el mundo se convertirá en su casa"[349], lo que suponía la urgencia de actuar rápidamente y de responder inmediatamente en el lugar que fuera.

---

347 Lowney, 2003, p. 165.
348 Lowney, 2003, pp. 144/145.
349 Lowney, 2003, p. 31.

Cuatrocientos años más tarde, Marvin Bower adoptaría políticas de acción global muy similares a las de los jesuitas. Al poco tiempo de hacerse cargo de la Firma, captó la necesidad de expandirse mediante el establecimiento de oficinas regionales que permitieran a los consultores estar cerca de los clientes. Primero fue a nivel nacional, y luego de terminada la Segunda Guerra Mundial la expansión continuó por Europa y Asia. Es una práctica común que los consultores viajen los lunes a la mañana hasta donde se encuentre el cliente y regresen los jueves a la noche, durante el tiempo que dure el "proyecto" (pueden ser años). Los viernes trabajan en la oficina regional y aprovechan los fines de semana para ponerse al día con las cosas que quedaron pendientes y para preparar la presentación que tienen el lunes a primera hora...

Marvin tuvo la visión de McKinsey como una empresa globalizada a partir de unas vacaciones que tomó fuera de Estados Unidos, en 1953. Lo vivió como una revelación casi mística. Según sus palabras:

> *Sentí que, si nos poníamos en el punto de vista de nuestros clientes, las compañías norteamericanas querrían ampliarse a Europa. Sentí que si queríamos ser una firma líder deberíamos estar en condiciones de ayudarlos en ese aspecto... Sentí que, así como nos habíamos convertido en una firma nacional, deberíamos convertirnos en una firma internacional.*[350]

Las ventajas de la expansión se centraban en la posibilidad de responder a la creciente demanda en el extranjero y adaptarse a la economía globalizada. Las desventajas pasaban por la dispersión de recursos humanos.

Los mismos clientes "tiraron" para que ocurriera el cambio. La primera impresión era que McKinsey se establecería en el exterior para atender la expansión de sus clientes norteamericanos. La realidad fue muy distinta, ya que se amplió el mercado y los clientes eran del país

---

350 Haas Edersheim, 2004, p. 95.

en el que la Firma se establecía. Lo primordial para alcanzar las metas corporativas era la consistencia de la visión de Marvin de "identidad única" que fue trasladada a Europa.

El crecimiento y la expansión entrañaron riesgos, pero el no ser estáticos y complacientes permitiría desarrollar la habilidad necesaria para responder a las críticas, sin adoptar actitudes defensivas o elusivas. La gente de McKinsey sabía que se enfrentaban al tipo de riesgos que corrieron en sus comienzos las organizaciones religiosas, riesgos percibidos hasta por el mismo Pablo de Tarso. De allí que parezca natural que el tipo de acciones empleadas por las corporaciones para contrarrestar estos peligros sean similares, sean o no de carácter religioso explícito.

Se debía crear una imagen de indudable unidad para afianzar la cultura corporativa. Marvin exhortó a los socios a construir una firma mejor mediante la "firmeza de Uno", lo que implicaba una unidad espiritual y de mando. Como los jesuitas, los miembros de McKinsey se lanzaron al mundo con los valores y principios corporativos arraigados. La prioridad de "servir al cliente" –más allá de su naturaleza– y la cultura corporativa sirvieron de guía y de brújula para sus decisiones, se encontraran donde se encontraran. La Firma consiguió ser percibida como una firma global. Las oficinas regionales empleaban una simbología y un lenguaje únicos. Parte de la imagen inconfundible que quería proyectar Bower[351].

Estructura y administración

La participación de los miembros superiores en decisiones estratégicas es otro de los aspectos en los que McKinsey y la Compañía de Jesús se parecen. Ambas recurren a un sistema colegiado compuesto por los miembros más antiguos.

---

351 Haas Edersheim, 2004, pp. 75-76.

El enfoque institucional de Marvin se vio cuando las acciones de la corporación no se vendieron al público sino a los miembros. Así sacrificaba millones, pero veía su decisión como un requerimiento natural de su visión de crear una institución duradera. Según sus propias palabras: "No pensaba mi decisión en esos términos, porque mi propósito era el de establecer una firma que viviera luego de mí. Siendo que esa era mi ambición, no la observo como una decisión generosa"[352].

Por la misma razón, en 1965 insistió en dejar la dirección de la Firma. Según su criterio, la edad para retirarse era 65 años, ya que luego de eso se perdía efectividad gerencial. En su libro *The will to lead*[353], se quejaba de los horrores de las hierocracias y destacaba la necesidad del liderazgo firme.

El sistema permitía que el *managing partner* (socio director) pudiera ser reelecto hasta tres períodos de tres años cada uno. Luego de eso debía dar un paso al costado. Para elegir su sucesor, los doscientos ochenta socios *senior* de todo el mundo debían preparar una lista de cinco colegas. De estos, los siete nombres más mencionados se pondrían a votación, y de allí eventualmente surgirían dos candidatos. De estos últimos, el elegido sería el que obtuviera la mayoría de los votos[354].

Los jesuitas tenían un sistema de gobierno descentralizado similar para la elección de los superiores. El general jesuita convocaba a todos los administradores mayores, lo que daba una pauta sobre el respeto a las jerarquías. En lugar de conglomerados sueltos de "repúblicas jesuitas federadas" enfocadas en las prioridades regionales, los jesuitas decidían globalmente, con la autoridad radiando desde un centro de distribución fuerte, con muchos rayos[355]. La práctica conseguía mantener la unión, al mismo tiempo que delegaba en los que estaban más cerca del campo las decisiones que requirieran rapidez de respuesta.

---

352 Haas Edersheim, 2004, p. 115.

353 Evidente parecido con el título del libro de Lowney sobre los jesuitas, *Heroic Leadership* (liderazgo heróico).

354 "The real McKinsey", *The Economist*, 30 de enero de 2003.

355 Lowney, 2003, p. 162.

Hacia 1640 la estructura original de la Compañía ya tenía incorporado lo que hoy llamaríamos un "criterio de red", en la que la mayor parte de las jerarquías y regiones de la orden jesuita se hallaban bien establecidas. "Un prepósito general elegido de por vida en la Congregación iba a ser el único cargo electivo de la Compañía: los dirigentes regionales serían nombrados a distancia por la superioridad. Este prepósito general dirigía unas regiones o 'asistencias' divididas a su vez en 'provincias'. Las demarcaciones debían mantenerse en contacto de manera regular por escrito con sus principales de Roma, y de igual modo las unas con las otras, en la medida de lo posible."[356]

En el caso de la Compañía, solo la autoridad de Roma estaba por encima de cualquier otra a la hora de nombrar al "prepósito general".

Estrategia comercial: consultores del poder

Andrew Sobel explica que Baltasar Gracián (uno de los más célebres escritores jesuitas y defensor de los derechos de los pueblos originarios) era conocido por sus aforismos, que se encuentran en el libro *El Oráculo*. Sobel dice que a lo largo de su historia los jesuitas ejercieron una enorme influencia como "consejeros de líderes de negocios y políticos", y sostiene: "...hoy, los consultores de McKinsey & Company han sido a veces comparados con los jesuitas en términos de su influencia sobre los CEOs corporativos"[357].

Para Sobel, parecería que el hecho de ser consultores de poderosos es la cualidad que más identifica a las dos corporaciones, lo que refuerza su aura misteriosa y la admiración que provocan.

En el caso de McKinsey, uno de los primeros ejemplos fue el entonces presidente de los Estados Unidos, Dwight Eisenhower, que tomó la

---

356 Wrigth, 2005, p. 57.

357 Sobel, Andrew: *Making Rain: The Secrets of Building Lifelong Client Loyalty*. John Wiley & Sons, New Jersey, 2003. Página 219.

decisión de incorporar al equipo de McKinsey de Marvin Bower como consultores de su gobierno. ¿Qué mejor marketing que ser confidente del presidente de Estados Unidos para obtener la reputación necesaria para atraer a los CEOs de compañías privadas a elegir sus servicios?[358]

Bower creía que la relación con el cliente se debía establecer a través del CEO, ya que si este no se involucraba significaba que el problema no era lo bastante importante como para necesitar la ayuda de la Firma. El compromiso del CEO con el proyecto era una condición *sine qua non*[359].

Se cuentan infinidad de historias de cómo hizo para conseguir que la Firma se dedicara a resolver solo problemas de alto nivel. El "credo" de Marvin sostenía:

> *Somos lo que hablamos. Nos define nuestra imagen. No servimos dentro de una industria, somos profesionales. No somos una compañía, no somos un negocio. Somos una firma. No tenemos empleados, tenemos miembros de la firma y colegas que tienen una dignidad individual. No tenemos planes de negocios, tenemos aspiraciones. No tenemos reglas, tenemos valores.*[360]

Este es el espíritu corporativo, al que no se podía renunciar; el dogma que debía ser seguido. Apartarse en lo más mínimo perjudicaría la reputación de la Firma. Si algún consultor se desviaba un tanto, se le colocaba una *yellow flag*, equivalente a la tarjeta amarilla de los deportes, y quedaba claro que en la próxima falta estaría "out". Aunque lograra mantenerse en el campo de juego un poco más, estar amonestado golpeaba duro en la ansiada evaluación anual (clave para el monto del *bonus*) y para ir "up" en la pirámide. Por supuesto, un error grave era roja directa.

La comercialización de los servicios de McKinsey se hacía de manera indirecta, ya fuera por medio de artículos y charlas especializadas, de cátedras en universidades prestigiosas (Harvard, Stanford y Wharton, las preferidas), de partidos de golf con clientes potenciales, o de

---

358 Haas Edersheim, 2004, p. 24.
359 Haas Edersheim, 2004, p. 27.
360 Haas Edersheim, 2004, p. 30.

comidas con ejecutivos. Los clientes entonces "vienen a uno" de manera natural. No se trataba de "vender un servicio" sino de "prestar una ayuda"[361]. La Firma "no vende", son los clientes los que compran.

Gracias a una estrategia similar (en 1540, sin capital ni plan de negocios y en algo más de una generación) la Compañía de Jesús se convirtió en la organización más influyente de su tipo. Eran confesores y confidentes de monarcas europeos, del emperador chino y del *shogun*[362] japonés. Construyeron un archivo inigualado por cualquier institución religiosa, comercial o de espionaje gubernamental. Los exploradores jesuitas fueron los primeros en cruzar el Himalaya y entrar al Tíbet, de remar hacia el Nilo y de trazar el Mississippi. También construyeron la primera organización global de enseñanza superior.[363]

La ya mencionada red de contactos en el poder es una pieza clave para explicar el rápido crecimiento de la Compañía. Estar conectados con la nobleza y con la clase alta europea[364] significaba una fuente de financiamiento enorme. A pesar de ello, Loyola les imponía cumplir con votos de pobreza similares a los de los mortales "menores". Sin embargo, puede ser que en lo personal abrazaran la pobreza, pero las conexiones familiares y sociales se mantenían, gracias a lo cual las ventajas financieras permanecían intactas.

La asociación con el poder le trajo aparejadas las críticas de otros sectores de la Iglesia católica y les creó una imagen muchas veces cuestionada. Para muchos el jesuitismo es una secta del secreto, la intriga y el disfraz. Algunos de sus miembros suelen ufanarse diciendo que "nadie sabe lo que piensa un jesuita". Jonathan Wright[365] lo sintetiza de la siguiente manera:

---

361 Tal como la ayuda espiritual prestada por los jesuitas.

362 Oficial de alto rango del ejército japonés.

363 Lowney, 2003, p. 7.

364 Que incluían apellidos como Borgia, Gonzaga, Acquaviva, Bellarmino y Médici.

365 Wright, Jonathan: *The Jesuits*. HarperPerennial, New York, 2005. Edición consultada: *Los Jesuitas. Una historia de los "Soldados de Dios"*; Editorial Sudamericana, Buenos Aires, 2005.

Caminar furtivamente, susurrar al oído, moverse subterráneamente como los topos... Es lógico que semejantes tácticas de clandestinidad serían las elegidas cuando se hallaba en juego la integridad física de los jesuitas... cuando se lograba echar mano a un jesuita, él nunca contestaría a ninguna pregunta de modo franco y directo, sino siempre escudándose tras medias verdades, mentiras descaradas y equívocos, usando palabras de doble sentido o contestando a cada pregunta con otra pregunta... según Thomas Morton[366], era la práctica jesuita de la reserva mental, es decir la idea de que uno podía decir una cosa en voz alta y guardarse en la mente otro pensamiento muy distinto, pues al fin y al cabo Dios oye todo... "No, no soy sacerdote", añadiendo mentalmente: "del Apolo de Delfos".[367]

Como dijimos al comienzo de este capítulo, la reserva es una condición indispensable para generar la confianza del *target* al que apuntaban ambas corporaciones. Más allá de las críticas que la cercanía al poder suele generar (en especial cuando se trata de una corporación religiosa explícita), la vinculación con reyes, príncipes, generales de todo el mundo, CEOs, millonarios y toda clase de poderosos, es un elemento imprescindible para explicar el rápido desarrollo tanto de la Compañía y como de la Firma.

---

366 Thomas Morton (1576-1647) fue abogado y escritor, uno de los pioneros de Nueva Inglaterra. Anglicano y conservador.
367 Wrigth, 2005, pp. 164-165.

Cuadro de síntesis

Ignacio de Loyola	Marvin Bower
Guía espiritual.	Liderazgo.
Auto-conciencia.	Orden, pulcritud, puntualidad, buen ciudadano.
Ingenio.	Inteligencia superior.
Amor.	Admiración por los modales gentiles, buen trato personal. Rechazo de los patoteros, peleadores, obsecuentes, *free riders*. Respeto por las ideas de los demás.
Heroísmo.	Capacidad para asumir compromisos y responsabilidades, para delegar, para tomar riesgos, para expresar siempre la opinión. Coraje, humildad.
"Modo de proceder".	"La manera en que hacemos las cosas acá".
Ejercicios espirituales.	Análisis FODA personal.
Compromiso con los valores centrales.	Misión central: servicio al cliente. De "arreglo a fines" a "arreglo a valores".
"Magis"[1]	Excelencia.
Votos sacerdotales.	Compromiso personal, integridad.
Vio la necesidad de adoptar una actitud secular para contrarrestar la expansión protestante. Actitud emprendedora.	Tenía una visión pragmática: ideas en acción. Actitud emprendedora.
Constituciones	*El libro azul*
Promovió el dar consejo a príncipes y reyes.	Consideraba imprescindible aconsejar a CEOs y presidentes de empresas.
Lanzó a sus misioneros hacia los cuatro puntos cardinales.	Pensó en McKinsey como una empresa globalizada.
Formación como fundamento: capacitación (educadores) y adoctrinamiento (mentores).	Formación como fundamento: capacitación (educadores) y adoctrinamiento (mentores).
Espíritu aventurero.	Adhesión al cambio.
Estructura en red para compartir información.	Estructura en red.
Delegación de la autoridad, autonomía de los misioneros.	*"Empowerment"*.
Los creyentes acuden "pidiendo ayuda".	Los clientes "buscan asesoramiento y consejo".

1 "Magis" es una palabra en Latín que significa "más" o "mayor". Se relaciona a la frase *ad majorem Dei gloriam*, "a la mayor gloria de Dios", el eslogan de La Compañía.

Reflexiones sobre McKinsey y los jesuitas

Hemos visto las similitudes que existen entre la Compañía y la Firma. Hay cuestiones generales que hacen a la esencia de las corporaciones que condicionan las características de su estructura, de su cultura y de sus prácticas. La estrategia de asesorar a grupos poderosos crea la necesidad de contar con las inteligencias más brillantes y de mantener la reserva más estricta. El aura de misterio ofrece al eventual cliente una cierta garantía del apego a esas cualidades imprescindibles, a la vez que transmite una mística particular.

Las múltiples ventajas de compartir experiencia e información entre los miembros de la corporación para incrementar el conocimiento del conjunto impulsan el tejido de redes en las que la discreción, el secretismo y la lealtad más absoluta de sus miembros son elementos indispensables para su sostenimiento. Más aun al tratarse de organizaciones globales. Esta atmósfera, ciertamente cautelosa, solo puede ser sustentada por valores y principios arraigados con la mayor firmeza. Se impone el establecimiento de una cultura institucional única que trascienda países, etnias y las creencias personales de los individuos.

Las organizaciones examinadas presentan respuestas comunes para salvar estas tensiones. Se enfocan en la formación de líderes capaces de coordinar, de dirigir y de hacer perdurar la institución. Para la formación de esos líderes, la educación y el arraigo de la doctrina son primordiales. Como en todo organismo social, un proceso de socialización adecuado a los fines del grupo es esencial para lograr el éxito corporativo. Pero, por sobre todo lo demás, su éxito se basa en ser campeonas del arte de la política, del *networking* y del secreto.

Tercera parte: McDonald's y el Vaticano

El caso McDonald's

José Bové era un pequeño productor agrícola francés que en agosto de 1999, junto con un grupo de campesinos, desmanteló la sucursal número 851 que McDonald's estaba construyendo en el pueblo de Millau. Estas acciones no solo apuntaban a un restaurante de hamburguesas y papas fritas. Era el ataque a una ideología contraria a un modelo específico de vida y de sociedad. Era una ofensiva con raíces nacionalistas y xenófobas. La pasión y la violencia desatada no diferían de las motivadas por cuestiones religiosas. Bové combatía el símbolo primario de la americanización del planeta, en sus dimensiones políticas, culturales y económicas[368].

El francés no era el único exponente de la resistencia. Cuando en 1974 McDonald's intentó instalar uno de sus locales en la esquina que había adquirido en la Calle 66 y la Avenida Lexington de Nueva York —uno de los sitios más elegantes de la ciudad—, el rechazo de la alta sociedad neoyorquina no se hizo esperar. Se organizaron piquetes frente al lugar, que aparecían en los noticieros. En el *New York Times* y en otros periódicos se publicaron editoriales que censuraban el proyecto como un adefesio que iba a dañar a uno de los vecindarios más atractivos de Manhattan[369]. Los opositores pusieron a trabajar toda una red de conexiones poderosas que estaba determinada a entorpecer el intento desde los más diversos frentes.

Por fin, McDonald's tuvo que desistir de sus intenciones. Indignado, su fundador, Ray Kroc, comentaba el episodio en su autobiografía llamando a sus detractores neoyorquinos "fanáticos" que se "oponían

---

368 Kincheloe, Joe: *The Sign of the Burger: McDonald's Culture of Power*. Temple University Press, Philadelphia, 2002. Página 3.

369 Love, John F.: *McDonald's, la empresa que cambió el mundo*. Grupo Editorial Norma, Bogotá, 2004. Edición original: *McDonald´s – Behind the Arches*; Bantam Books, NY, 1987. Página 501.

al sistema capitalista". Dijo que sentía lástima por esas personas que tenían una visión tan pequeña y retorcida sobre el sistema "que hizo de este un gran país"[370].

Suena a paradoja que la destinataria final del mensaje fuera Margaret Rockefeller, la esposa del presidente del Chase Manhattan Bank[371], quien –tal como Bové– había comandado la férrea oposición al establecimiento del polémico local. La aristócrata norteamericana y el campesino francés compartían el odio contra la casa de Ronald.

McDonald's se ha transformado en mucho más que una simple cadena mundial de restaurantes. Es un símbolo de un sistema de "capitalismo popular" que fue el primero en dar a los sectores más bajos de la sociedad la posibilidad de comer fuera del hogar. Es una ideología religiosa con un éxito mundial que se ve confirmado por sus números: algo de 37.000[372] locales (6.000 propios y 31.000 franquiciados); presencia en 120 países; más de 21.000 millones de dólares anuales de facturación[373]; 68 millones de clientes atendidos diariamente en el mundo; 275.000 graduados de la Universidad de la Hamburguesa; la cadena minorista propietaria del mayor número de inmuebles en el mundo; el mayor comprador de carne vacuna y de papas; 1.600.000 empleados en el mundo entre directos y proveedores... Una larga sucesión de cifras que, sin duda, producen vértigo.

Pero, por encima de su dimensión material, McDonald's representa una serie de valores y principios bajo los que subyacen elementos cargados de ideología. McDonald's (y el sistema de franquicias inspira-

---

370 Kroc, Ray: *Grinding it Out, The Making of McDonald's*. St. Martin's Press, New York, 1987. Página 180.

371 Love, 1987, p. 505.

372 Fuentes https://corporate.mcdonalds.com/corpmcd/home.html + https://www.statista.com/statistics/219454/mcdonalds-restaurants-worldwide/ + https://www.forbes.com/pictures/591c79084b-be6f1b730a5811/2017-global-2000-restaura/?sh=3e96d13d6d2a y otras. La mayoría de los datos fueron recopilados entre 2016 y 2018. Se emplearon más fuentes que las mencionadas, todas disponibles en Internet.

373 https://corporate.mcdonalds.com/content/dam/gwscorp/assets/investors/financial-information/annual-reports/2020%20Annual%20Report.pdf

do en la compañía) se ha convertido en el símbolo de la globalización, en un icono cultural y en el aspecto más visible de la expansión del sistema capitalista. De allí que tanto sus detractores como sus devotos defiendan sus posiciones con una pasión que queda reflejada en un lenguaje colmado de significantes religiosos.

El presidente norteamericano Donald Trump se mostraba con orgullo comiendo su Big Mac en el Air Force One, el icónico avión presidencial[374], y en toda ocasión en la que se le presentaba la oportunidad[375]. Pero el gusto por las hamburguesas trasciende el partidismo, es una necesidad política. También los presidentes Barack Obama y Joe Biden se hacían fotografiar comiendo hamburguesas. La foto es tan importante como la de salir del templo los domingos[376].

McAir Force One

Obama y Biden

McDonald's se ha convertido en una entidad formadora de la identidad de la juventud, incluso aquella que hoy lleva allí a sus propios hijos. Para Kincheloe, realiza un proceso socializador, en el sentido

---

374 https://www.businessinsider.com/trump-loves-mcdonalds-afraid-of-being-poisoned-2018-1 (30/6/2021).

375 https://www.ft.com/content/de1b4680-594a-11ea-abe5-8e03987b7b20 (30/6/2021).

376 https://www.gettyimages.com.mx/detail/fotograf%C3%ADa-de-noticias/president-barack-oba-ma-and-u-s-vice-president-fotograf%C3%ADa-de-noticias/86385154 (30/6/2021).

pedagógico: "... comer en McDonald's era pedagogía cultural sobre las modas y costumbres de la modernidad". Sus entrevistas sobre la compañía de los arcos dorados dan la pauta de que es considerada una marca que se identifica con la modernidad. La gente se aproxima a McDonald's no solo por la experiencia, sino porque que simboliza un modo de vida especial y trascendente:

> *El modo de vida de McDonald's involucra algo que es superior a su comida, su cultura, su familia, y sus percepciones sobre la manera de conducir los asuntos diarios.*[377]

La identificación de McDonald's con cierta cultura la coloca en oposición a aquellos que no adhieren a sus valores. McDonald's serviría también para crear cierta conciencia de clase. Kincheloe, representante de una minoría rezagada, proveniente de las montañas, comenta cómo practicaban "ritos de venganza" contra McDonald's: "... de hecho eran rituales de venganza que tenían lugar una y otra vez en el estacionamiento de McDonald's"[378]. McDonald's es un símbolo de clase y de ideología. Para algunos representa los valores del capitalismo. En síntesis, a las personas les importa la ideología y los valores de McDonald's. Por eso, tal como ocurre en el caso de las religiones, cualquier referencia al tema está cargada de emocionalidad. Veremos que Ray Kroc también notó ese vínculo y lo aprovechó como dispositivo de marketing.

Una institución sagrada

Dice el sociólogo George Ritzer: "Para muchas personas a lo largo del mundo, McDonald's se ha transformado en una institución sagrada"[379]. En la misma línea, Conrad Kottak[380] se pregunta:

---

377 Kincheloe, 2002, p. 21.

378 Kincheloe, 2002, p. 26.

379 Ritzer, George: *The McDonalization of Society*. Sage Publications Ltd., USA, 2004. Página 7.

380 Doctor en Antropología por la Universidad de Columbia, profesor de Antropología en la Universidad de Michigan.

¿Puede ser que al consumir los productos y la propaganda de McDonald's los americanos [se refiere a los estadounidenses] no estén solo comiendo y mirando televisión sino que estén experimentando algo comparable en algunos aspectos a un ritual religioso?[381]

Para contestar la pregunta, Kottak comienza por examinar los componentes que distinguen el comportamiento religioso en general:

Primero son eventos con formas rituales, con estilo específico, repetitivos y estereotipados: ocurren en lugares especiales, a intervalos regulares, e incluyen secuencias de palabras y de acciones ordenadas litúrgicamente realizadas por alguien más que el actor corriente... Los rituales comunican información sobre los participantes y sus tradiciones culturales. Realizados año tras año, generación tras generación, transfieren mensajes duraderos, valores y sentimientos en acciones concretas.[382]

Algunos de los que participan pueden estar más comprometidos que otros, pero en los actos públicos todos realizan signos de adhesión. Según Kottak, la opinión de los antropólogos aparece dividida cuando se trata de categorizar el alcance del ritual religioso.

... simultáneamente aspectos tanto sagrados como seculares... Aunque McDonald's es definitivamente una institución mundana y secular —solo un lugar para comer— también asume algunos de los atributos de un lugar sagrado. Y en el contexto de una religión comparada, ¿por qué debería esto ser sorprendente? El sociólogo francés Emile Durkheim hace mucho tiempo señaló que ciertas sociedades adoran lo ridículo tanto como lo sublime. La distinción entre ambos no depende de las cualidades intrínsecas del símbolo sagrado.[383]

Aunque para las personas acostumbradas a los restaurantes de comidas rápidas estos pueden parecer solo lugares de comida, una observación más detallada muestra un asombroso grado de formalismo y uniformidad conductual, tanto por parte del personal como de los clientes. Los

---

381 Kottak, Conrad P.: *Every Day, Everywhere: Global Perspectives on Popular Culture*, "Rituals at McDonald´s"; Eds. Stuart Hirschberg and Terry Hirschberg, McGraw-Hill, Boston, 2002, pág. 72.

382 Kottak, 2002, pp. 72/73.

383 Kottak, 2002, pp. 73/74.

rituales de McDonald's incluyen el comportamiento no verbal. Los vasos de papel se llenan con hielo exactamente hasta el extremo inferior de los arcos dorados que los decoran; cuando el cliente solicita la comida, el empleado debe observar si hay disponible; la preparación de una hamburguesa requiere seguir un ritual estricto, y los jóvenes encargados lo hacen con un esmero que trasciende el manual de operaciones (muchos hacen acordar a los monaguillos que colaboran en la preparación de la misa).

Para Kottak, una de las principales razones del éxito de McDonald's es esa capacidad de generar una sensación de *identificación* y de *seguridad*, propia de una iglesia, más allá de la ubicación geográfica:

> *En París, donde los franceses no son especialmente renombrados por hacer que los turistas se sientan en el hogar, McDonald's ofrece un santuario... Lejos de casa, McDonald's, como una iglesia familiar, ofrece no solo hamburguesas, sino también consuelo, seguridad y confianza.*[384]

Participar en los rituales de McDonald's implica una subordinación de las diferencias individuales a los mandatos de una comunidad social y cultural. Al comer en McDonald's no solo expresamos nuestra hambre o nuestro gusto por las hamburguesas, sino que también "estamos dispuestos a adherir a un sistema de valores y a una serie de comportamientos dictados por una entidad externa". Para Kottak, es una de las nuevas instituciones que están ocupando el espacio de las religiones formales.

> *Al incorporar consciente o inconscientemente muchos de los rituales y aspectos simbólicos de la religión, McDonald's ha cavado su propio e importante nicho en una sociedad cambiante...*[385]

Su descubridor, Ray Kroc, es quien mejor ha expresado la clase de sentimientos que despierta McDonald's, cuando se refería a los años de formación de la compañía. Según sus palabras:

---

384 Kottak, 2002, p. 74.
385 Kottak, 2002, p. 79.

*No es nostalgia, pero una reafirmación de mi fe en McDonald's y las personas que me ayudaron a construirla. **Hablo de fe en McDonald's como si fuera una religión**. Y sin pretender ofender a la Santa Trinidad, al Corán o a la Torá, esa es exactamente mi manera de pensar. A menudo he dicho que **creo en Dios, en la familia, y en McDonald's —y en la oficina, ese orden se invierte—**. Si se está corriendo una carrera de cien yardas, no se está pensando en Dios mientras se corre.*[386]

Para el padre adoptivo de Ronald está muy claro que, en un templo McDonald's, la carne picada, los pebetes y la Coca-Cola tienen un significado que trasciende lo alimenticio.

La formación de fieles

Para incorporar fieles o clientes a una corporación es necesaria la "pedagogía cultural", que es la manera de internalizar las creencias que le darán legitimidad frente a propios y a ajenos.

Algunos apologistas extremos de la corporación McDonald's llegan a ver en el éxito de la compañía la mano del mismo Jesús, actitud coherente con la teoría de Max Weber sobre la ética protestante y el capitalismo.

Sé que Jesucristo creía en el sistema de la libre empresa —hay muchas referencias sobre ello en la Biblia—. Ray Kroc era un hombre de Dios y a través de McDonald´s llevaba a cabo la obra del Señor. Agradezco a Dios por hombres como él, alabando a Jesús por medio del sistema de libre empresa. Estoy orgulloso de comer en McDonald's... la noción es que "si Kroc pudo hacerlo, entonces, por Dios, también puedo yo".[387]

McDonald's ha logrado, por medio de sus campañas de difusión, transmitir y enseñar los elementos de su cultura a las más diversas naciones.

---

386 Kroc, 1987, p. 124. Resaltado en el original.
387 Kincheloe, 2002, p. 114.

Su comida ya no es considerada "extranjera" sino que, en especial entre las generaciones más jóvenes, pasa a ser aceptada como propia.

George Ritzer introdujo el concepto de "macdonalización" de la sociedad, que define así:

> ...el proceso por el cual los principios del restaurante de comida rápida tienden a dominar más y más sectores de la sociedad norteamericana como así del resto del mundo[388]... se ha convertido ciertamente en un "signo" de que, entre otras cosas, uno está a tono con el estilo de vida contemporáneo. También hay una cierta magia o encantamiento[389] asociado a la comida y a su preparación... ofrece a los consumidores, a los trabajadores y a los operadores eficiencia, calculabilidad, predictibilidad y control.[390]

Un Big Mac es un signo, un fetiche con poderes mágicos. El sentimiento de pertenencia es tal que los empleados de McDonald's sostienen que por sus venas circula ketchup.

Los fieles

El argumento más fuerte del éxito de McDonald's son las cifras que señalan la aceptación que ha obtenido en todo el mundo. Millones de personas de todas partes "votan" a diario por el sistema McDonald's. Como la Iglesia católica[391], la corporación de hamburguesas logró armonizar tan bien las culturas a lo largo y a lo ancho del mundo que dejó de ser un icono local y pasó a pertenecer a todos. McDonald's consiguió un alcance "universal".

---

388 Ritzer, 2004, p. 1.

389 Es habitual ver el logo de la compañía asociado al eslogan *Me encanta*. "Encantar" significa someter a poderes mágicos a algo o alguien. También "entretener con razones aparentes y engañosas" (https://dle.rae.es/encantar). Es "cantar" una fórmula mágica o hechizo.

390 Ritzer, 2004, p. 12.

391 Recordemos que, etimológicamente, la palabra "católico" proviene de "universal". https://dle.rae.es/cat%C3%B3lico

Los motores de la adhesión mundial son una serie de ventajas producidas por el sistema de McDonald's que resultan percibidas y valoradas por las personas más diversas. Esas ventajas están esencialmente contenidas en la idea de "racionalidad económica", es decir, de eficiencia[392], previsibilidad, indicadores clave de rendimiento (KPI[393]) y control. Su difusión alcanza a casi todos los rubros minoristas. Gracias al sistema, la población general dispone de una gran cantidad de bienes y de servicios comparables, a un precio accesible y en ubicaciones convenientes. El secreto del éxito es la manera de conseguir uniformidad, previsibilidad y confianza, que son las bases de la fidelización y de la lealtad a la marca.

Todos estos principios se amalgaman por medio de la idea de "familia" que aúna a los integrantes del sistema: empleados corporativos, concesionarios, proveedores e incluso clientes, religados por la figura del santo patrono Ronald (que, como veremos, en los últimos tiempos ha caído en desgracia).

Los herejes

Más allá de las cuestiones ideológicas, una de las mayores críticas que recibe el *ronaldismo* por parte de los no creyentes son los daños a la salud y los trastornos alimenticios originados por la comida rica en grasas saturadas, típicas de la cadena. Sensible a esas críticas, se introdujeron ensaladas, zonas de "deporte" para niños, McVeggies (hamburguesas veganas)[394] y otras señales de interés por la vida saludable de los que traspasan los arcos dorados. Más allá de estos asomos de corrección política, el Big Mac sigue siendo el mismo de siempre y en algunas regiones la epidemia de obesidad es incontrolable.

---

392 La eficiencia "involucra la búsqueda de los medios óptimos dirigidos a un fin determinado", expresa Ritzer (2004, p. 65).

393 KPI: *Key Performance Indicators* (indicadores clave de resultados).

394 https://www.fm899.com.ar/noticias/argentina-2/mcdonalds-presento-su-primera-hamburguesa-vegana-37765 (30/6/2021).

Pero la práctica en que más se parecen McDonald's y la mayoría de las religiones es en su esfuerzo para captar a los más pequeños, futuros clientes de por vida. Alcanza con ingresar a cualquiera de sus locales para percibir un ambiente festivo y multicolor. Juegos, payasos, globos, peloteros y otras amenidades más propias de un cumpleaños infantil que de un restaurante. Los juguetes de la "Cajita Feliz", los "me encanta" que se repiten y las sonrisas (prefabricadas en la Universidad de la Hamburguesa) de los empleados dan sustento a un sistema que busca arraigar la confianza y la necesidad en los niños. Un entorno encantado e irresistible. Por eso, para muchos, McDonald's es un camino de ida.

La génesis de McDonald's

El común de la gente piensa que el nombre se eligió solo por ser fácil de recordar, quizás por aquello de que *Old McDonald had a farm*... Lo cierto es que los creadores de la idea original de la compañía fueron Richard y Maurice McDonald (Dick y Mac), que tenían su restaurante en California en la época del furor de los *drive in*[395], desde 1937, cuando el automóvil pasó a ser un bien indispensable. Sucede que ellos carecieron de la visión comercial (o de la voluntad) que sí tuvo Ray Kroc para transformar ese negocio en una inmensa corporación[396].

La historia de la fundación de McDonald' tiene varias facetas, pero crecimiento exponencial de la empresa se produce recién cuando

---

395 Restaurantes con un concepto parecido al de los autocines, a los que se iba con el auto, se lo estacionaba, y las empleadas tomaban los pedidos y alcanzaban la comida por la ventanilla. Se cuenta cómo los hermanos McDonald hacían que sus empleadas realizaran la tarea en patines para aumentar la velocidad de las entregas.

396 En 2016 Netflix produjo *The Founder*, una película sobre la vida de Ray Kroc, protagonizada por Michael Keaton. Lo que se relata es bastante ajustado a lo que el mismo Kroc cuenta en su autobiografía. https://www.imdb.com/title/tt4276820/?ref_=nv_sr_srsg_0 (30/6/2021).

Ray Kroc (por entonces, vendedor de máquinas de helado para restaurantes), atraído por el éxito del establecimiento de los hermanos Dick y Mac, decidió investigar cuáles eran sus secretos.

El pequeño *drive in* situado en San Bernardino atraía la atención de los adolescentes allá por mediados de la década de 1940. Al anochecer, unas veinte chicas que se desplazaban en patines para aumentar la eficiencia atendían a los ciento veinticinco autos que aguardaban en el estacionamiento. Se ofrecían veinticinco platos que incluían sándwiches de carne de vaca y cerdo asada con leña de nogal traída desde Arkansas. El éxito del formato reportaba cerca de cincuenta mil dólares de utilidades anuales, que se repartían entre los hermanos. Una fortuna para la época[397].

Hacia fines de la década de 1940 comenzaron a bajar los costos y ganar eficiencia. Reemplazaron los cubiertos (algunos clientes se los robaban) y la vajilla (se rompía) por otros descartables. También notaron que el 80% de la facturación provenía de las hamburguesas. Según Dick, "cuanto más recortábamos al negocio de parrilla, más hamburguesas vendíamos"[398]. Fue entonces que adoptaron una nueva estrategia: rapidez, precios bajos y volumen. Cerraron el negocio por tres meses en el otoño de 1948 y desarrollaron un sistema de producción en línea para restaurantes. Gracias a los cambios, el restaurante recuperó a las familias. Desde el principio, una de las atracciones era el sistema de preparación de los alimentos:

> *... los niños quedaban encantados viendo por primera vez una cocina comercial... una parrilla inmaculada, por todos lados brillante... Desde el principio se hizo claro que el nuevo restaurante ofrecía a los niños un atractivo especial... Art Bender, el primer dependiente del restaurante refaccionado, recuerda que la primera parroquiana fue una niña de nueve años que compró una bolsa de hamburguesas para llevar a*

---

397 Equivalentes a U\$S 1.000.000 en valores de 2021. https://www.usinflationcalculator.com/ (30/6/2021).

398 Love, 1987, p. 7.

casa. Esa primera compra fue profética, y en adelante los niños acudían en bandadas al restaurante en que podían hacer ellos mismos los pedidos... La importancia estaba en poder atraer a los adultos atrayendo a los niños.[399]

La importancia de captar a los niños estaba siempre presente, tomando particular relevancia cuando se incorporó la televisión. Según Zien (uno de los agentes publicitarios):

Yo sabía que si nos apoderábamos de los niños también nos apoderaríamos de sus padres. Si los niños piden que los lleven a McDonald's, el papá accede porque la comida es barata.[400]

Kincheloe examina de manera crítica esta práctica:

... Kroc, como los Jesuitas, sabía que si Ronald conseguía a los niños antes de los cinco años de edad, McDonald's los tendría para toda la vida.

Cooptar a los niños es el sueño dorado de cualquier corporación. Prácticamente no existe religión que no tenga (o intente tener) alguna injerencia en la educación primaria. Nada es casual cuando se trata de condicionar el cerebro de los más chicos para ser consumidores de por vida y para que lo transmitan a sus hijos. Como carecen de capacidad crítica, la primera socialización produce un arraigo cultural mucho más fuerte que las siguientes. Captar a los niños (cuanto más pequeños, mejor) asegura una internalización ideológica mucho más profunda y perdurable[401].

Una vez que el sistema funcionaba bien aceitado hizo su aparición Ray Kroc, padre adoptivo, mentor y *sponsor* de McDonald's tal como se conoce en la actualidad. Los hermanos habían comprendido la necesidad de contar con un agente que los ayudara a negociar los privilegios de la explotación de su sistema.

---

399 "Dejad que los niños vengan a mí" (Mateo, 19:14).
400 Love, 1987, p. 291.
401 Ver Berger y Luckmann, 1968, p. 79.

Herramientas de socialización de McDonald's

Edificios: los templos de la hamburguesa

Los hermanos intuyeron otro de los elementos fundamentales de la organización que estaban fundando: el papel simbólico de *los edificios*. Realizaron un diseño que llamaba la atención, con vidrio y colores chillones, como el rojo y el blanco de las baldosas en los pisos.

El desarrollo de la "catedral" incluye el mito de la creación del logo legendario de McDonald's: los arcos dorados que, con el tiempo, se iban a convertir en el símbolo sagrado de la cadena.

Primeras concesiones

Al comienzo de la nueva etapa, las cosas no se daban tan como esperaban los hermanos. A pesar de ello, el sistema de producción maravilló tanto al mesías Ray que vivió la experiencia como una epifanía:

> *Cuando lo vi trabajar ese día de 1954, me sentí como un Newton postrero a quien una papa de Idaho* [si la manzana de Eva es el símbolo del pecado del conocimiento, ¿qué representará la papa?] *le había rebotado en el cráneo"*[402]. Entonces entró al local y se dirigió a los hermanos, *"Por Dios, he estado observando allá afuera, y no lo puedo creer... ¿Cuándo terminará esto?... de alguna manera yo tengo que meterme en esto".*[403]

Fue el comienzo de una relación tan exitosa como complicada.

Héroes y heroínas

Ray: Padre adoptivo, fundador y patriarca

A pesar de que la compañía no lleva su apellido, Kroc es el héroe supremo de la mitología McDonald's. Su vida es el ejemplo de todo padre

---

402 Kroc, 1987, p. 71.
403 Love, 1987, p. 28.

fundador respetable: plagada de obstáculos y de fracasos, su increíble perseverancia hizo que a los cincuenta años lograra plasmar su ilusión de emprendedor y alcanzara un éxito asombroso. El sueño americano en toda su dimensión. Una épica propia de un héroe de las Cruzadas.

Las biografías de Kroc abundan en expresiones como "personaje legendario", "fundador" de una "industria importante", "inmortalizado", "mayor riesgo", "recio individualista", "esencia del hombre", "visionario" y otras por el estilo.

Como para aumentar la leyenda, su vida se cruzó con la de otro santo pagano: Walt Disney. Ambos se habían alistado en el ejército a edad temprana (hasta mintiendo, ya que eran menores de 18 años) y la fortuna hizo que prestaran servicio en la misma compañía de ambulancias.

Ray Kroc (como una suerte de Zaratustra cárnico) se valía de aforismos para transmitir sus principios. Algunos de los que adornaban las paredes de las oficinas incluían expresiones como:

> *El trabajo es la carne en la hamburguesa de la vida.*[404]
> *El éxito no es gratis; ni tampoco el fracaso.*
> *Ninguno de nosotros es tan bueno como todos juntos.*
> *La libre empresa funciona si usted funciona.*[405]

Kroc tenía un don para la comunicación, un carisma extraordinario. Un auténtico regalo de los dioses. Su don natural le había sido otorgado y él lo empleaba para encantar. Se movía entre los concesionarios, entre los proveedores y entre los empleados corporativos, transmitiendo su sabiduría y sirviéndolos con la mayor lealtad. Fred Turner (su primer apóstol y quien lo sucedió en la dirección de la compañía) recordaba:

> *Cuando Ray hablaba sobre McDonald's conmovía a la gente. Era humano, cálido, tenía buen sentido del humor, pero siempre llegaba a las cuestiones de fondo. Tenía sus puntos de apoyo, como la calidad y la limpieza, pero a estos los humanizaba, los personalizaba. La calidad no era una cosa subjetiva; era real. Cuando hablaba del*

---

404 Kroc, 1987, p. 15.
405 Love, 1987, p. 141.

panecillo y cómo se tuesta, uno veía el panecillo, y cuando él acababa de hablar ya uno estaba con hambre.[406]

Gracias al discurso de Kroc, el "panecillo" y las papas fritas adquirieron la dimensión de *fetiches*...

Cuenta el mismo Kroc sobre su entrada a San Diego, que, luego de comprar el equipo de béisbol The Padres, lo convirtió en una suerte de "mesías":

En San Diego fui recibido como un héroe. Hombres viejos y niños pequeños me paraban por las calles para agradecerme el haber salvado el béisbol para la ciudad. El alcalde me presentó con un premio en la ceremonia de apertura de nuestro primer juego.[407]

A Kroc no le gustaban los intelectuales, prefería a los pragmáticos formados "en la calle", cualidad distintiva de los primeros gerentes. Su optimismo extremo le hacía pensar que (a la manera de los modernos "coaches de vida") "no hay prácticamente nada que no se pueda lograr si se enfoca la mente en ello... tomar riesgos razonables es parte del reto. Es la diversión"[408]. Y para eso no es necesario realizar largos estudios. Kroc despreciaba el análisis especulativo, al punto de que su primer eslogan para McDonald's fue "KISS, que quería decir: Mantenlo simple, estúpido"[409].

Fred Turner lo definía como:

... como patriarca iba más allá de las cuestiones de dinero... Ray Kroc representaba la figura cabal del padre... Estaba profundamente comprometido con ciertos principios puritanos básicos.[410]

---

406 Love, 1987, pp. 48/49.

407 Kroc, 1987, p. 184.

408 Kroc, 1987, p. 59.

409 KISS: *Keep it simple, stupid* (Mantenlo simple, estúpido). Kroc, 1987, p. 35.

410 Que no impidieron que se divorciara dos veces y se casara en tres oportunidades.

Para Kroc no había tiempo que perder en asuntos mundanos:

*Hay **una cruz que cargar** si se pretende ser la cabeza de una gran corporación: se pierden muchos amigos durante el ascenso. La cima es solitaria.*[411] *[...] No tenía tiempo para molestarme con tensiones emocionales. Tenía que encontrar un sitio para mi primera tienda McDonald's y comenzar a construirla.*[412]

Está todo dicho.

La Madre Martino

Como cualquier visionario, Kroc solía darse cuenta inmediatamente cuándo estaba frente a una persona de valor (o cuándo sucedía lo contrario): "No había dudas en mi mente, luego de hablar unos minutos, de que esta June Martino era la persona para contratar"[413]. Cuando describe a quien sería primero su secretaria, luego su socia y finalmente la única heroína de la corporación, señala cuáles son para él sus virtudes cardinales: integridad, trabajo duro, pragmatismo, patriotismo, intuición... No era casualidad que en la compañía se la conociera como "la Madre Martino". Ella escuchaba con paciencia las quejas de las esposas "... por las largas horas que los maridos permanecían en la oficina". La entrega era sacerdotal.

Fred Turner: sobre esta piedra

Otro de los grandes héroes corporativos fue Fred Turner. En otra historia de ejecutivo exitoso "que vino desde abajo", empezó su carrera en McDonald's como parrillero en Des Plaines y se transformó en el hombre de confianza de Kroc y, finalmente, en su sucesor como presidente de la junta directiva.

---

411 Kroc, 1987, p. 152.
412 Kroc, 1987, p. 73.
413 Kroc, 1987, p. 64.

Cuenta Turner que "todas las noches lo veía [a Kroc] uno venir bajando la calle, andando por el borde de la acera y recogiendo cuanto papel y vasito de McDonald's encontraba. Llegaba con las manos llenas, era el recolector callejero de basuras del restaurante"[414]. Pero la enseñanza estaba clara: la limpieza es uno de los dogmas esenciales de la compañía y si su héroe máximo puede recoger los papeles, cualquier otro empleado puede seguir su ejemplo.

Los amigos de Ray: todo buen mito tiene traidores

Tal vez una de las enseñanzas más importantes de los inicios de Ray Kroc provino de la venta de franquicias a sus amigos del Club Campestre Rolling Green. Allí "los amigos de Kroc... eran sus iguales en el mundo de los negocios, hombres independientes, dueños de compañías pequeñas o medianas"[415]. A ellos les vendió las primeras concesiones. Fueron sus primeros apóstoles. Dieciocho de sus amigos fueron los concesionarios del final de la década de 1959, todos provenientes del club de golf. La desilusión vino al descubrir que eran pésimos administradores. La causa era que "... salvo uno, todos ellos eran hombres que vivían de otros ingresos y solo veían en McDonald's una fuente secundaria de recursos". Su compromiso no era total, y para practicar una religión hace falta comprometerse en serio. No es una actividad para "tibios", tal como descubrió Ray Kroc. "Desde el principio Kroc presintió que un concesionario McDonald's debía ser un administrador de tiempo completo... le parecía que el éxito del negocio sería mucho mayor si el que invertía trabajaba en este."[416] Como ocurre habitualmente con los líderes religiosos, había que dejar todo y seguir a Ray. Cuando uno de ellos se atrevió a abrir otro restaurante, llegó su excomunión definitiva. Kroc le dio una orden por telégrafo: "Retira los arcos"[417].

---

414 Love, 1987, p. 86.
415 Love, 1987, p. 87.
416 Love, 1987, pp. 89-90.
417 Love, 1987, p. 91.

Las papas fritas, el fetiche más sabroso

No es la hamburguesa el producto estrella de McDonald's sino las papas fritas. Las papas son un auténtico fetiche. Su preparación llegó a transformarse en un "ritual que me cautivaba"[418], afirmó Kroc. Pero lograr el resultado que obtenían los hermanos en San Bernardino no fue tarea fácil.

> *... se pegaban al paladar con un gusto como... bueno, como una masa. Estaba horrorizado. ¿Qué demonios podía haber hecho mal?... No eran las maravillosas papas francesas que había descubierto en California.*[419]

Ray comenzó una serie de consultas con la Asociación de Papas y Cebollas. Luego de varios intentos, descubrió que el problema estaba en el oreo. Consiguieron desarrollar un proceso de "blanqueo" especial por medio de una fritura preliminar y enfriado. Con el tiempo lograron superar incluso a las originales. Según uno de sus gerentes, eran las "papas más mimadas del mundo", tan hermosas que "le daba culpa" cocinarlas. Su preparación es un ritual, no un simple proceso productivo.

Catecismo y liturgia

No es solo la industria de las comidas rápidas donde se emplean manuales de procedimiento rigurosos. Esta necesidad de rigor surge desde el momento en que se revaloriza la delegación de responsabilidad hacia los niveles más bajos posibles de la organización, cercanos a los clientes. Es lo que en la jerga de la administración profesional se conoce con el término *empowerment*[420]. Sin embargo, este tipo de documento tiene larga tradición en las religiones. Se materializa en el "catecismo", es decir, en los libros donde se indica la liturgia o la secuencia específica en la que se deben realizar las ceremonias rituales.

---

418 Kroc, 1987, p. 77.
419 Kroc, 1987, p. 77.
420 Algo así como "empoderamiento".

McDonald's busca instaurar una cultura que garantice uniformidad y previsibilidad. Los empleados deben forjase un nuevo yo, una... McIdentidad... se espera que los empleados de Mcdonald's supriman su ego... virtualmente todo proceso de decisión se quita de sus tareas"[421].

Ketchup en la sangre y la Cajita Feliz en el alma.

Los manuales de procedimiento constituyen la liturgia a seguir. Lo más importante del manual es la definición de las técnicas operativas. Hay una manera correcta y una incorrecta de hacer las cosas:

Aquí se esboza el método del éxito [La exhortación era], *¡USTED TIENE QUE SER UN PERFECCIONISTA! Hay centenares y centenares de detalles que vigilar. No se puede transigir. O bien (A) los detalles se vigilan y su volumen crece, o bien (B) usted no se cuida, no es exigente, no tiene orgullo ni ama el negocio, caso en el cual se quedará atrás. Si usted entra en la categoría B, este negocio no es para usted.*[422]

En la ejecución de rituales, los detalles son los que marcan la diferencia. Una oración mal dicha o una papa frita fría echan por tierra la efectividad del rito.

Las parias

Había ciertas reglas que hoy serían, indudablemente, "políticamente incorrectas" e inaceptables. Por ejemplo:

La regla no escrita contra las mujeres era tan sagrada como las prohibiciones escritas (y en vigor hoy) contra los tocadiscos automáticos, las máquinas de vender cigarrillos y los teléfonos públicos... para que sus restaurantes no se convirtieran en garitos...[423]

Recién en 1968, luego de muchas discusiones, se autorizó el empleo de mujeres, aunque sesgado hacia las maduras, con peinado corto,

---

421 Ritzer, 2004, p. 94.
422 Love, 1987, p. 182.
423 Love, 1987, p. 184.

poco maquillaje y "...más bien bajas de pechos. No queríamos que resultaran atractivas para los muchachos"[424], recordaba Kroc.

Ronald McDonald: el ídolo que cayó en desgracia

La creación del ídolo principal de McDonald's, Ronald, surgió luego de que se contratara un espacio de publicidad en un programa de televisión titulado "El Circo de Bozo". Un actor hacía el papel de Bozo, y su arenga era sencilla: *Pídanle a su papá y a su mamá que los lleven a McDonald's*. Bozo se había convertido en una celebridad en Washington y era la estrella de McDonald's. Cuando terminó el contrato de Bozo para la televisión se decidió crear otro: "... la única manera de capturar nuevamente la magia de Bozo era sacar otro payaso... para lo cual se diseñó un disfraz tan comercial como no se ha visto otro"[425]. Así nació Ronald McDonald's.

Pero al payaso se le debía dar un sentido más allá de la promoción, por eso los comerciales "contenían una lección de seguridad o de cortesía además de la recomendación de McDonald's...". Un sentido que trascendía lo meramente publicitario, sin perder el mayor atractivo para los niños: la diversión. "... Los comerciales lo mostraban con patines de ruedas, montando una bicicleta, nadando, jugando a la pelota. Ronald era su camarada."[426] La identificación de los niños con el ídolo era lo esencial. Por otra parte, era un personaje que se asociaba a valores morales incuestionables. Ronald se convirtió en el vocero de la corporación, y el éxito fue rotundo.

> *Con el tiempo, los comerciales televisados con el tema de Ronald crearon el único personaje comercial de Estados Unidos con un factor de reconocimiento entre los niños igualado únicamente por Papá Noel.* [427]

---

424 Love, 1987, p. 401.

425 Love, 1987, p. 297.

426 Love, 1987, p. 298.

427 Love, 1987, p. 299. A propósito, la imagen más difundida de Papá Noel, abuelo de barba canosa y traje colorado y blanco, fue lanzada por primera vez en una campaña de Coca-Cola. Ver Capítulo 4: *La religión Coca-Cola*.

Cuando los competidores se dieron cuenta de la importancia de los niños para sus negocios, ya era tarde para mellar la lealtad de ellos hacia Ronald McDonald.

Desde hace algunos años, el pobre Ronald cayó en desgracia y fue retirado progresivamente de la iconografía corporativa[428]. Lejos de ser símbolos de alegría, a partir de una serie de películas de terror[429] muchas personas comenzaron a disfrazarse de payasos para asustar transeúntes[430]. La imagen de los payasos comenzó a asociarse más y más con lo terrorífico, lo espeluznante y hasta con muertes misteriosas y asesinatos, lo que genera más espanto que diversión. Hasta *El Joker*, archienemigo de Batman, tiene su propia película de culto[431]. El tema cobra dramatismo si se considera que fue el último personaje que representó el actor Heath Ledger antes de morir, en la que muchos críticos sostienen que fue la mejor versión de El Guasón.

Incluso el propio Ronald fue víctima de difamación. Entre los amantes de las historias macabras circula una leyenda urbana sobre sus efectos nefastos[432]. Todos los que alguna vez atravesaron los arcos dorados vieron su estatua de plástico, sentado, relajado y con las piernas cruzadas en un banco con su brazo derecho extendido como invitando a los niños a sentarse junto a él[433]. Según parece, en un confuso episodio ocurrido en un local de México, cuando dos jóvenes se ubicaron a su lado Ronald se movió. El susto fue tal que uno de ellos habría muerto de un paro cardíaco en el acto y el otro, al salir

---

428 https://www.bbc.com/mundo/noticias-37638173 (30/6/2021).

429 https://screenrant.com/most-iconic-clowns-from-horror-movies-ranked-silliest-to-scariest/ (30/6/2021).

430 https://www.bbc.com/mundo/noticias-37614779 (30/6/2021).

431 https://www.imdb.com/title/tt7286456/?ref_=fn_al_tt_1 (30.6.2021).

432 https://laverdadnoticias.com/insolito/Historia-de-terror-El-LADO-OSCURO-del-Payaso-McDonalds-INSOLITO-20191004-0193.html (30/6/2021).

433 https://fr.123rf.com/photo_38360973_bangkok-thailand-january-31-ronald-mcdonald-character-sitting-on-bench-in-front-of-mcdonalds-restaur.html + https://www.reddit.com/r/photoshopbattles/comments/b3e3ls/psbattle_ronald_mcdonald_sitting_on_a_bench/ (30/6/2021).

corriendo asustado, tropezó y al caer se rompió la cabeza y también murió. Las versiones varían levemente según las fuentes.

El miedo irracional a los payasos no es una condición nueva, y se llama coulrofobia. Es un caso más en el que pagan justos por pecadores. El bueno de Ronald está pagando por sus colegas *non sanctos*.

Imágenes de Ronald antes de ser difamado

Admiradores furtivos: el underground y las sub-culturas

Kincheloe menciona la existencia de organizaciones extra-oficiales[434], de cierto carácter secreto, que brindan –particularmente en Internet– información alternativa a la que brinda la compañía: *Unofficial McUnofficial McDonald's Happy Meal InformationDonald's Happy Meal Information*, versus el sitio oficial sostenido por McDonald's, *Oficial Happy Meals Web Site*. Se forman una suerte de sectas cuasi-religiosas. "Explorando el sitio extraoficial, me intrigaba develar ciertos conocimientos 'underground' o contraculturales", relata Kincheloe. Por ejemplo, los fanáticos coleccionistas de los juguetes de la "Cajita Feliz" están dispuestos a emplearse en McDonald's para satisfacer su pasión coleccionista. Los juguetes de McDonald's se transforman así en objetos de culto, auténticos fetiches.

El "culto" tiene también sus "ceremonias rituales". Además de las actividades ya mencionadas en la web, todos los años se realizaba la

---

434 Por ejemplo, un museo en San Bernardino, California. https://www.atlasobscura.com/places/unofficial-mcdonald-s-museum (2.9.2021).

convención anual: "... el Club de Coleccionistas de McDonald's celebra la convención anual cada mes de abril, momento en el cual se muestran los juguetes, que pueden ser intercambiados y admirados". La sociedad se reunía alrededor de su tótem.

El éxito de la estrategia ha dado origen a diversos mitos y leyendas urbanas; por ejemplo, muchos padres chinos creen que la compañía pone ingredientes secretos en sus hamburguesas. También circulaba la versión que las hamburguesas se hacían con lombrices y labios de vacas. Las compañías publicitarias contribuyen a sostener este tipo de mitología cuando hablan de "crear música que sitúe una hamburguesa como teniendo cualidades mágicas"[435].

Para Kincheloe,

... la deificación de Ronald comenzó con su primera aparición nacional en el desfile de Macy del Día de Gracias el 25 de noviembre de 1966. Las publicaciones de prensa del Centro de Relaciones con los Clientes de McDonald's son documentos de canonización entre cruzados con el lanzamiento de historias figuradas... Desde 1963 Ronald McDonald se ha convertido en un nombre hogareño, más famoso que Lassie o que el Conejo de Pascuas, detrás solo de Santa Claus... Ronald era todo lo que Kroc quería ser: un amado humanista, una celebridad internacional, un filántropo y un músico. [436]

El marketing o la mitología krocsiana

El concepto central consistía en que McDonald's no era un negocio de restaurantes sino un negocio *de espectáculo*[437]. Kroc fue de los primeros que entendieron que las personas prefieren comprar "experiencias" y no hamburguesas. A partir de esta premisa, por ejemplo, Kroc aparecía en las columnas de chismes de Chicago, divirtiendo a los lectores —a la

---

435 Kincheloe, 2002, pp. 134/135.
436 Kincheloe, 2002, p. 139.
437 Love, 1987, p. 284.

manera de un divo de Hollywood–, mientras hacía propaganda encubierta para McDonald's. Las noticias eran del estilo:

Ray Kroc (el de los drive-in McDonald's) observa que no hay nada más exasperante que una mujer que sabe cocinar y no cocina… como no sea una que no sabe cocinar y cocina.[438]

Además, se fueron elaborando diversas leyendas basadas en la difusión de las cifras de la compañía. Los impresionantes volúmenes de producción se presentaban de una manera sensacionalista:

La cantidad de harina que se ha empleado para hacer los panecillos que McDonald's ha vendido llenaría el Gran Cañón del Colorado… la salsa de tomate consumida por la cadena llenaría el lago Michigan… calculaban cuántas veces los miles de millones de hamburguesas llegarían hasta la Luna… Si todo el ganado sacrificado para McDonald's se pudiera resucitar y reunir, flanco con flanco, ocuparía una superficie más grande que el área del Gran Londres…[439]

Las afirmaciones se aceptaban como el Evangelio de San Ray. Así se fue creando una nueva mitología. La intención de publicar cifras y de hacer comparaciones grandilocuentes es producir una sensación de asombro frente a lo inconmensurable, a lo infinito. Se coloca al individuo frente a un fenómeno que no parece humano, que parece escapar al orden natural. Estamos frente a lo sublime que conduce a la imaginación hacia el misticismo.

McDonald's comenzó a investigar sobre el origen de la hamburguesa, que se remonta a la Exposición Mundial de San Luis de 1904. Según los boletines de prensa, unos marineros rusos la introdujeron en el puerto de Hamburgo. A mediados de la década de 1960, McDonald's organizó un evento en esa ciudad alemana e invitó al alcalde para celebrar el "regreso de la hamburguesa a su cuna"[440].

---

438 Love, 1987, p. 280.
439 Love, 1987, p. 280.
440 Love, 1987, p. 281.

Ray Kroc era buscado por todos los medios de prensa para ser entrevistado: "...*Time, Life, Newsweek, The Wall Street Journal* y *Forbes* querían entrevistas con Kroc, y este los hechizó a todos"[441]. Además, McDonald's asoció su imagen a obras de caridad.

Hasta fines de los '60, el marketing estaba solo a cargo de los concesionarios. Se habían agregado asientos y variantes al menú para sumar a los adultos. Los concesionarios organizaron el OPNAD –*Operators National Advertising Fund*– y se comprometieron a contribuir con el 1% de sus ganancias para realizar publicidad a nivel nacional, además del 2/3% de sus aportes locales. En 1985 era el tercer presupuesto publicitario corporativo a nivel nacional, detrás de los de Procter & Gamble y Philip Morris, pero el mayor para una marca sola.

La publicidad apuntaba no solo a promocionar el producto y el precio sino también a "formar imagen", es decir, transmitir cultura. Había que hacer algo más que una hamburguesa. El mensaje no se enfocaba en las cualidades de los productos sino en el placer que producían[442].

Una encuesta los orientó a trazar lo que debía ser el perfil de la compañía.

- No era un simple lugar para comer, sino un lugar de diversión para la familia.
- Ofrecía algo a cada miembro: acción, juegos, payasos y comida para disfrutar con las manos, para los chicos; calidad y precio, para los padres.
- Atención a la limpieza y la comodidad para todos.

*... una especie de **institución benévola** con una **comprensión** "misteriosa" de las nuevas necesidades de los consumidores y que ofrecía de adehala "**una experiencia feliz**"... "Nuestras investigaciones y encuestas nos mostraban que una visita a McDonald's se podía comparar con un escape a la **isla de la felicidad**. Los niños podían ver las*

---

441 Love, 1987, p. 284.
442 Love, 1987, pp. 417-417.

montañas de papas fritas, las mamás escapaban de preparar las comidas, y los papás escapaban de las preocupaciones de sus negocios... Se invitaba a los televidentes: "Venga a la isla de McDonald's".[443]

McDonald's ofrecía lo máximo que una religión puede ofrecer: la promesa del paraíso perdido. Los que iban a comer se ganarían el paraíso. El estribillo de uno de sus salmos decía: "Hoy usted se lo merece: venga a McDonald's", mensaje destinado a borrar el sentimiento de culpa tan cercano a la ética puritana de los clientes del *target*. Los comerciales contaban parábolas para dar forma al carácter de la compañía.

Dentro del mundo fantástico de McDonald's no podían faltar los seres fabulosos, los duendes, las hadas:

> *... les agregó el mismo toque teatral a los comerciales de Ronald McDonald creando un escenario fantástico de McDonalandia y llenándolo de una multitud de personajes de cuentos de hadas: el Hamburglar (el ladrón de hamburguesas, porque "todos los buenos necesitan un malo"), el comandante McCheese (personaje de las hamburguesas de queso), el policía Big Mac y el Grimace (que devora malteadas).*[444]

Para conseguir que los "fieles" participen activamente en los rituales, el método "secular" empleado por McDonald's es sencillo: crear mitos que permitan ser jugados e invitar a todos a participar. La línea de división entre "jugar un juego" y practicar un ritual de otro orden, para un niño, suele ser muy difusa. Así se presenta el ritual de preparación del Big Mac:

> *Dos albóndigas de pura carne, salsa especial, queso, pepinillos, cebollas, en un panecillo con semillas de ajonjolí.*[445]

También se aprovechan las costumbres religiosas de las minorías locales, práctica similar al sincretismo. Por ejemplo, la "Malteada Trébol" se usaba como promoción del Día de San Patricio.

---

443 Love, 1987, pp. 418-419. Los subrayados son míos.
444 Love, 1987, p. 423.
445 Love, 1987, p. 425.

La iniciación: la Universidad de McDonald's

La importancia que las iglesias y McDonald's le dan al entrenamiento de sus novicios se percibe en que la última fundó una universidad[446] (una suerte de seminario práctico) propia. Según Love[447], los programas de entrenamiento estaban designados para adoctrinar al operario en la "cultura corporativa".

La idea era crear un sistema de reglas uniformes para conseguir que los procedimientos se transformaran en rituales, adquiridos y arraigados en la mente y en el espíritu de los miembros de la corporación.

> *A Ray Kroc nunca lo movió el dinero tanto como el amor propio. Era tal su orgullo personal que cuando veía un McDonald's malo se volvía como loco. Creía en la calidad, el servicio y el aseo como en una religión. Toda la gente de McDonald's profesaba la misma creencia... eso se debe al recio Ray Kroc, que les decía: "O lo hacen a mi manera o se van".[448]*

El sistema (los rituales) debía ser "...sólido y a la vez suficientemente sencillo para que los novicios pudieran convertirse en fuertes operadores en unas pocas semanas..."[449]

Para operar una franquicia, Ray Kroc consideraba que lo más importante era un compromiso total de tiempo y de energía personal[450]. El "rango universitario" que le dan al programa de entrenamiento, es una manera sarcástica que muestra el desprecio que sentía por lo académico. Los empleados se graduaban con el título de "Bachiller en Hamburguesarología con un grado menor en papas francesas"[451]. A los

---

446 El título de "universidad" es una ironía usada por Kroc para expresar su desprecio por la intelectualidad, y fue criticado por las auténticas universidades. Página oficial del *"campus"* online: https://campus.arcosdorados.net/ (30/6/2021).

447 Ritzer, 2004, pp. 95-96.

448 Love, 1987, p. 146. Subrayado por el autor.

449 Love, 1987, p. 150.

450 Kroc, 1987, p. 178.

451 Korc, 1987, p. 126.

proveedores se les exigía el mismo grado de lealtad a la marca que a los franquiciados. Para Turner, "los proveedores fueron 'macdonalizados'". Los leales crecieron a la par de la iglesia madre.

McDonald's como un sistema religioso

Según Kincheloe[452], el consumo de la comida de McDonald's y sus representaciones pueden ser vistos como parte de un sistema religioso más amplio. En ese contexto, lo pagano y lo sagrado se entremezclan. Un padre le puede advertir a un hijo macdonalizado, ansioso por ir a un McDonald's, que no puede ser tan importante para él o ella; pero los adultos no advierten el grado de culturización que se puede conseguir por medio de los rituales.

Una vez que se atraviesan los arcos dorados, se entra en una dimensión diferente de la "normal", en la que se cumplen rituales como recibir las sonrisas de empleados entrenados, tocar la imagen de Ronald que da la bienvenida, formar la cola hacia el altar, mirar con fascinación las fotos con alimentos perfectos expuestas en lo alto, ilusionarse con el sabor que prometen, pedir una "Cajita Feliz" y elegir el juguete preferido, ir a la mesa llevando la bandeja "como los grandes", buscar las servilletas y los sorbetes... Es el primer lugar en el que un niño puede realizar las tareas "de los adultos". Todos sabemos lo que representa desde lo aspiracional "ser grande" para un niño.

A medida que se conocen los rituales, los consumidores se sienten más cómodos con ellos. La familiaridad tiene un alcance global, ya que re-liga a alemanes, argentinos, japoneses, árabes y vietnamitas. Estamos frente a una "religión universal" que tiene mayor difusión que las sacras. En ese contexto, la parroquia de Ronald se convierte en tierra santa. Y no se trata de algo casual, hacia fines de la década de 1990 la

---

452 Kincheloe, 2002, p. 179.

campaña publicitaria "Mi McDonald's" sugería una comparación: mi McDonald's ocupa un rol similar a "mi iglesia"[453].

Kroc ya había observado esta dinámica religiosa, siempre concibió la compañía en términos teológicos. Para identificar los sitios más adecuados para la construcción de locales, Kroc estimulaba a ubicar campanarios:

> *Donde haya iglesias en los suburbios, razonaba, los clientes de McDonald's estarán al acecho. Los mismos valores convencionales que los mueven a ir a la iglesia los inducirán a comer en McDonald's. Kroc intuitivamente comprendió su audiencia objetivo y las similitudes semióticas entre los Arcos Dorados y la Cruz; de alguna manera discernió la cinética sagrada de su creación empresarial... Los aspectos religiosos de McDonald's se manifiestan de formas bizarras. En varios comerciales televisivos a lo largo de 25 años, el sandwich, como Dios en el techo de la Capilla Sixtina, da vida a los objetos inanimados. McDonald's puede curar a los enfermos, resucitar a los muertos, y hacer que los niños pequeños pierdan la cabeza. En esta teología trinitaria, Kroc es Dios, el Padre; Ronald el Hijo, y la visión de McCorporate el Espíritu Santo[454].*

Los ejecutivos de la compañía siguen celebrando el cumpleaños de Kroc (una suerte de Navidad) trabajando a destajo en las sucursales, pasando el trapo al piso y limpiando los baños en su servicio.

> *Un acto de transustanciación corporativa, la sangre de los creyentes se convierte en ketchup, significando el renacimiento de la McFamilia... Estos creyentes de rango ejecutivo se refieren a sí mismos cono los apóstoles de Kroc.[455]*

Incluso se involucran en una suerte de rezo en una exhibición llamada "habla con Ray", en la que los visitantes pueden "telefonear a Kroc", quien brinda una variedad de discursos grabados. "Luego de sus

---

453 Kincheloe, 2002, p. 181.
454 Kincheloe, 2002, p. 181.
455 Kincheloe, 2002, p. 181.

encuentros los peregrinos habitualmente dan testimonio de sus experiencias con McDonald's."[456]

La religión de McDonald's o krocsismo, es una teología fundamentalista en la que la fórmula del éxito (la salvación) no necesita ser interpretada. Los seminaristas deben ir a sus locales (las parroquias) para proteger al rebaño (los comensales). La teología corporativa importa más que las mismas papas fritas.

Ronald consistentemente "salva" a los residentes pasados, presentes y futuros otorgándoles la gracia de la hamburguesa.[457]

McDonald's y la estructura burocrática vaticana

Para Terrence Deal y Allan Kennedy[458], es absolutamente indispensable que en un mundo disperso y atomizado las organizaciones utilicen algún adhesivo que mantenga juntas las unidades independientes de trabajo. Esa es la tarea que cumple la cultura. Las empresas ganadoras tendrán "los héroes que puedan forjar los valores y las creencias, los rituales y las ceremonias, y una red cultural de narradores y sacerdotes que puedan mantenerse trabajando en unidades semiautomáticas que se identifiquen con un todo corporativo"[459]. El modelo para seguir es McDonald's, "el rey de las franquicias", que logró imponer una cultura mística que une a los concesionarios dispersos por todo el mundo.

El otro modelo administrativo es una de las instituciones más estables del mundo: la Iglesia católica. La estabilidad milenaria se logró gracias a una cultura fuerte, rica en rituales y ceremonias. Con historias, leyendas y mitologías; con mártires, santos y profetas. Una cultura fun-

---

456 Kincheloe, 2002, p. 182.

457 Kincheloe, 2002, p. 183.

458 Deal, Terrende y Kennedy, Allan: *Las empresas como sistemas culturales. Ritos y rituales de la vida organizacional*. Editorial Sudamericana, Buenos Aires, 1982.

459 Deal y Kennedy, 1982, p. 208.

dada en valores y creencias abrazados a una fe ciega que no cuestiona nada. Su administración atomizada en parroquias fue posible gracias a creencias que las atraviesa por encima de las personas.

La estructura de McDonald's

Durante los primeros años de su formación, la dimensión de la operación de McDonald's hacía posible el manejo centralizado de los concesionarios. El espíritu de su refundador –Ray Kroc– fue el de permitir que los "franquiciados" (por ser el extremo de la corporación más cercano al público consumidor) tuvieran cierto grado de libertad para introducir innovaciones a nivel comercial y de productos. Sin embargo, la corporación nunca toleró desvíos referidos a los "dogmas" organizacionales, especialmente aquellos vinculados a las operaciones.

El sistema McDonald's está conformado por tres unidades: los concesionarios, los proveedores y la corporación central. Los dos primeros tienden a accionar cooperativamente, y se comportan como satélites de la corporación central.

El sistema se alinea detrás de sus principios fundamentales: calidad, servicio, limpieza y valor, pero sin perder la individualidad, el espíritu emprendedor de los concesionarios. Uniformidad cultural e iniciativa individual aparecen como las claves del éxito de McDonald's. Kroc detectó en el sistema de franquicias una salida para paliar las incongruencias.

El mérito mayor de Kroc no fue inventar el concepto de "comida rápida" (de los hermanos McDonald); lo que inventó fue el sistema de concesión de los derechos de explotación. La clave estaba en un sistema de control férreo, que permitiera mantener la uniformidad de sus principios y de sus productos[460].

---

460 Love, 1987, p. 67.

El sistema de franquicias creó una nueva figura: la del empresario gerente. El franquiciado es un emprendedor, pero al mismo tiempo actúa como gerente corporativo. De esa manera McDonald's se asegura la adhesión a sus principios, valores y procedimientos conservando la iniciativa, la entrega, el esfuerzo y la flexibilidad que le aportan miles de emprendedores.

Los mayores desafíos a la corporación fueron los que plantearon los mismos concesionarios. Para los más antiguos, la expansión de Kroc hería su amor propio ya que sentían que ya no se los consideraba como al comienzo. El enorme crecimiento (llegó a los 11.000 concesionarios en 1975) hacía imposible el trato personal de los comienzos. Ante la falta de liderazgo, los gerentes de las concesiones formaron su propia asociación, una corporación "sindical" dentro de la corporación: la MOA – McDonald's Operators Association (Asociación de Operadores de McDonald's). Sobre MOA Kroc opinaba que:

> ...quería destruir los fundamentos mismos del sistema McDonald's, el delicado sistema de frenos y cortapisas entre los gerentes de la corporación, los concesionarios y los proveedores... El período de 1968 a 1975 fue de crecimiento dinámico para McDonald's pero también fue el semillero del mayor cisma que hayamos tenido.[461]

McDonald's debió enfrentar su propio cisma.

La corporación reconoció que el rápido crecimiento la había hecho olvidarse de "la esencia misma de nuestro sistema: nos olvidamos de los concesionarios". Se descubrieron hasta fraudes cometidos por los gerentes regionales, que compraban para sí las propiedades y luego se las revendían a la corporación quedándose con la ganancia.

El problema central era la "falta de comunicación entre los concesionarios y la compañía"[462]. Había que disciplinar a los gerentes regionales. No existían mecanismos para controlar las decisiones que ellos to-

---

461 Love, 1987, pp. 531, 536.
462 Love, 1987, p. 542.

maran, era un proceso descontrolado. La solución la aportó Kroc, a partir de un concepto cuyo origen se remonta a los reyes escandinavos del siglo tercero: el "ombudsman". Estos funcionarios deberían actuar como mediadores entre el concesionario que se sintiera lesionado y la corporación. La idea pasó a ser parte de la estructura permanente de McDonald's, y en combinación con otra institución, la NOAB – National Operators Advisory Board (Junta Nacional Asesora de Operadores), que estaba integrada por dos concesionarios de cada región, elegidos por los operadores, no por la corporación. Así la MOA tuvo mecanismos de balance:

Mientras la NOAB protegía los derechos colectivos de los concesionarios, el recién nombrado ombudsman se mostraba más eficiente aún en la protección de los derechos individuales de los operadores. Con el tiempo sus decisiones de asesoría las aceptaron casi como el evangelio, no solo los concesionarios sino también la compañía, que no está obligada a cumplirlas.[463]

Era tradicional que Kroc y Turner rechazaran los diagramas organizacionales y estimularan a los ejecutivos de un área a actuar en el terreno de otros, ejemplo de liderazgo paternalista, muy acorde al perfil de los involucrados. Cuando de hecho ocurrió, la respuesta de Chicago fueron afirmaciones de este estilo:

"McDonald's no tuvo compasión con los operadores que violaron sus normas y despreciaron su benevolencia"[464]*; "McDonald's mostró a la vez comprensión y furia, en el momento oportuno para cada caso"; "Aplicó la habilidad de Ray Kroc para combinar un profundo sentido de equidad y honradez con la devoción a la disciplina y el trabajo duro"*[465]*.*

"Compasión", "benevolencia", "violación", "furia", "equidad", "devoción", "disciplina"… Todo un estilo mesiánico con reminiscencias de escrituras religiosas.

---

463 Love, 1987, p. 549.
464 Love, 1987, p. 566.
465 Love, 1987, p. 570.

La estrtel Vaticano[466]

La estructura del Vaticano[467] se sustenta en la figura del Papa, que tiene el poder de un rey. El Papa tiene una serie de roles que demuestran la complejidad de la institución: obispo de Roma, primado (obispo en jefe) de Italia, patriarca de Occidente[468], monarca absoluto del Estado Ciudad del Vaticano, y cabeza del colegio de obispos y de la Iglesia católica.

La estructura burocrática de la Iglesia se compone de un kafkiano entramado de pasadizos. Las unidades elementales de la organización son las parroquias, que a su vez se agrupan en diócesis. En algunos casos (como la diócesis de Roma) pueden existir vicariatos, que son módulos intermedios. Roma posee dos vicariatos. En el primero hay una sola parroquia (la de Santa Ana), destinada a los habitantes del Vaticano. También incluye la Basílica de San Pedro, dedicada a los peregrinos y turistas que visitan la ciudad, e iglesia principal de las ceremonias papales. El segundo vicariato incluye más de trescientas treinta parroquias, unos cuatrocientos cincuenta diocesanos y quinientos sacerdotes para servir a los 2,6 millones de católicos de Roma. El vicario de Roma es asistido por dos arzobispos y seis obispos, responsables de diferentes regiones. Unidos conforman un concilio episcopal.

Las parroquias de los suburbios (más cercanas a los fieles locales) suelen tomar ciertas iniciativas propias, a veces en tensión con el mandato central. Las bases están "más vivas", por lo que allí comienzan las innovaciones. Por ejemplo, fue en estas donde se presentaban "monaguillas" mucho antes de que fueran aceptadas por el Vaticano[469].

---

466 Para analizar la estructura del Vaticano, recurriremos al trabajo del sacerdote jesuita Thomas J. Reese (catedrático y doctor en Ciencias Políticas de la Universidad de Berkeley, California y miembro superior del Centro Teológico Woodstock, en la Universidad de Georgetown), quien realizó un profundo estudio con el objetivo de "examinar el gobierno de la Iglesia desde la perspectiva de las ciencias sociales".

467 Reese, Thomas J.: *Inside the Vatican*. Harvard University Press, London, 2003. Página 8.

468 El rol de patriarca de Occidente, a efectos prácticos, ha sido subsumido por el de cabeza de la Iglesia universal, significado literal del término "católico".

469 Reese, 2003, p. 13.

Aunque la Ciudad del Vaticano es un estado independiente desde el cual opera el Papa, su autoridad deriva del hecho de que "como obispo de Roma es el sucesor de San Pedro[470], cabeza del Colegio de Obispos"[471]. Hay considerar que el Papa representa los valores y principios fundamentales de la institución. En cierta forma, él es la institución, en su figura queda personificada toda la corporación. Así como la reina es el Reino Unido, el Papa es la Iglesia, y en su figura queda personificada a toda la corporación.

La organización vaticana (tal como la de McDonald's) intenta dar respuesta al problema de mantener a la organización aglutinada (re-ligada) en torno a una cultura, pero sin privarla de la creatividad individual, imprescindible para adaptarse a los cambios del entorno social y así ser sustentable.

Se trata de la misma problemática que observamos en el caso de la corporación McDonald's. La tensión entre la libertad individual (fuente de innovación y crecimiento) y la adhesión a las normas y valores institucionales (fuente de cohesión) plantea un desafío que las grandes corporaciones deben enfrentar para lograr su sustentabilidad.

La Iglesia católica también recurre a un organismo sindicado: el Colegio de Obispos como órgano de gobernanza, que podríamos imaginar equivalente al directorio de una empresa.

Como en el caso de McDonald's, las mayores dificultades se presentaron durante el proceso de formación, debido a la independencia de la que disponían las comunidades locales. Los esfuerzos realizados por Ray Kroc en pos de la unidad cultural, se observaron de manera similar también en la Iglesia, que buscó esa cohesión mediante la unificación de las prácticas litúrgicas y la supresión de los disidentes[472]. Las estruc-

---

470 Fue justamente san Pedro quien estableció la ciudad de Roma como sede de la Iglesia católica. El significado del Vaticano es más bien de carácter político, adquiriendo especial relevancia luego de la independencia de Italia respecto del poder papal.

471 Reese, 2003, p. 24.

472 Reese, 2003, p. 26.

turas colegiadas (dedicadas al gobierno de la Iglesia) tuvieron un papel destacado en el desarrollo de la estructura de administración. Estas estructuras colegiadas actuaron como balance, para compensar la tendencia a la centralización del poder papal.

Paralelismos institucionales

McDonald's y la Iglesia católica enfrentan el desafío de encontrar un equilibrio entre la iniciativa individual y la cultura organizacional homogénea. Ambas corporaciones responden con esquemas similares. En el vértice superior de la pirámide, un regente con poder absoluto que hace respetar (y establece) valores, principios y dogmas casi inamovibles; y en las bases, una serie de franquicias (parroquias) que captan las necesidades de los clientes (fieles) y sugieren ajustes en los servicios. Entre ambos extremos se sitúan órganos colegiados de regulación.

Estructuras organizacionales Iglesia católica - McDonald's

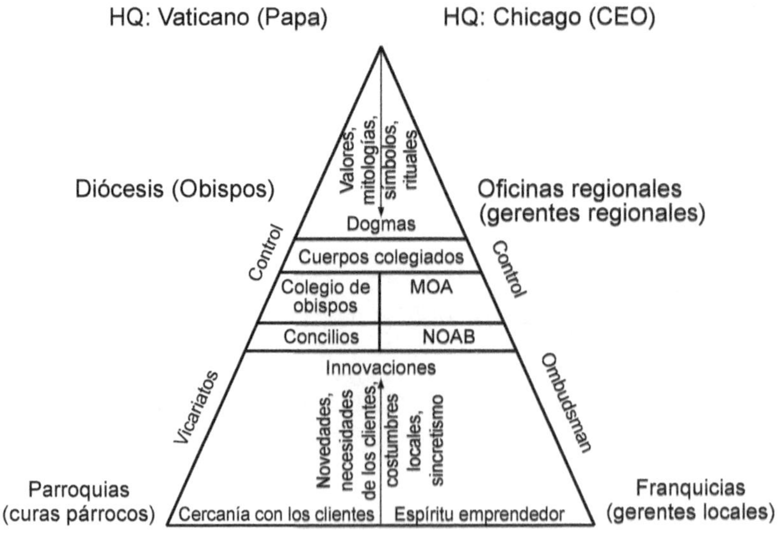

No se trata de realizar una comparación entre una franquicia de McDonald's y una parroquia de la Iglesia católica. Tampoco de sostener que Ray Kroc haya sido una suerte de san Pablo, ni que la MOA sea el equivalente a una conferencia episcopal. Lo que se observa es cómo las dos corporaciones multinacionales aplicaron —de manera "natural"— soluciones análogas para mantener el equilibrio entre el individuo y la institución. Esa es una más de las tantas similitudes que descubrimos y que presentamos a los lectores a lo largo de esta investigación.

Conclusiones

Evidentemente, en el vocablo alemán "profesión" (beruf), aun cuando tal vez con más claridad en el inglés calling[473], *existe por lo menos una remembranza religiosa: la creencia de una misión impuesta por Dios.*

MAX WEBER, *La ética protestante y el espíritu del capitalismo*[474]

En la obra mencionada en el epígrafe, Max Weber encuentra sobrados ejemplos de la estrecha relación que existe entre el éxito del capitalismo y la ética del trabajo protestante de los pueblos del norte de Europa. Para el sociólogo alemán, la religión y la empresa capitalista caminaban de la mano. Como vimos, la idea de "misión" es una de las tantas que las empresas toman de las religiones. El "llamado" o "vocación" vale tanto para un sacerdote o una monja como para un ingeniero o una contadora. Tan íntimo es el vínculo entre trabajo y religión que "ganarás el pan con el sudor de tu frente" fue el castigo que Dios les impuso al hombre y a la mujer cuando los expulsó del Paraíso. Considerando este punto, no debería llamarnos la atención que, en algún momento, la división entre empresas de una y otra naturaleza se diluya, pero no siempre fue así.

Allá por los siglos XVIII y XIX el capitalismo era otra cosa. Además de los tremendos avances tecnológicos, la Revolución Industrial generó

---

473 Llamado en el sentido de "vocación".

474 Weber, Max: *La ética protestante y el espíritu del capitalismo.* Premia Editora, Puebla, México, 1991. Capítulo III.

enormes diferencias económicas y sociales. Desde sus orígenes y hasta mediados del siglo XX, el objetivo manifiesto de toda empresa productiva era la eficiencia. El trabajo caía dentro de lo que Weber denomina "acción social con arreglo a fines"[475]. Dicho en otras palabras, el único objetivo era producir la mayor cantidad de bienes, empleando la menor cantidad de recursos (el trabajo humano no era diferente al de una máquina) para acumular todo el capital que fuera posible. El único fin era la plata y sus dioses Mammón y Pluto. Nada ni nadie ponía límites al "capitalista", representado como un señor (preferentemente inglés) que portaba una enorme barriga cruzada por la cadena dorada del reloj, vestido con jaquet y galera, y fumaba un puro mientras contemplaba satisfecho cómo salía el humo negro de su fábrica. Para cualquier contemporáneo era el mejor ejemplo de un tipo exitoso.

Adam Smith[476] había advertido que los arreglos corporativos entre empresarios y las diferencias económicas eran dos problemas del capitalismo liberal. No dudaba en hablar del "egoísmo" y "avaricia" de los ricos. Para advertir sobre los peligros, el escocés decía que por cada fortuna escandalosa debía haber por lo menos quinientos pobres y que los ricos iban a tener que usar gran parte de su riqueza para protegerse. Por eso insistía en que, para aprovechar las ventajas del sistema y evitar los abusos, debía existir libertad, educación e instituciones que impidieran la formación de corporaciones que atentaran contra la competencia. De esa manera, los clientes podrían ejercer el control sobre "el capitalista" y evitar los abusos. Si se lee bien a Smith, se descubre que la mano del

---

475 Según Weber, la acción social puede estar orientada a *fines* (mediante la utilización de "medios" para obtenerlos), a *valores* (éticos, religiosos o de cualquier otra índole), a *afectos* (emociones y estados sentimentales) o a *tradiciones* (determinadas por una costumbre arraigada). Como suele suceder en Sociología, en la realidad se observan combinaciones de las cuatro con diferente peso relativo de cada una. Weber, 1922, p. 20.

476 A pesar de ser recordado como el creador de la teoría económica, Adam Smith era profesor de ética. Su obra más querida era la *Teoría de los sentimientos morales*, pero la que le dio celebridad fue la conocida *Riqueza de las naciones*, en donde habla de la "mano invisible del mercado". Lo cierto es que esta visión que, en general, se tiene de Smith se debe a que muy pocos leyeron sus obras y su conocimiento se limita a la interpretación interesada de Marx para colocarlo como ideólogo del "liberalismo salvaje".

mercado podía ser invisible mientras las instituciones fueran visibles. Nadie pareció escuchar las advertencias del escocés.

Setenta años después, el fantasma del comunismo recorría Europa: Carlos Marx propuso como solución a las diferencias la abolición de la propiedad privada y la lucha de clases. Le siguieron sangrientas revoluciones. En los lugares donde se impuso la idea tuvieron que construir muros inexpugnables porque los "liberados" querían escapar. La grieta entre los funcionarios adeptos al régimen y el resto era tan extrema como en el sistema derrocado. Aunque todos los proletarios fueran iguales, había algunos que eran más iguales que otros. A pesar de las sobradas evidencias que muestran el rotundo fracaso de la solución marxista (para muchos una religión atea), en algunos lugares todavía existen cultores de ella.

Con timidez, a principios del siglo XX las cosas comenzaron a cambiar en Occidente[477]. El avance de la tecnología y de los métodos de producción hizo que los costos de las mercaderías disminuyeran notoriamente, lo que permitió a más personas acceder a ellas. Henry Ford (el empresario más influyente de su época) entendió que debía pagar mejores sueldos para que sus empleados también consumieran. Sus autos fueron los primeros que se vendieron a precios "populares". El "capitalista" tal como se lo conocía comenzó a mutar, ya que apareció el modelo de "persona jurídica" y con ello el mercado de capitales. Aunque sin el nivel vergonzoso de abusos de siglos anteriores, la eficiencia seguía siendo el único fin. Entonces estalló la Gran Guerra en Europa.

La década de 1920 fue la de los "años locos". Se desató la sed de vida de la sociedad luego de la guerra y de la gripe española (que produjo más muertos que las trincheras)[478]. En los países ricos parecía que la fiesta

---

477 "Occidente" es una clasificación bastante ambigua. En este caso, nos referimos a aquellas regiones y países en los que se mantuvo el sistema republicano, democrático y el respeto a la libertad y a la propiedad privada, incluidos aquellos ubicados en Oriente y Oceanía como, por ejemplo, Nueva Zelanda, Japón y Australia.

478 Se calcula que la gripe española causó, entre 1918 y 1920, unos 50 millones de muertos en el mundo, y que en la Primera Guerra murieron alrededor de 38 millones de personas.

sería eterna. La exuberancia irracional de los mercados infló la burbuja financiera (como tantas otras). En 1929 la realidad mostró la peor cara del capitalismo y las bolsas del mundo se derrumbaron, produciendo una pérdida de riqueza inédita. La fiesta había acabado. La brecha económica se profundizó y el hambre se extendió. Gracias a la tecnología del cine, de la mano de Charles Chaplin y de otros como él, los problemas sociales se hicieron visibles. La alienación y las diferencias económicas, que tanto Smith como Marx habían anticipado, no se pudieron seguir ocultando. El nazismo aprovechó el desastre económico y el resentimiento que el Tratado de Versalles había dejado en el pueblo, y arrastró a Alemania y al mundo a la guerra. Siguieron cuatro años de sangre, esfuerzo, sudor y lágrimas.

Finalizada la Segunda Guerra, el mundo quedó partido por una cortina de hierro. Del lado oriental, el capitalismo autocrático se disfrazó de comunismo y resistió por décadas a fuerza de encierro y terror. Del lado occidental, el optimismo de posguerra todo lo pudo y nacieron los primeros *baby boomers*. Pero, además de hijos, la gente quería cosas: heladeras, lavarropas, autos... Las empresas a duras penas podían cubrir la demanda. La falta de mano de obra cambió el balance del poder. Los sindicatos obreros hicieron su parte. La píldora y los electrodomésticos liberaron a la mujer de sus obligaciones hogareñas y la lanzaron al mundo del trabajo fuera del hogar. La "teoría X" de Taylor (para quien todo era cuestión de medir el tiempo de las tareas y consideraba a las personas como una parte más de la maquinaria) se cayó a pedazos.

Como oposición al taylorismo, Douglas McGregor lanzó su "teoría Y", que contempla "el lado humano de la organización". Abraham Maslow, Edgard Schein y muchos otros se subieron a la ola. En términos de Weber, la acción social también se comenzó a orientar a valores, con el ser humano en el centro. La aparición del área de recursos humanos (a pesar del ablande, las personas seguían siendo asociadas con los "recursos") generó una tensión con la eficiencia: contemplar el bienestar de los empleados costaba plata. Pero las empresas tuvieron que aceptarlo porque el mercado demandaba y había que producir.

En la década de 1960[479] la demanda se endureció. Los bienes dejaron de "venderse solos" y las empresas tuvieron que encontrar la manera de seducir a los clientes. Unos años antes, Edward Bernays (sobrino de Freud) había inventado las relaciones públicas y descubierto que para conquistar a las personas había que estimular su parte afectiva inconsciente, mediante símbolos. Le alcanzó con aprender de su tío y entender cómo actuaban las religiones. Volcó sus técnicas de "persuasión" en su libro *Propaganda*. Aprovechando sus enseñanzas, los Mad Men sacaron de la galera la magia del marketing. Fue así como la acción social de las empresas también se orientó a los afectos. Mientras tanto, en las empresas aparecían nuevas tensiones. El marketing generaba costos que impactaron la eficiencia económica, pero no había alternativa. De nada servía lanzar nuevos productos y servicios si no se los podía vender.

Hacia fines de la década de 1980 apareció un nuevo componente en la ecuación: la Responsabilidad Social Empresaria (RSE). La sociedad siguió aumentando la presión y ya no se conformó con buenos productos o servicios, sino que les exigió a las empresas respetar fines y valores que trascendieran la tradicional relación empleador-empleado-cliente. Las organizaciones debieron hacerse responsables también de las comunidades en las que se desarrollaban. Y aunque muchas "hacen como que les importa" pero solo lo usan como elemento de marketing, la gente no es tonta y, cuando estas compañías intentan hacerse las pícaras, el escepticismo y el cinismo circulan por sus pasillos.

La RSE contiene la idea de *stakeholders*, un término del inglés sin traducción exacta al español. Es un juego de palabras entre *stockholders* (accionistas) y *stake* en el sentido de "apuesta". Serían todas aquellas personas que "apuestan" en la empresa, por lo que tienen interés en que le vaya bien. A los "apostadores" tradicionales, como empleados, proveedores y clientes, se les sumaron las familias, las comunidades,

---

479 El lector no debe tomar los años con exactitud cronológica. Se trata de procesos sociales en los que solo se pueden observar tendencias. Tampoco se dio en el mismo momento en todos lados sino que se fue derramando desde los países más avanzados hacia el resto.

los organismos estatales y la sociedad en general. Es así que al peso cada vez mayor que fueron adquiriendo lo valorativo y lo afectivo, se le agregó el elemento "trascendente", ya que la RSE se encuentra "más allá" de la empresa. La "trascendencia" es algo esencial de la religión. Trascender es lo que busca todo miembro de un culto. Es uno de los principales bienes que proveen las religiones.

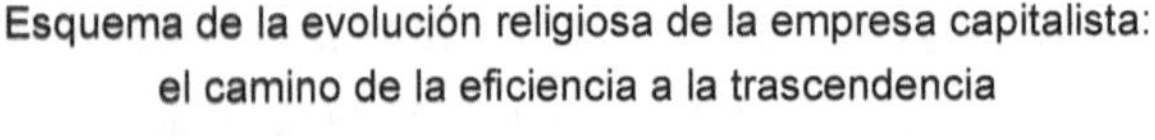

Esquema de la evolución religiosa de la empresa capitalista:
el camino de la eficiencia a la trascendencia

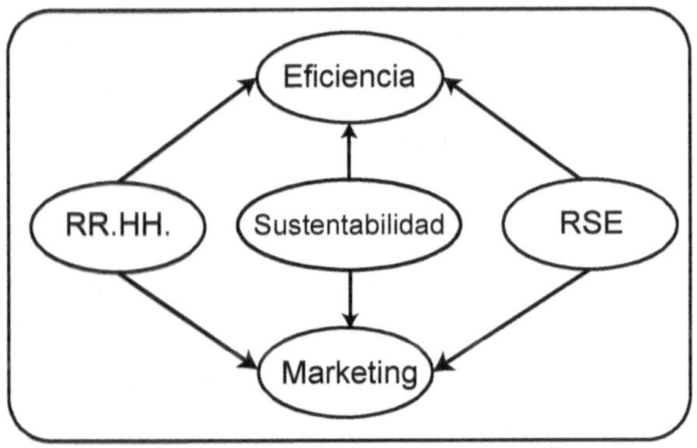

En el siglo XXI el mundo naturaliza la globalización al mismo tiempo que toma conciencia del daño que se le está haciendo al planeta. Mientras que en las décadas anteriores los objetivos eran producir, vender y consumir a cualquier costo, las evidencias muestran que esa estrategia de corto plazo está destruyendo el medio ambiente a pasos agigantados. La ciencia demuestra que el calentamiento global es real, a pesar de lo que sostengan algunos políticos reaccionarios que no están dispuestos a afectar los intereses de las corporaciones económicas que los financian.

La situación puso en evidencia otro de los problemas del capitalismo: las externalidades[480] negativas. Al mismo tiempo que genera

---

480 Las externalidades son costos y beneficios de los bienes o servicios producidos y consumidos que no están incluidos en el precio que paga el mercado. El capitalismo es fuente de externalidades positivas y negativas. Dentro de las primeras, podrían ser el asfalto de una calle que hace aumentar el precio de

enormes riquezas y crecimiento[481], el capitalismo produce desechos sin asumir los costos. Se impone la necesidad de que las corporaciones se comporten de manera sustentable. Hoy existe una conciencia extendida de que hay que producir sin destruir. Desde el punto de vista del medio ambiente, el balance debe ser como mínimo cero. La producción y el crecimiento deben ser sustentables en el tiempo.

La mayor parte de la opinión pública comprende que es imposible seguir así. La sustentabilidad dejó de ser una "capacidad distintiva" (que algunas empresas pretendían usar como argumento de marketing) y pasó a ser una necesidad de supervivencia. La sociedad (los clientes) no admiten otra cosa. En algún momento todas tendrán que estar certificadas como Empresa B[482]. La transparencia que ofrece Internet permite ejercer el control en tiempo real. En cuestión de minutos cualquier desvío se convierte en trending topic en las redes sociales. Pocas veces en la historia la hipocresía organizacional estuvo más amenazada (ojo, algunos todavía encuentran atajos). La sustentabilidad es un valor central que condiciona a todos los componentes e iniciativas de la empresa. Cualquier iniciativa corporativa tendrá que pasar por su tamiz.

Hay pocos conceptos más trascendentes que el de sustentabilidad. Pensar en términos sustentables indica una visión a futuro. Contiene la intención de proteger al planeta para las próximas generaciones. ¿Puede

---

las propiedades que se encuentran donde se realizó la obra; o el iPhone e Internet, que generan tantos beneficios asociados que sería imposible calcular el valor agregado real. Dentro de las negativas más preocupantes están la contaminación del medio ambiente con plástico y otros residuos, la deforestación, la cría intensiva de animales para consumo y el uso de combustibles fósiles que son fuentes principales del calentamiento global.

481 Para investigar sobre los enormes avances y la riqueza que la humanidad le debe al capitalismo, sugerimos leer a Hans Rosling, más precisamente su obra *Factfulness. Ten reasons we're wrong about the world – and why things are better than you think* (Editorial Hachette, UK, 2018, edición Kindle). También es posible encontrar varias de sus conferencias en videos de YouTube.

482 *Benefit Corporation*, o *B Corp*, es una certificación privada por una ONG sin fines de lucro, con oficinas en Estados Unidos, Europa, Canadá, Australia, Nueva Zelanda y Latinoamérica, que evalúa en cumplimiento de ciertas normas sociales y medioambientales. https://bcorporation.net/node/39535 (9.8.2021).

haber algo más trascendente que un valor orientado a personas que todavía ni siquiera existen en el pensamiento de personas que tampoco existen? Estamos frente a una idea metafísica que, por su impacto directo en lo natural, tiene más significación que la mayoría de las ideas religiosas.

A lo largo de estas páginas hemos analizado las similitudes entre las empresas religiosas explícitas y sus primas implícitas. Vimos cómo las segundas aprovechan mitos e imágenes que reposan en el inconsciente colectivo para promocionar sus productos. Descubrimos que las leyendas griegas contienen arquetipos de trabajadores vigentes aún hoy. También observamos cómo ambas emplean las mismas herramientas para difundir su estrategia, su cultura y sus principios básicos. Por último, analizamos (mediante casos concretos) el paralelismo entre el marketing y la estructura de tres pares de empresas exitosas. Entendimos que sus parecidos se deben a la aplicación de estrategias de comercialización paralelas porque atienden a los mismos nichos de mercado. Los jesuitas y McKinsey apuntan a la cabeza de las corporaciones para obtener clientes; el Vaticano y McDonald's, a las bases; y los evangelistas y Mary Kay al espectáculo y a las relaciones personales.

Más allá de esas similitudes superficiales, faltaba un contenido profundo: valores trascendentes, una pata metafísica y la posibilidad de salvación, tres componentes fundamentales de las religiones. En otras palabras, faltaba una deidad. La sustentabilidad contiene los tres, por eso es el elemento que completa los requerimientos para la convergencia entre ambas modalidades de empresa. La sustentabilidad es la diosa. Como una diosa cariñosa y protectora, vino al mundo para salvar a la humanidad y para conducirnos hacia el paraíso perdido. La diosa también es severa y vengativa, y nos muestra la imagen del infierno tan temido. Para la religión empresaria no hay espacio ni tiempo para la absolución gratuita.

¿A cuánto asciende el mercado de la salvación?

La lógica económica aplicada a las religiones organizadas se hizo evidente durante la Reforma Protestante en Europa que —desde esta perspectiva— fue una reacción al monopolio que había ejercido durante siglos la Iglesia Católica. Si bien realizar una estimación precisa del mercado religioso mundial es virtualmente imposible, hay estudios que sirven para orientar su magnitud, en especial en Estados Unidos donde es sumamente fluido.

La fuerte presencia de diferentes iglesias[483] protestantes —cuya afinidad con el capitalismo señalara Weber[484]— los habilita para hablar abiertamente de cifras como una manera pragmática de abordar el tema desde una óptica comercial. Los números permiten medir el éxito de la dirección de cada iglesia en la captación de fieles clientes, fin último

---

483 Cuando los estudios que vamos a mencionar en este apéndice emplean el término "iglesia", se refieren a una unidad independiente que compite con otras en la captación de fieles y que, en general, es liderada y gira en torno a un pastor. Por similitud, en el caso de referirse a las católicas, "iglesia" se refiere a lo que habitualmente se conoce como "parroquia".

484 Aquellos lectores que deseen profundizar en esta afinidad pueden consultar *La ética protestante y el espíritu del capitalismo*, un clásico de Max Weber.

de todas. Las cifras orientan para analizar la fortaleza y la capacidad de crecimiento de cada una, lo que es una manera efectiva de identificar las mejores prácticas de las ganadoras.

Para tener una idea de las dimensiones del mercado, en Estados Unidos existe la categoría de "megaiglesias" en la que entran aquellas con más de 2.000 visitantes semanales. Se estima que hay 1.750[485] iglesias protestantes y evangélicas dentro de esta clase[486]. Asimismo, se calcula que hay alrededor de 3.000 megaiglesias católicas (o parroquias, como se denominan en esta religión). Estos números permiten intuir el grado de virulencia que hay en ese mercado, de allí que los jugadores deban adoptar toda herramienta disponible para mantenerse competitivos.

TAM[487] o mercado total disponible

Como cualquier emprendedor estudia en las escuelas de negocios, antes de lanzarse a la aventura debe dedicar tiempo a desarrollar un *business plan* que les muestre a los eventuales inversores la potencialidad de su propuesta. El punto de arranque de este es definir el TAM.

El TAM o "mercado total disponible", es un concepto que se refiere a los ingresos potenciales que podría generar un producto o servicio. Es una herramienta que sirve para alinear los esfuerzos y priorizar las oportunidades de negocio de acuerdo con su potencial económico.

Como vimos en la introducción, las religiones brindan diferentes productos y servicios destinados a satisfacer necesidades inherentes a la naturaleza humana. Temas como la vida y la muerte, la identidad y la pertenencia social, el dolor y la enfermedad, y todos aquellos relaciona-

---

485 https://leadnet.org/how_many_megachurches/ (19.2021).

486 http://hirr.hartsem.edu/megachurch/database.html (19.9.2021).

487 TAM son las iniciales de *Total Available* (o *Addressable*) *Market*, "mercado total disponible (o alcanzable)" en español.

dos con lo espiritual están presentes —en mayor o menor medida— en la conciencia de todas las personas que habitan en planeta. En términos de clientes, el TAM de las religiones es la humanidad.

Según el Pew Research Center[488], la composición religiosa de 198 países para 2020 era la siguiente[489]:

Religión	Miembros	%
Cristianismo	2.382,75	31,12
Islamismo	1.907,11	24,91
No afiliados	1.193,75	15,59
Hinduismo	1.161,44	15,17
Budismo	506,99	6,62
Religiones autóctonas	429,64	5,61
Otras	60,99	0,80
Judaísmo	14,66	0,19
Total	**7.657,33**	**100,00**

Se podría decir que se trata de un mercado maduro en el que hay un número importante de competidores que buscan seducir a los clientes de la competencia y a los no afiliados, al tiempo que retienen los propios.

Valor económico del mercado

El *Handbook of Megachurches* editado por Stephen Hunt y producido en 2016[490] en colaboración entre varias universidades, contiene un análisis minucioso del valor económico de la religión estadounidense.

---

488 Pew Research Center es un centro de recolección de datos no partidista que informa al público sobre los problemas, actitudes y tendencias que dan forma al mundo. Realizan encuestas de opinión pública, investigaciones demográficas, análisis de contenido y otros estudios de ciencias sociales basados en datos. No toman posiciones políticas. https://www.pewresearch.org/about/ (19.9.2021).

489 https://www.pewforum.org/2015/04/02/religious-projection-table/2020/number/all/ (19.9.2021) Miembros en miles.

490 https://brill.com/view/title/54948?language=en (19.9.2021).

El manual presenta tres estimaciones. Una primera moderada que solo tiene en cuenta la facturación por ofrendas de las organizaciones basadas en la fe, calculada en 430 billones[491] de dólares[492] (a valores de 2021). Se trata de un monto superior a los ingresos mundiales combinados de Apple y Microsoft. El informe considera que se trata de una subvaluación ya que deja afuera los bienes y servicios que proveen las organizaciones.

Para corregir lo anterior y obtener un valor razonable, la segunda estimación introduce los bienes y servicios provistos por las iglesias y por los negocios con raíces religiosas. En este caso, el valor (actualizado) que obtuvieron ronda los 1,37 trillones de dólares[493] (dicho en términos numéricos, un millón trescientos setenta mil millones de millones de dólares).

La última estimación incorpora el hecho de que –en cierta medida– la gente de fe conduce sus asuntos inspirados y guiados por su afiliación religiosa. En este caso, la valuación ronda los 5,47 trillones de dólares, lo que representa prácticamente la tercera parte de PBI estadounidense.

Composición de la estimación intermedia

Para tener una perspectiva del monto de dinero que el mercado de la religión mueve en Estados Unidos –en base a los datos del mismo estudio mencionado– el World Economic Forum[494] señala que la estimación intermedia (1,37 trillones) equivale a la economía de un país que ocuparía el puesto número quince entre ciento ochenta países y

---

491 Es importante aclarar que en inglés el término *billion* representa lo que en realidad son 1.000.000.000.- es decir, "mil millones" o 10^9. Asimismo, el término *trillion* representa en realidad 1.000.000.000.000.- es decir, "un millón de millones" o 10^{12}. Por eso, el *trillion* en inglés equivale al billón en español. Adoptaremos la nomenclatura en inglés para evitar confusiones con el informe original.

492 Los valores del informe son a 2016. Los valores que mostramos en este apéndice fueron actualizados a 2021. Para ajustarlos empleamos: https://www.officialdata.org/us/inflation/2016?amount=378 (19.9.2021).

493 Sería 1.370.000.000.000.- o $1,37x10^{12}$.

494 https://www.weforum.org/agenda/2017/01/religion-bigger-business-than-we-thought/ (19.9.2021).

regiones, y es más que los ingresos de las diez principales compañías globales, incluyendo a Apple, Amazon y Google.

La contribución de la religión a la economía estadounidense se divide entre tres categorías generales: 495 billones de las congregaciones religiosas; 359 billones de otras instituciones religiosas como universidades, caridad y sistemas de salud; y 518 billones de negocios inspirados o relacionados con la fe.

$ 1,37 trillones anuales

Instituciones — $ 359 B (26%)
- Caridad
- Salud
- Universidades

Congregaciones — $ 495 B (36%)
- Congregación
- Escuelas
- Atracción
- Individuos

Negocios — $ 518 B (38%)
- B — Basados en la religión
- Inspirados en la religión

Se calcula que hay unas 344.000 congregaciones religiosas en Estados Unidos que incluyen iglesias, mezquita, sinagogas, templos y capillas de todas las denominaciones. Además de ser lugares de culto, tienen operaciones que incluyen desde el pago de los sueldos de cientos de miles de empleados, hasta el pago de servicios como flores, sistemas de sonido, mantenimiento y bienes de uso. Casi todo el movimiento se realiza dentro de las comunidades locales. Las escuelas asociadas a las congregaciones emplean 420.000 maestros de tiempo completo y educan a más de cuatro millones y medio de alumnos por año. También actúan como centro de atracción para otras actividades como casamientos, conferencias y turismo, tal vez el negocio más tradicionalmente vinculado a la religión. Las congregaciones producen el mayor impacto a nivel individual mediante programas de ayuda a personas alcohólicas, a desempleados y otros de ayuda social. Además de las mencionadas antes, existen decenas de miles de otras instituciones religiosas de caridad, de cuidado de la salud y de educación superior.

Con respecto a los negocios, el estudio incluye empresas basadas directamente en la fe como alimentos Halal y Kosher, y medios de difusión dedicados por completo a temas religiosos. La porción individual más amplia del mercado lo constituyen aquellas empresas inspiradas o cercanas a la fe de una infinidad de categorías difíciles de enumerar. Basta con mencionar que existen tres asociaciones de CEOs que buscan incluir la ética religiosa sus negocios. Con más de dos mil quinientos miembros, su facturación conjunta significa muchos billones de dólares.

Estimación del mercado mundial

Estimar el mercado mundial de la salvación con la minuciosidad del informe editado por Stephen Hunt sería una tarea titánica. Como en este trabajo no buscamos precisión sino una cierta orientación en cuánto al orden de magnitud, una aproximación burda sería extrapolar los valores de Estados Unidos al mundo. Para eso podemos considerar que su Producto Bruto Interno (PBI) ajustado por Paridad de Poder Adquisitivo (PPA)[495] representa aproximadamente el 16% del PBI mundial[496]. Tomando la estimación intermedia de 1,37 trillones de dólares, estaríamos hablando de

---

495 La Paridad de Poder Adquisitivo (PPA) es una medida que busca nivelar la capacidad de compra de los países teniendo en cuenta el precio de los bienes y servicios de cada uno. Introduce elementos que pueden distorsionar las comparaciones como la pobreza, los costos logísticos y los sistemas arancelarios. Una forma popular de medirlo es mediante el "Índice Big Mac" introducido por la revista *The Economist*, que calcula el valor del fetiche de Ronald según cada país en el que se encuentre. https://www.economist.com/big-mac-index (20.9.2021).

496 https://www.statista.com/statistics/270267/united-states-share-of-global-gross-domestic-product-gdp/ (20.9.2021).

una cifra del orden de los 8,6 trillones (u ocho millones seiscientos mil millones de millones, número que produce cierta sensación de vértigo).

La principal limitación de este enfoque es que no tiene en cuenta —entre otras cosas— el grado de adhesión que tienen las personas religiosas según el país y los ingresos libres (directamente relacionados con el nivel económico) de los que puedan disponer para destinarlos a productos y servicios relacionados a la religión. Las diferencias mundiales son bastante notorias, no solo en cuánto al poder adquisitivo (aunque el empleo del PPA nivela en este sentido), sino respecto al espacio que ocupa la religión en sus vidas. Una investigación del Pew Research Center muestra que la devoción religiosa decrece a medida que aumenta la riqueza[497]. Es decir que, aunque los países ricos dispongan de más dinero, sus habitantes estarán menos predispuestos a gastar en temas vinculados a la religión. Lo opuesto ocurrirá en los países pobres donde las personas religiosas tienen más inclinación a hacerlo, pero menos recursos disponibles para gastar.

Las personas en Europa y del este de Asia dicen que la religión no es muy importante para ellas.

Más allá de la exactitud del valor estimado hay un hecho cierto: lo descomunal de las cifras que se manejan cuando de religiones se trata demuestran que, a pesar de ser tan viejo como la humanidad, el mercado de la salvación conserva la vitalidad de un adolescente.

---

497 https://www.pewforum.org/2018/06/13/how-religious-commitment-varies-by-country-among-people-of-all-ages/pf-06-13-18__religiouscommitment-03-05/ (20.9.2021).

Bibliografía

Abraham, Tomás: *La empresa de vivir*. Editorial Sudamericana, Buenos Aires, 2000.

Aguirre Batzán, Ángel: *La cultura de las organizaciones*. Editorial Ariel, Barcelona, 2004.

Balaban, Oded: *Plato and Protágoras. Truth and Relativism in Ancient Greek Philisophy*. Lexington Books, Boston, 1999.

Balaban, Oded: *The Myth of Protagoras and Plato's Theory of Measurement*. Incluido en *History of Philosofy* Quarterly, volumen 4, número 4, 1987.

Ballardini, Bruno: *Gesú lava più bianco, Come la Chiesa inventó il marketing*. Editorial Minimun Fax, Roma, 2000. Edición consultada: *Jesús lava más blanco: cómo la Iglesia inventó el marketing*; traducción de Pablo Fernández, editorial Libros del Zorzal, Buenos Aires, 2007.

Barna, Geroge: *Marketing the Church*. Navpress, Colorado Springs, Colorado, 1990.

Bell, Daniel: *The Cultural Contradictions of Capitalism*. Basic Books, 1976. Edición consultada: *Las contradicciones culturales del capitalismo;* traducción de Néstor A. Miguez; Alianza Editorial, Madrid, 1977.

Berger, Peter L. y Luckmann, Thomas: *The Social Construction of Reality*. Penguin Books, London. Primera edición, 1966; edición consultada, 1991.

Berger, Peter: *The Sacred Canopy: Elements of a Sociological Theory of Religion*. Anchor Books, 1967. Edición consultada: *El Dosel Sagrado;* Amorrortu Editores, Buenos Aires, 1971.

Bernays, Edward L.: *Propaganda*. Editorial Horace Liverigth, New York, 1928.

Boorstin, Daniel: *Los Creadores*. Editorial Crítica, Barcelona, 2ª ed. 2005.

Bower, Marvin:*Memoirs*; publicado privadamente, New York, 2003. Las citas son extraídas de Haas, 2004.

Byrne, John A.: "Inside McKinsey", artículo de *Bussines Week*, 8 de julio de 2002.

Campbell, Joseph: *El héroe de las mil caras*. Fondo de Cultura Económica, México, 1959.

Campbell, Joseph: *El poder del mito*. Emecé Editores, Barcelona, 1991.

Campbell, Joseph: *Los mitos. Su impacto en el mundo actual*. Editorial Kairós, edición digital, 2021.

Camus, Albert: *Le mythe de Sisyphe*. Éditions Gallimard, Francia, 1942. Edición consultada: *El mito de Sísifo;* traducción de Luis Echávarri; Editorial Losada, Buenos Aires, 2010.

Carpio, Adolfo: *Principios de filosofía*. Ediciones Glauco, Buenos Aires, 1974; 2ª edición, 5ª reimpresión 2004.

Chidester, David:*Authentic Fakes. Religion and American Popular Culture*. University of California Press, Berkeley, 2005.

Colli, Giorgio: *El nacimiento de la filosofía*. Tusquets Editores, Barcelona, 6ª edición, 1996. (Primera edición: 1977). Título original: *La nascita della filosofía*; Adelphi Edizioni, Milano, 1975.

De Guibert, J.:*Jesuitas*. Citado en Lowney, 2003.

Deal, Terrende y Kennedy, Allan: *Las empresas como sistemas culturales. Ritos y rituales de la vida organizacional*. Editorial Sudamericana, Buenos Aires, 1982.

Drabkin, Davina y Meehan, Bill: *Willow Creek Community Church: What Really Makes a Difference?* Stanford Graduate School of Business. Número de caso: SM1-198, 1 de abril de 2012.

Drucker, Peter F.: *Management. Task, Responsabilities, Practices*. Ed. Curtis Brown, London, 1973. Edición consultada: *La Gerencia. Tareas, responsabilidades y prácticas*; traducción de Aníbal Carlos Leal; Editorial El Ateneo, Buenos Aires, 2ª edición 1976.

Drucker, Peter: *Qué pueden aprender los negocios de las ONGs*. Harvard Business Review, Julio-Agosto 1990; páginas 88 a 93.

Durkheim, Emile: *Sociología: las reglas del método sociológico y sociología y ciencias sociales*. París, 1895. Edición consultada: Editorial Assandri, Córdoba, 1961.

Durkheim, Emile: *Las formas elementales de la vida religiosa*. Akal Editor, Madrid, 1982.

Dyer, Davis; Dalzell, Frederick; Olegario, Rowena: *Rising Tide. Lessons from 165 Yaers of Brand Building at Procter & Gamble*. Harvard Business School, Boston, 2004. Edición consultada: *Procter & Gamble (Rising Tide)*, traducción de Adriana de Hassan; Editorial Norma, Bogotá, 2005.

Eliade, Mircea: *Aspects du Mythe*. Harper & Row Publishers, New York, 1963. Edición consultada: *Mito y realidad*; traducción de Luis Gil Fernández; Editorial Labor, Barcelona, 2ª edición 1992.

Eliade, Mircea: *Das Reilige und das Profane, Rowoht Taschenbuch Verlag*, 1957. Edición consultada: *Lo sagrado y lo profano*; traducción de Luis Gil Fernández; Editorial Paidós, Barcelona, 1998.

Ferry, Luc: *La sabiduría de los mitos*. Santillana, Madrid, 2008.

Gallagher, Richard S.: *The Soul of an Organization*. Dearborn Trade Publishing, USA, 2003.

Geertz, Cliford: *La interpretación de las culturas*. Editorial Gedisa, Barcelona, 2003.

Graves, Robert: *Los mitos griegos*, volúmenes I y II. Alianza Editorial, Madrid, 1985.

Grimal, Pierre: *Diccionario de mitología griega y romana*. Ediciones Paidós, Barcelona, 6ta edición 1979.

Haas Edersheim, Elizabeth: *McKinsey's Marvin Bower*. John Wiley & Sons, New Jersey, 2004.

Handy, Charles: *Gods of Management*. Oxford University Press, USA, 1978, 4th edition 1995.

Hard, Robin: *El gran libro de la mitología griega. Basado en el Manual de mitología griega de H. J. Rose*. Editorial La esfera de los Libros, Madrid, 2000.

Harmon-Jones, Eddie y Harmon-Jones, Cindy: *Cognitive Dissonance Theory After 50 Years of Development*.

Hesíodo: *Obras y fragmentos*. Editorial Gredos, Madrid, 1990.

Hofstede, Geert: *Cultures and Organizations*. Profile Books, London, 2003.

Homero: *Ilíada*. Editorial Gredos, Madrid, 1991.

Homero: *Odisea*. Editorial Gredos, Madrid, 1993.

Impelluso, Lucía: *Héroes y dioses de la antigüedad*. Editorial Electra, Barcelona, 2006.

Itinerario para párrocos de indios. en los que se tratan las materias más particulares tocantes a ellos para su buena administración. "En la oficina de Pedro Marín"; editado por la Real Compañía de Impresores y Libreros del Reyno, Madrid, 1771.

Kincheloe, Joe: *The Sign of the Burger: McDonald's Culture of Power*. Temple University Press, Philadelphia, 2002.

Kottak, Conrad P.: *Every Day, Everywhere: Global Perspectives on Popular Culture, "Rituals at McDonald's"*. Eds. Stuart Hirschberg and Terry Hirschberg, McGraw-Hill, Boston, 2002.

Kotler, Philip; Keller, Kevin Lane: *Dirección de marketing*. Pearson Education; traducción: María Astrid Mues Zepeda y Mónica Martínez Gay; México, 14ª edición 2012. Título original: *Marketing Management*.

Kroc, Ray: *Grinding it Out, The Making of McDonlad's*. St. Martin's Press, New York, 1987.

Lévi-Strauss, Claude: *Le Crue et le Cuit*. París, 1964. Edición consultada: *Mitológicas: lo crudo y lo cocido*; Fondo de Cultura Económica, México, 1968.

Loyola, san Ignacio de: *Obras completas*. Edición manual. Transcripción, introducciones y notas: Iparraguirre, Ignacio S.I. y Dalmases, Cándido S.I. La Editorial Católica, 1978.

Love, John: *McDonald's, la empresa que cambió el mundo*. Grupo Editorial Norma, Bogotá, 2004. Título original en Inglés: *McDonald's – Behind the Arches*; Bantam Books, New York, 1987.

Lowney, Chris: *Heroic Leadership*. Loyola Press, Chicago, Illinois, 2003.

Lucas Marín, Antonio y García Ruiz, Pablo: *Sociología de las organizaciones*. McGraw-Hill, Madrid, 2002.

Lugones, Leopoldo: *El imperio jesuítico*. Editorial de Belgrano, Buenos Aires, 1981.

Macionis, John J. y Plummer, Ken: *Sociología*. Editorial Pearson Educación, 4ta edición, Madrid, 2011. Página 175.

Mannes, Elena: *The Power of Music*. Walker & Company, New York, 2011.

Marchiori, Eugenio: *De Zeus a CEO. Empleando el pensamiento universal para la gestión empresaria*. Olmo Ediciones, Buenos Aires, 2008.

Marchiori, Eugenio: *Los desafíos de la incertidumbre. Ensayos para enfrentar un mundo complejo*. Olmo Ediciones, Buenos Aires, 2009.

Martín, René (dirección): *Diccionario Espasa. Mitología griega y romana*. Editorial Espasa Calpe, Madrid, 2005.

Marx, Carlos: *Crítica a la filosofía del derecho de Hegel*, 1843.

Marx, Carlos: *El capital*. Edición Kindle. Título original: *Das Kapital*, 1867.

Marx, Carlos: *La cuestión judía*, Editores Dos, Buenos Aires, 1970. Edición original de 1844.

Marx, Carlos: *La ideología alemana*; 1845. Edición consultada: L'Eina Editorial, Barcelona, 1988.

Marx, Carlos: *Manuscritos económico-filosóficos de 1844*. Londres, 1844. Edición consultada: Editorial Colihue, Buenos Aires, 2004.

McDonald Court y John A. Quelch: *Mary Kay Cosmetics, Inc.* Harvard Business School, case 9-583-068; 1985.

McLean, Benthany y Elkind, Peter: *The Smartest Guys in the Room, The Amazing Rise and the Scandalous Fall of Enron*. Penguin Books, London, 2004.

Mellado, James con la supervisión del profesor Leonard A. Schlesinger: *Willow Creek Community Church*. Harvard Business School. Número de caso 9-692-102; febrero de 1999.

Merton, Robert K.: revista *Science*, 159 (3810): 56-63, 5 de enero de 1968.

Mintzberg, Henry y Quinn, James Brian: *The Strategy Process: Concepts, Context, Cases*; 1990. Edición consultada: *El Proceso Estratégico. Conceptos, contextos y casos*; Prentice Hall, México, 2ª edición 1993.

Nietzsche, Frederick: *Humano, demasiado humano*. Editores Mexicanos Unidos, México, 1986.

Nietzsche, Friedrich: *Die Geburt der Tragödie aus dem Geiste der Musik*, 1872. Edición consultada: *El nacimiento de la tragedia*; traducción de Eduardo Knörr y Fermín Navascués; Editorial EDAF, Madrid, 15ª edición 2002

Ostrom, Elinor: "Collective Action and the Evolution of Social Norms". *Journal of Economic Perspectives*, Volume 14, Number 3, Summer 2000.

Otto, Walter: *Los dioses de Grecia*. Editorial Siruela, Madrid, 2003.

Paris, Edmond: *La historia secreta de los jesuitas*. Chick Publications, Ontario, California, 2006.

Pérez López, Juan Antonio: *Liderazgo*. Ediciones Folio, Barcelona, 1997.

Pendergrast, Mark: *Dios, Patria y Coca-Cola. La historia no autorizada de la bebida más famosa del mundo*. Javier Vergara Editor, Buenos Aires, 1993.

Raisel, Ethan y Friga, Paul: *The McKinsey Mind*. McGraw-Hill, New York, 2001.

Raisel, Ethan: *The McKinsey Way*. McGraw-Hill, New York, 1999.

Reese, Thomas J.: *Archbishop: Inside the Power Structure of the American Catholic Church*. Harper & Row, San Francisco, 1989.

Reese, Thomas J.: *Inside the Vatican*. Harvard University Press, London, 2003.

Ricoeur, P.: *Ética y cultura*; trad. de M. Prelooker, Ed. Docencia, Buenos Aires, 1986.

Ritzer, George: *The McDonalization of Society*. Sage Publications, USA, 2004.

Rouquette, Robert: *Saint Ignace de Loyola*. Editorial Albim Michele, Paris, 1944 (cita).

Schein, E.: *Organizational Psychology*. Prentice Hall, 1982. Edición consultada: *Psicología de la organización*; traducción de Víctor E. Cruz Cardona; Prentice Hall, México, 1982.

Schein, Edgar H.: *The Corporate Culture Survival Guide*. Jossey-Bass, San Francisco, 1999.

Schein, Edgar H.: *Three Cultures of Management: The Key to Organizational Learning in the 21ˢᵗ Century*. MIT Sloan School of Management, Boston, 1997.

Scholes, Jeoffrey: *The Coca-Cola Brand and religion* incluido en *Understandig Religion and Popular Culture* (pág. 139 y ss.); compilado por Terry Ray Clark y Dan W. Clanton, Jr.; editorial Routledge, London - New York, 2012.

Simmel, Georg: *Cuestiones fundamentales de la sociología*. Editorial Gedisa, Barcelona, 2002.

Simmel, Georg: *El problema religioso*; Berlín, 1917. Edición consultada: Editorial Prometeo, Buenos Aires, 2005.

Smith, Adam: *An Inquiry into the Nature and Causes of the Wealth of Nations*, London, 1776. Edición consultada: *La Riqueza de las Naciones*; traducción de Carlos Rodríguez Braun; Alianza Editorial, Madrid, 2005.

Smith, Adam: *The theory of moral sentiments*, London - Edinburgh, 1759 y 1790. Edición consultada: *Teoría de los sentimientos morales;* traducción de Carlos Rodríguez Braun; Alianza Editorial, Madrid, 2004. El texto ampliado por Smith que se emplea en esta traducción es la sexta edición de 1790.

Smith, Adam: *Philosophical Essays*; London, 1795. Edición consultada: *Ensayos filosóficos*; traducción de Carlos Rodríguez Braun; Ediciones Pirámide, Madrid, 1998.

Sobel, Andrew: *Making Rain: The Secrets of Building Lifelong Client Loyalty*. John Wiley & Sons, New Jersey, 2003.

Sole-Smith, Virginia: "The Pink Pyramid Scheme, How Mary Kay Cosmetics Preys on Desperate Housewives". *Harper's Magazine*, August 2012.

Spinoza, Baruch: *Ética demostrada según el orden geométrico*. Ediciones Orbis, Madrid, 1980.

Swasy, Alecia: *Soap Opera. The inside story of Procter & Gamble*. Simon & Schuster, New York, 1993.

Taleb, Nassim: *The Black Swan*. Random House, New York, 2007.

Thaler, Richard H. y Sustein, Cass: *Nudge: Improving Decisions About, Health, Wealth and Happiness*. Penguin Group, New York, 2008.

Tocqueville, Alexis de: *De la démocratie en Amérique*; París, 1840. Edición consultada: *La democracia en América*, Alianza Editorial, Madrid, Tomo 2.

Touraine, Alain: *Le retour de l'acteur*; París, 1984. Edición consultada: *El Regreso del Actor*, Eudeba, 1987.

Trompenaars, Fons y Hampden-Turner, Charles: *Riding the Waves of Culture*. Nicholas Brealey Publishing, London, 2002.

Twitchell, James: *Branded Nation: The Marketing of Megachurch*. Simon and Schuster, New York, 2004.

Varios autores: *Un libro sobre las drogas*. Editado por El gato y la caja, Buenos Aires, 2017.

Weber, Max: *El político y el científico*, 1918. Edición consultada: Alianza Editorial, Madrid, 1996.

Weber, Max: *La ética protestante y el espíritu del capitalismo*. Editorial Prometeo, Buenos Aires, 2003 (original de 1905).

Weber, Max: *Economía y sociedad: esbozo de sociología comprensiva*. Editorial Fondo de Cultura Económica, México, edición 2004 (original de 1922).

Wright, Jonathan: *The Jesuits*. HarperPerennial, New York, 2005. Edición consultada: *Los jesuitas, una historia de los "soldados de Dios"*; Editorial Sudamericana, Buenos Aires, 2005.

www.ingramcontent.com/pod-product-compliance
Lightning Source LLC
Chambersburg PA
CBHW031446160726
47994CB00005B/1905